신비한 동양철학 105

인명용 한자사전

임삼업 편저

삼한

저자 **경의제(敬義齋) 임삼업(林三業)**

- 전라남도 나주 출생
- 광주상업고등학교 졸업
- 공군 병장 전역
- 전주 영생대학교 1년 수료
- 광주지방국세청 산하 세무서 근무(1967~1999년)
- 광주대학교 평생교육원 교수 역임
- 현재 一等 작명사주연구소 운영
  광주향교 25대 장의
- 저서 『아호연구』, 『작명 백과사전』, 『호책』, 『비법 작명기술』, 『인명용 한자사전』, 『하락이수정해』

전화 (062)431-0996
팩스 (062)361-9119
휴대폰 019-807-7324
홈페이지 http//www.aplusname.biz

인명용 한자사전

1판 1쇄 인쇄일 | 2013년 1월 6일
1판 1쇄 발행일 | 2013년 1월 16일

발행처 | 삼한출판사
발행인 | 김충호
지은이 | 임삼업

신고년월일 | 1975년 10월 18일
신고번호 | 제305-1975-000001호

411-776 경기도 고양시 일산서구 일산동 1654번지
산들마을 304동 2001호

대표전화 (031) 921-0441
팩시밀리 (031) 925-2647

값 24,000원
ISBN 978-89-7460-165-2 03180

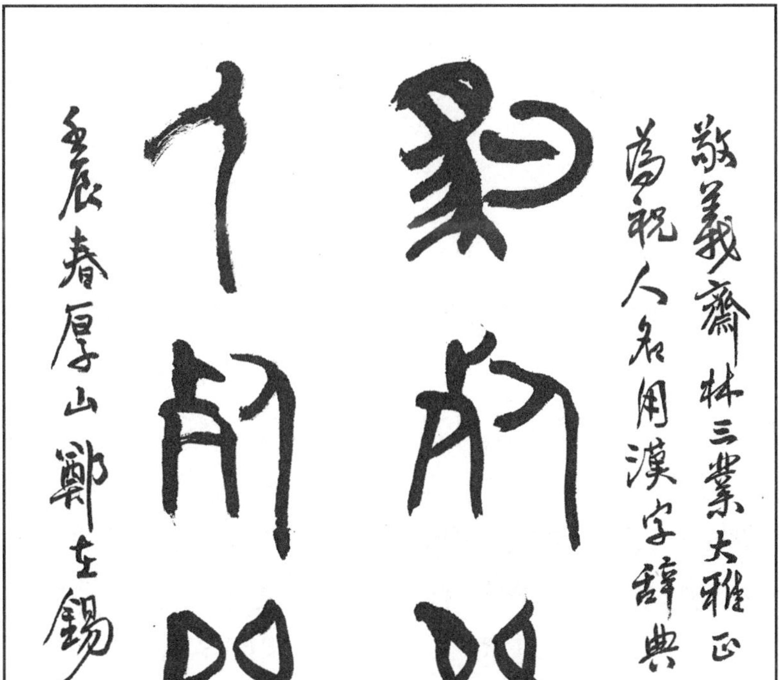
敬義齋 林三業 大雅正
爲祝人名用漢字辭典發刊
豹死留皮
人死留名
壬辰春 厚山 鄭在錫

豹死留皮　人死留名
후산(厚山) 정재석(鄭在錫) 작

■ 책머리에

인명 즉 사람의 이름에 사용할 수 있는 한자는 따로 정해져 있는데 이를 인명용 한자 또는 대법원선정 인명용 한자라고 한다. 민법의 호적관계 일부 조항을 1990년 12월 15일 개정함에 따라 대법원이 인명용 한자를 선정해 발표했다.

1991년 4월 1일부터 신생아의 호적신고시 한자이름을 기재할 때는 반드시 지정한 한자 범위 안에 있는 한자를 선택해야 한다. 처음에는 이미 발표한 중·고교용 상용한자(한문 교육용 기초한자) 1,800자에 이름자로 사용 빈도가 높은 1054자를 뽑아 총 2,854자의 한자를 시작으로 10여 번의 개정을 거쳐 2009년 12월 31일 현재 무려 5,454자에 이르기까지 어언 20년이 지났다. 현재 옥편만큼이나 많은 5,000여 자가 된 것은 국민들에게 부담을 주는 측면이 있어 재정비의 필요성이 제기되는 실정이다.

우리가 사용하는 한자는 약자 등 일부를 제외하면 대만이나 홍콩처럼 약자화되지 않은 보수적 전통중시적 전통 한자이다. 중국 간체자는 2,235자이고, 일본의 약체자(신체자)도 1951년 이래 수차례 가감을 거쳐 2,997자(상용한자 2,136자, 인명한자 861자)이다. 하여튼 누구나 신생아의 출생신고시 한자이름으로 신고하는 경우에는 반드시 인명용 한자 범위 내에서 이름을 지어 서면으로 신고하게 되어 있다.

지난날을 되돌아 보면 국가의 백년대계인 국어(한자) 교육정책의 좌충우돌로 조선조 연산군 때에 언문이라고 하여 훈민정음 사용을 금했던 것처럼 한글 전용을 했다가 혼용을 표방하거나 혼용한다하더라도 그 교육 정도의 차이가 있는 등 숱한 우여곡절을 거쳐왔다. 지금 40세 후반층에서는 명색이 고등교육을 받았지만 타인의 쉬운 한자이름도 알아보지 못하는 현실을 보면 그들도 교육 피해자로 안타깝고 억울한 일이다.

문자가 없던 우리나라에 한자가 들어오면서 표음(表音) 위주의 우리말을 표의(表意) 문자인 한자로 다 적을 수 없었기에 자음

(字音)과 자석(字釋)을 지혜롭게 우리말로 만들어 사용 동화된 한자어(우리말의 80%)도 엄연히 우리나라 말이다.

성명은 자신을 위한 것이거나 자신만의 전유물이 아니라 타인을 위해서도 아니 타인에게 역사적으로 까지 기억되기를 바라는 속성이 있다고 보아야 한다. 그러한 뜻에서 이름은 물론 실생활에서 쓰는 한자지만 이름에서 만큼은 어려운 글자인 난자(難字)나 흔히 쓰지 않는 낯선 글자인 벽자(僻字)를 피하여 통상 사용하는 한자로 제한한다는 것이 종국에는 5,000자가 넘어, 3,000자 정도만 알면 한자를 제법 아는 상식인이라고 통하는 세상에 너무 많고 어수선해서 혼란스러울 지경이다.

이 인명용 한자 사전은 기본적으로 작명에 사용하는 한자 획수인 원획(原劃)과 더불어 주역(周易)에서 작괘(作卦)할 때 등에서 쓰이는 실획(實劃)을 별도로 표시하여 혼동을 피하도록 하였다. 한자마다 상단에 구부러진 획수인 곡획(曲劃)을 계산하여 수록

함으로서 이를 작괘 사용하는데(본서에서 언급한 선후천역상법, 황극책수법, 곡획작명법) 전적으로 작명자료가 되도록 하였다.

그리고 한자 상단 괄호 안에 자원오행(字源五行)을 기재하였다. 자원오행(字源五行)은 원래 글자의 원천이 되는 역리오행(易理五行)을 말하는데 오행한자전(五行漢字典) 같은 별도의 사전을 봐야 알 수 있는 것이다. 자원오행(字源五行)은 사주팔자에 결여된 오행성(五行星)인 용신(用神)을 보완하는 고급 작명에 절대적으로 필요한 중요한 것이다.

이렇게 한자의 원획은 물론 실획과 곡획 그리고 자원오행(字源五行)을 일목요연하게 볼 수 있게 한 것이 이 책의 특장점이다. 그리고 인명용 한자표의 한자마다 원획을 넣어 한글 음별로 획수를 한눈에 볼 수 있게 하여 성명 한자의 길수리 구성 등에 편리하게 하였다. 이 책의 인명용 한자는 한자사전 몇 권을 대신하며 어떤 한자 작명에서도 불편없이 활용할 수 있도록 잘 구성하였다. 따라서 수준높은 고급작명이나 감명을 함에 있어 조금도 손색이 없는 국내 유일의 인명용 한자 사전이 될 것이라고 자부한다.

이 책은 인명용 한자의 사전적 쓰임이 본분이지만 그것에 국한하지 않고 작명법들을 그것도 일반적으로 통용되는 기본적인 것 외에 주역을 통한 것 등 7가지를 간추려 놓아 여러 권의 작명책을 군살없이 대신했기에 이 한권의 사용만으로 작명에 관한 모든 것을 충족하고도 남을 것이다.

이 책은 5,000자가 넘는 인명용 한자를 실었지만 음(音)으로 한 줄에 수십 자, 획수로도 여러 자를 넣어 가능한 부피를 줄이려고 노력하였다. 그리고 작명하는데 한자에 관해서는 다양하게 활용할 수 있도록 하였고, 일반적인 한자자전의 용도까지 충분히 겸비하도록 하였다. 아무쪼록 이 책이 누구에게나 간판격인 소중한 이름을 멋있고 작명상식에도 맞게 짓고 또 풀이하는데 크게 이로움을 주는 인명용 한자에 대한 참신한 지침이 되기를 바라는 마음이다.

이 책에서도 간추린 작명법을 소개했지만 세상에는 여러 가지 작명법이 있고 혹자는 자신이 최고라고 주장한다. 그러나 문제는 적중률이다. 필자의 작명비급인 선후천역상법으로 다섯 분의 대통령 성명을 검증하면서 감정해보았다. 대선을 앞두고 흥미롭게 볼만한 내용이라고 생각한다.

이 책을 내는데 자전(字典)의 기틀을 만들어주신 지관(知冠) 송충석(宋忠錫) 선생님께 깊이 감사를 드리고, 교정의 수고를 해준 이미영 여사님과 서화로 출간을 축하해준 후산(厚山) 정재석(鄭在錫) 선생님께도 참으로 감사를 드린다. 끝으로 출판을 허락해주신 삼한출판사 김충호 사장님께 깊은 감사를 드린다.

목향당에서 임삼업 올림

1장. 인명용 한자표(음부)–15

2장. 대법원 선정 인명용 한자(획수부)–69

3장. 간추린 작명법-206

1장. 인명용 한자표-음부

① 대법원 선정 인명용 한자를 음별 가나다 순으로 한 한자표로 필자 관리분 불구하고 대법원 홈페이지에서 인용하였다. 이는 한문 교육용 기초 한자 1,800자와 인명용 한자 3,356자 및 동자(同字), 속자(俗字), 약자(略字) 중에서 허용 한자로 구분하여 5,454자이다.

② 이 인명용 한자표는 인명용 한자를 음별로 구분하고 한 면에 횡서로 나열하여 같은 음의 한자 전부를 한눈에 볼 수 있어 필요한 한자를 획수까지 쉽게 찾을 수 있도록 하였다. 그리고 한자마다 상단에 원획을 일일이 넣어 작명하는데 성명 한자의 길격수리 구성에 알맞은 한자를 비교하며 쉽게 찾을 수 있도록 하였다.

③ 위 허용 한자와 병기한 정자(正字)는 예외없이 전부 기초 한자 또는 추가 한자에 포함되었다. 이제 정자는 물론 약속자도 인명용 한자가 된 것이다.

④ 한 글자가 여러 가지로 독음되는 동자이음자를 법이 정한 음으로 사용할 수 있도록 한 인명용 한자도 있음에 유의해야 한다.

한글	한문 교육용 기초한자 (2007. 8. 현재)	인명용 추가 한자 및 허용 한자	
		별표1	별표2
가	10 08 12 05 14 家佳街可歌 05 15 11 09 13 加價假架暇	14 13 15 13 15 07 12 09 08 10 09 10 10 11 11 11 12 12 12 10 嘉嫁稼賈駕伽迦柯呵哥枷珂痂苛茄袈訶跏軻哿	
각	06 07 13 14 7 各角脚閣却 20 08 覺刻	10 10 12 16 珏恪殼愨	15 愨(慤)
간	06 12 09 05 09 干間看刊肝 13 18 09 17 幹簡姦懇	06 08 07 08 09 13 16 16 10 06 09 16 17 12 17 17 艮侃杆玕竿揀諫墾栞奸柬澗磵稈艱癎	11 17 杆(桿) 癎(癇)
갈	13 渴	15 06 12 09 14 14 15 15 18 葛乫喝曷碣竭褐蝎鞨	
감	05 13 13 12 14 甘減感敢監 22 鑑	11 12 17 07 12 17 13 09 16 10 11 12 22 勘堪瞰坎嵌憾戡柑橄疳紺邯龕	22 鑑(鑒)
갑	5 甲	13 07 08 11 13 鉀匣岬胛閘	
강	7 14 17 11 11 江降講強康 10 16 14 剛鋼綱	07 11 08 09 17 16 15 13 19 17 13 08 14 09 19 22 14 13 17 08 杠堈岡姜橿彊慷畺疆糠絳羌腔舡薑鱇嫝跭襁玒	12 18 11 18 強(强) 鋼(鎠) 岡(崗) 襁(繦)
개	07 09 10 12 04 改皆個開介 15 15 16 慨概蓋	06 12 14 15 13 14 09 10 10 18 09 价凱愷漑塏愾疥芥豈鎧玠	14 11 個(箇) 蓋(盖)

한글	한문 교육용 기초한자 (2007. 8. 현재)	인명용 추가 한자 및 허용 한자 별표1	인명용 추가 한자 및 허용 한자 별표2
객	客[09]	喀[12]	
갱	更[07]	坑[07] 粳[13] 羹[19]	
갹		醵[20]	
거	去[05] 巨[05] 居[08] 車[07] 擧[18] 距[12] 拒[09] 據[17]	渠[13] 遽[20] 鉅[13] 炬[09] 倨[10] 据[12] 祛[10] 踞[15] 鋸[16]	
건	建[09] 乾[11] 件[06] 健[11]	巾[03] 虔[10] 楗[13] 鍵[17] 愆[12] 腱[15] 蹇[17] 騫[20]	建([illegible][13]) 乾(漧[15])
걸	傑[12] 乞[03]	桀[10]	傑(杰[08])
검	儉[15] 劍[15] 檢[17]	瞼[18] 鈐[12] 黔[16]	劍(劒[16])
겁		劫[07] 怯[09] 法[14]	
게		揭[13] 偈[11] 憩[16]	
격	格[10] 擊[17] 激[17] 隔[18]	檄[17] 膈[16] 覡[14]	
견	犬[04] 見[07] 堅[11] 肩[10] 絹[13] 遣[17] 牽[11]	鵑[18] 甄[14] 繭[21] 譴[21]	
결	決[08] 結[12] 潔[16] 缺[10]	訣[11] 抉[08]	潔([illegible][14])
겸	兼[10] 謙[17]	鎌[18] 慊[14] 箝[14] 鉗[13] 嗛[13] 槏[14]	

<table>
<tr><th rowspan="2">한글</th><th rowspan="2">한문 교육용
기초한자
(2007. 8. 현재)</th><th colspan="2">인명용 추가 한자 및 허용 한자</th></tr>
<tr><th>별표1</th><th>별표2</th></tr>
<tr><td>경</td><td>08 12 13 08 10
京景經庚耕
13 14 23 15 20
敬輕驚慶競
11 14 19 11 13
竟境鏡頃傾
12 20 10 12
硬警徑卿</td><td>10 19 08 10 08 07 11 16 17 20 17 15 09 11 13 09 14 15 07 10
倞鯨坰耿炅更梗憬璟瓊擎儆俓涇莖勁逕熲冏勍
11 18 12 16 11 13 16 19 17 02 09 17
烱璥痙磬絅脛頸鶊檠冂涇憼</td><td>11 07 16 17
卿(卿) 冏(囧) 景(暻) 檠(㯳)
09 16
京(亰) 璟(璄)</td></tr>
<tr><td>계</td><td>09 08 09 09 14
癸季界計溪
21 07 09 07 11
鷄系係戒械
20 09 10 11 17
繼契桂啓階
19
繫</td><td>14 10 08 12 12 15 17
誡烓屆悸棨稽谿</td><td>12 15
界(堺) 谿(磎)</td></tr>
<tr><td>고</td><td>05 09 08 11 10
古故固苦高
08 07 09 08 10
考告枯姑庫
08 13 15 21
孤鼓稿顧</td><td>05 14 11 14 08 05 10 14 09 13 14 10 10 14 11 14 20 23 12 14
叩敲皐暠呱尻拷槁沽痼睾羔股膏苽菰藁蠱袴誥
13 12 16 12 08
賈辜錮雇杲</td><td>06 10
考(攷) 皐(皋)</td></tr>
<tr><td>곡</td><td>07 06 15 10
谷曲穀哭</td><td>11 11 18
斛梏鵠</td><td></td></tr>
<tr><td>곤</td><td>07 08
困坤</td><td>08 11 13 16 11 12 15 19 10
昆崑琨錕梱棍滾鯤衮</td><td>11
衮(袞)</td></tr>
<tr><td>골</td><td>10
骨</td><td>08 14
汨滑</td><td></td></tr>
</table>

한글	한문 교육용 기초한자 (2007. 8. 현재)	인명용 추가 한자 및 허용 한자	
		별표1	별표2
공	工[03]功[05]空[08]共[06]公[04]孔[04]供[08]恭[10]攻[07]恐[10]貢[10]	珙[11]控[12]拱[10]蚣[10]鞏[15]	
곶		串[07]	
과	果[08]課[15]科[09]過[16]誇[13]寡[10]	菓[14]跨[13]鍋[17]顆[17]戈[04]瓜[05]	
곽	郭[15]	廓[14]槨[15]藿[22]	
관	官[08]觀[25]關[19]館[17]管[14]貫[11]慣[15]冠[09]寬[15]	款[12]琯[13]錧[16]灌[22]瓘[23]梡[11]串[07]棺[12]罐[24]菅[14]	館(舘[16]) 寬(寛[13])
괄		括[10]刮[08]恝[10]适[13]	
광	光[06]廣[15]鑛[23]狂[07]	侊[08]洸[10]珖[11]桄[10]匡[06]曠[19]壙[18]筐[12]胱[12]	廣(広[05]) 光(炛[08]・眖[08])
괘	掛[12]	卦[08]罫[14]	
괴	塊[13]愧[14]怪[09]壞[19]	乖[08]傀[12]拐[09]槐[14]魁[14]	
굉		宏[07]紘[10]肱[10]轟[21]	

한글	한문 교육용 기초한자 (2007. 8. 현재)	인명용 추가 한자 및 허용 한자	
		별표1	별표2
교	06 10 16 11 13 交校橋敎郊 13 05 17 較巧矯	14 12 15 17 09 15 24 09 11 12 18 18 12 19 15 22 17 09 08 16 僑喬嬌膠咬嶠攪狡皎絞翹蕎蛟轎餃驕鮫姣佼噭 16 憍	11 敎(教)
구	09 03 07 11 07 九口求救究 03 05 18 08 10 久句舊具俱 11 21 11 9 9 區驅苟拘狗 05 22 16 14 12 丘懼龜構球	08 10 12 15 14 17 13 18 09 04 04 08 14 09 11 14 09 15 15 11 玖矩邱銶溝購鳩軀枸仇勾咎嘔垢寇嶇柩歐毆毬 07 18 13 06 13 24 18 12 13 15 22 10 09 14 16 17 灸瞿絿臼舅衢謳逑鉤駒鷗玽耇廏龜颶	08 11 14 丘(坵) 耇(耈) 廏(廐)
국	11 14 07 國菊局	17 18 19 14 鞠鞫麴[illegible]	08 國(国)
군	07 14 09 13 君郡軍群	12 13 窘裙	
굴	08 屈	13 11 13 窟堀掘	
궁	03 10 15 弓宮窮	10 08 09 躬穹芎	
권	08 22 20 08 10 券權勸卷拳	11 11 10 12 12 圈眷倦捲淃	15 權(権)
궐	12 厥	18 15 18 19 闕獗蕨蹶	
궤	09 軌	06 18 16 13 21 机櫃潰詭饋	

한글	한문 교육용 기초한자 (2007. 8. 현재)	인명용 추가 한자 및 허용 한자	
		별표1	별표2
귀	12 18 10 貴歸鬼	05 12 14 16 句晷[illegible]龜	16 龜(龜)
규	05 11 08 叫規糾	06 09 11 13 15 16 15 15 11 18 09 14 13 14 13 圭奎珪揆逵窺葵槻硅竅赳閨邽嫢湀	07 糾(糺)
균	07 14 均菌	09 12 13 04 16 畇鈞筠勻龜	04 16 勻(匀) 龜(龜)
귤		16 橘	
극	13 07 15 極克劇	09 18 12 12 剋隙戟棘	
근	11 13 10 04 13 18 近勤根斤僅謹	14 15 15 16 14 12 06 17 10 14 18 20 墐漌槿瑾嫤筋劤懃芹菫覲饉	
글		09 契	
금	08 04 13 16 13 13 金今禁錦禽琴	10 19 08 07 17 17 10 09 衾襟昑妗擒檎芩衿	
급	04 12 09 10 及給急級	08 06 08 汲伋扱	
긍	10 肯	06 14 09 亘兢矜	06 亘(亙)

한글	한문 교육용 기초한자 (2007. 8. 현재)	인명용 추가 한자 및 허용 한자	
		별표1	별표2
기	己[03]記[10]起[10]其[08]期[12] 基[11]氣[10]技[08]幾[12]既[11] 紀[09]忌[07]旗[14]欺[12]奇[08] 騎[18]寄[11]豈[10]棄[12]祈[09] 企[06]畿[15]飢[11]器[16]機[16]	淇[12]琪[13]璂[16]棋[12]祺[13]錤[16]騏[18]麒[19]玘[08]杞[07]埼[11]崎[11]琦[13]綺[14]錡[16]箕[14]岐[07]汽[08]沂[08]圻[07] 耆[10]璣[17]磯[17]譏[19]冀[16]驥[27]嗜[13]暣[14]伎[06]夔[19]妓[07]朞[12]畸[13]祁[08]祇[09]羈[25]機[18]肌[08]饑[21]稘[13] 榿[14]	棋[13](碁) 璣[20](璣)
긴	緊[14]		
길	吉[06]	佶[08]桔[10]姞[09]拮[10]	
김		金[08]	
끽		喫[12]	
나	那[11]	奈[08]柰[09]娜[10]拏[09]儺[21]喇[12]懦[18]拿[10][illegible][12][illegible][12]挐[10]挪[11][illegible][10]梛[11]糯[20]	
낙	諾[16]		
난	暖[13]難[19]	煖[13]	
날		捺[12]揑[11]	
남	南[09]男[07]	楠[13]湳[13]枏[08]	
납	納[10]	衲[10]	

한글	한문 교육용 기초한자 (2007. 8. 현재)	인명용 추가 한자 및 허용 한자	
		별표1	별표2
낭	娘[10]	囊[22]	
내	內[04]乃[02]奈[08]耐[09]	柰[09]	
녀	女[03]		
년	年[06]	撚[16]	年(秊)[08]
념	念[08]	恬[10]拈[09]捻[12]	
녕	寧[14]	獰[17]佞[07]	寧(寗)[13]
노	怒[09]奴[05]努[07]	弩[08]瑙[14]駑[15]	
농	農[13]	膿[19]濃[17]	
뇨		尿[07]鬧[14]撓[16]	
눈		嫩[14]	
눌		訥[11]	
뇌	腦[15]惱[13]		
뉴		紐[10]鈕[12]杻[08]	

한글	한문 교육용 기초한자 (2007. 8. 현재)	인명용 추가 한자 및 허용 한자	
		별표1	별표2
능	12 能		
니	09 泥	03 09 18 18 14 尼柅濔膩[illegible]	
닉		11 14 匿溺	
다	06 12 多茶	10 12 15 12 爹察檫茤	06 多(夛)
단	04 07 12 12 14 丹但單短端 05 09 16 17 18 旦段壇檀斷 14 團	15 17 13 09 13 18 11 11 19 13 09 緞鍛亶彖湍簞蛋袒鄲煓𣅝	
달	16 達	17 17 19 10 撻澾獺疸	
담	15 12 17 談淡擔	19 19 17 12 11 07 17 16 13 13 11 18 16 16 10 譚膽澹覃啖坍憺曇湛痰聃蕁錟潭倓	
답	12 09 15 答畓踏	08 17 沓遝	
당	11 13 10 16 20 堂當唐糖黨	13 21 16 15 28 12 17 塘鐺撞幢戇棠螳	
대	03 05 09 14 11 大代待對帶 14 12 17 臺貸隊	08 10 11 17 18 07 08 17 垈玳袋戴擡旲岱黛	08 09 臺(坮) 擡(抬)

한글	한문 교육용 기초한자 (2007. 8. 현재)	인명용 추가 한자 및 허용 한자	
		별표1	별표2
댁		06 宅	
덕	15 德		12 14 德(悳·德)
도	02 08 09 16 10 刀到度道島 10 14 10 16 10 徒圖倒都桃 10 13 13 13 16 挑跳逃渡陶 14 15 16 12 13 途稻導盜塗	12 12 18 18 19 17 17 12 12 12 14 18 12 10 14 14 16 16 19 16 堵棹濤燾禱鍍蹈屠悼掉搗櫂淘滔睹萄覩賭韜馟	14 島(嶋)
독	22 17 08 13 16 讀獨毒督篤	19 19 19 07 25 瀆牘犢禿纛	
돈	11 12 豚敦	15 12 16 16 13 08 08 12 墩惇暾燉頓旽沌焞	
돌	09 突	06 乭	
동	06 10 12 05 08 同洞童冬東 11 14 10 動銅凍	12 13 16 09 17 14 16 10 10 10 18 16 07 10 16 棟董潼垌瞳蝀憧疼胴桐朣曈彤烔橦	05 同(仝)
두	04 07 16 斗豆頭	07 08 11 12 20 13 22 14 12 杜枓兜痘竇荳讀逗阧	
둔	12 04 鈍屯	16 19 10 18 遁臀芚遯	
둘		05 乧	

한글	한문 교육용 기초한자 (2007. 8. 현재)	인명용 추가 한자 및 허용 한자	
		별표1	별표2
득	11 得		
등	12 12 16 17 等登燈騰	21 20 19 15 16 藤謄鄧嶝橙	
라	20 羅	17 12 20 21 25 14 26 09 19 15 16 螺喇懶癩蘿裸邏剆覼摞蓏	
락	15 15 12 落樂絡	11 13 10 16 10 珞酪烙駱洛	
란	07 11 23 21 卵亂蘭欄	25 22 04 23 30 21 瀾瓓丹欒鸞爛	
랄		09 14 剌辣	
람	16 18 覽濫	12 25 25 20 27 25 20 11 22 11 嵐攬欖籃纜襤藍婪灆婪	19 14 攬(擥 · 掔)
랍		09 21 21 拉臘蠟	
랑	11 14 13 浪郞廊	12 15 10 11 11 16 琅瑯狼朗烺蜋	16 13 蜋(螂) 郞(郎)
래	08 來	11 14 11 崍萊徠	07 15 來(来 · 趚)
랭	07 冷		

한글	한문 교육용 기초한자 (2007. 8. 현재)	인명용 추가 한자 및 허용 한자	
		별표1	별표2
략	11 12 略掠		
량	07 08 12 12 11 良兩量涼梁 18 15 糧諒	09 10 15 13 15 亮倆樑粱輛	13 糧(粮) 10 涼(凉)
려	10 19 15 17 旅麗慮勵	07 09 13 15 21 19 08 19 19 20 21 21 26 29 呂侶閭黎儷廬戾櫚濾礪藜蠣驢驪	
력	02 16 16 力歷曆	20 20 22 24 瀝礫轢靂	
련	14 15 17 16 17 連練鍊憐聯 23 17 戀蓮	13 11 23 15 15 22 26 煉璉攣漣輦孌鑾	
렬	06 10 12 06 列烈裂劣	10 08 洌冽	
렴	13 廉	17 19 17 17 濂簾斂殮	
렵	19 獵		
령	05 14 17 13 24 令領嶺零靈	07 10 08 09 13 20 09 08 11 11 11 11 12 09 17 20 伶玲姈昤鈴齡怜囹笭羚翎聆逞泠澪岭	16 岭(岺)
례	08 18 16 例禮隸	17 20 澧醴	06 禮(礼)

한글	한문 교육용 기초한자 (2007. 8. 현재)	인명용 추가 한자 및 허용 한자	
		별표1	별표2
로	13 20 06 12 20 路露老勞爐	15 16 23 16 17 19 17 22 22 13 11 19 12 18 魯盧鷺撈擄櫓潞瀘蘆輅鹵嚧虜璐	13 虜(虜)
록	14 13 16 11 綠祿錄鹿	08 13 14 19 彔碌菉麓	
론	15 論		
롱	07 弄	20 21 22 19 20 22 瀧瓏籠壟朧聾	
뢰	18 16 雷賴	20 17 07 15 13 15 瀨儡牢磊賂賚	16 賴(頼)
료	10 02 14 料了僚	19 15 14 16 17 17 11 17 遼寮廖燎療瞭聊蓼	
룡	16 龍		10 龍(竜)
루	14 15 11 12 15 屢樓累淚漏	18 11 16 17 17 17 19 13 15 14 壘婁瘻縷蔞褸鏤陋僂嶁	
류	09 10 11 19 柳留流類	12 15 12 15 13 14 14 19 18 琉劉硫瘤旒榴溜瀏謬	15 琉(瑠)
륙	06 16 六陸	15 戮	

한글	한문 교육용 기초한자 (2007. 8. 현재)	인명용 추가 한자 및 허용 한자	
		별표1	별표2
륜	10 15 倫輪	08 11 14 12 16 侖崙綸淪錀	11 崙(崘)
률	09 10 11 律栗率	16 12 慄嵂	
륭	17 隆		
륵		11 08 勒肋	
름		16 15 廩凜	15 凜(凛)
릉	16 陵	14 14 13 10 13 綾菱稜凌楞	13 楞(楞)
리	07 12 07 11 07 里理利梨李 06 19 13 15 吏離裏履	9 13 16 09 10 12 11 12 25 16 19 18 18 11 16 12 15 俚莉璃俐唎浬狸痢籬罹羸釐鯉涖[illegible]犂摛	13 裏(裡) 11 離(离) 11 俐(悧) 09 釐(厘) 12 犂(犁)
린	19 鄰	16 17 23 07 16 22 27 23 16 20 16 潾璘麟吝燐藺躪鱗撛鏻獜	17 麟(麐) 20 鄰(隣)
림	08 17 林臨	13 16 12 12 13 12 琳霖淋棽碄晽	
립	05 立	11 11 10 笠粒砬	
마	10 11 16 馬麻磨	15 15 13 15 21 13 瑪摩痲碼魔媽	

한글	한문 교육용 기초한자 (2007. 8. 현재)	인명용 추가 한자 및 허용 한자	
		별표1	별표2
막	13 14 15 莫幕漠	14 17 21 寞膜邈	
만	15 11 15 15 15 萬晩滿慢漫	11 17 19 06 10 22 22 11 26 16 14 20 22 25 曼蔓鏋卍娩巒彎挽灣瞞輓饅鰻蠻	03 萬(万)
말	05 末	11 10 09 09 21 14 茉唜抹沫襪靺	
망	03 07 07 11 12 亡忙忘望茫 06 09 妄罔	14 09 15 10 12 網芒輞邙莽	12 莽(莽) 望(朢) 14
매	07 12 15 08 11 每買賣妹梅 10 12 埋媒	12 09 08 13 16 19 15 11 寐昧枚煤罵邁魅莓	
맥	11 12 麥脈	13 13 21 貊陌驀	
맹	08 12 13 08 孟猛盟盲	14 08 萌氓	
멱		16 11 冪覓	
면	07 09 09 10 14 免勉面眠綿	11 12 08 09 15 15 冕棉沔眄緬麪	20 麪(麵)
멸	14 滅	17 蔑	

한글	한문 교육용 기초한자 (2007. 8. 현재)	인명용 추가 한자 및 허용 한자	
		별표1	별표2
명	06 08 08 14 14 名命明鳴銘 10 冥	14 14 12 05 15 12 16 16 13 14 10 09 19 溟暝椧皿瞑茗蓂螟酩慏洺眀䳟	
메		10 袂	
모	05 04 15 09 18 母毛暮某謀 15 14 13 15 09 模貌募慕冒 09 侮	15 06 16 08 12 15 07 14 11 10 10 11 05 16 摸牟謨姆帽摹牡瑁眸耗芼茅矛橅	
목	04 05 08 13 木目牧睦	16 20 08 穆鶩沐	
몰	08 沒	08 歿	
몽	14 16 夢蒙	18 朦	
묘	05 07 11 15 14 卯妙苗廟墓	13 17 10 09 08 13 12 描錨畝昴杳渺猫	09 妙(玅)
무	05 11 08 11 13 戊茂武務無 14 12 19 舞貿霧	09 13 10 16 17 07 16 13 04 17 18 14 19 16 拇珷畝撫懋巫憮楙毋繆蕪誣鵡橅	04 無(无)
묵	15 16 墨默		

한글	한문 교육용 기초한자 (2007. 8. 현재)	인명용 추가 한자 및 허용 한자	
		별표1	별표2
문	08 11 14 04 門問聞文	08 08 10 10 06 07 10 10 12 08 汶炆紋們刎吻紊蚊雯抆	
물	04 08 勿物	08 沕	
미	06 05 08 09 07 米未味美尾 13 13 09 迷微眉	13 19 17 12 12 12 12 11 13 13 17 19 23 16 13 18 13 10 10 08 渼薇彌嵄媄媚嵋梶楣湄謎靡黴躾媺瀰煝娓洣侎 14 瑂	08 彌(弥)
민	05 11 16 民敏憫	09 08 08 12 10 08 08 15 09 13 16 13 14 09 12 15 18 14 13 14 玟旻旼閔珉岷忞慜敃愍潣暋頣泯悶緡[illegible]鈱[illegible]閩 09 盿	14 09 14 08 珉(瑉・砇・碈) 忞(忟)
밀	11 14 密蜜	17 謐	
박	09 09 12 06 12 泊拍迫朴博 19 薄	10 16 17 13 11 10 16 14 11 16 15 13 14 珀撲璞鉑舶剝樸箔粕縛膊雹駁	
반	04 13 05 10 15 反飯半般盤 11 11 09 07 班返叛伴	10 13 16 15 09 14 19 12 14 09 15 09 17 20 11 18 17 畔頒潘磐拌搬攀斑槃泮瘢盼磻礬絆蟠[illegible]	
발	12 09 15 發拔髮	16 13 13 09 16 12 19 15 潑鉢渤勃撥跋醱魃	

한글	한문 교육용 기초한자 (2007. 8. 현재)	인명용 추가 한자 및 허용 한자	
		별표1	별표2
방	04 08 12 08 11 方房防放訪 10 12 07 10 11 芳傍妨倣邦	07 07 08 09 14 07 10 08 14 15 10 10 16 10 16 10 17 17 坊彷昉龐榜尨旁枋滂磅紡肪膀舫蒡蚌謗幫	12 幫(幇)
배	09 08 10 11 10 拜杯倍培配 12 15 11 排輩背	16 14 13 10 11 12 11 15 15 05 陪裴湃俳徘焙胚褙賠北	09 杯(盃) 14 裵(裴)
백	05 06 07 白百伯	08 08 15 09 11 佰帛魄柏苩	10 柏(栢)
번	12 13 17 21 番煩繁飜	18 15 15 16 17 21 蕃幡樊燔磻藩	18 飜(翻)
벌	06 15 伐罰	14 12 閥筏	
범	03 06 15 凡犯範	06 07 06 11 11 09 07 14 13 帆机氾范梵泛汎釩渢	
법	09 法	13 琺	
벽	16 14 壁碧	18 21 13 15 17 17 18 21 13 璧闢僻劈擘檗癖霹辟	23 檗(蘗)
변	23 21 16 22 變辯辨邊	04 05 09 07 卞弁便釆	

한글	한문 교육용 기초한자 (2007. 8. 현재)	인명용 추가 한자 및 허용 한자	
		별표1	별표2
별	07 別	17 25 18 13 13 23 瞥鼈襒彆莂鷩	23 鼈(鱉)
병	05 10 07 10 11 丙病兵竝屛	08 10 11 15 09 09 09 08 17 18 16 09 幷倂甁輧炳柄昞秉餠騈鉼抦	10 06 09 12 竝(並) 幷(并) 昞(昺) 柄(棅) 14 餠(餅)
보	09 07 12 12 13 保步報普補 20 20 譜寶	18 17 14 14 16 10 13 15 09 08 堡甫輔菩潽洑湺褓俌珤	08 11 11 08 寶(宝·珤·琁) 步(歩)
복	14 06 08 12 15 福伏服復腹 15 02 18 複卜覆	18 17 14 11 08 12 17 16 16 20 馥鍑僕匐宓茯蔔輹輻鰒	
본	05 本		
볼		08 乶	
봉	08 14 10 12 09 奉逢峯蜂封 14 鳳	10 12 13 11 12 17 15 15 17 15 俸捧琫烽棒蓬鋒熢縫漨	10 11 峯(峰) 漨(浲)

한글	한문 교육용 기초한자 (2007. 8. 현재)	인명용 추가 한자 및 허용 한자	
		별표1	별표2
부	04 17 04 12 15 夫扶父富部 11 07 11 05 11 婦否浮付符 13 08 14 09 11 附府腐負副 19 09 15 簿赴賦	07 10 12 14 15 12 04 10 10 08 11 14 08 06 14 13 13 09 17 11 孚芙傅溥敷復不俯剖咐埠孵斧缶腑艀莩訃賻趺 10 08 15 13 17 釜阜駙鳧膚	
북	05 北		
분	04 10 10 08 15 分紛粉奔墳 16 16 憤奮	08 10 09 07 15 08 08 08 12 17 12 12 汾芬盆吩噴忿扮昐焚糞賁雰	
불	04 07 09 不佛拂	08 05 彿弗	
붕	08 11 朋崩	19 12 13 17 鵬棚硼繃	
비	04 08 12 09 14 比非悲飛鼻 12 08 08 11 13 備批卑婢碑 06 10 10 12 妃肥祕費	07 08 13 12 20 05 02 20 16 12 14 09 09 09 09 13 09 09 10 14 庇枇琵扉譬丕匕匪憊斐榧毖毗沸泌痺砒秕粃緋 14 14 19 14 14 14 15 18 12 05 11 翡脾臂菲蜚裨誹鄙棐庀奜	10 09 祕(秘) 毗(毘)

한글	한문 교육용 기초한자 (2007. 8. 현재)	인명용 추가 한자 및 허용 한자	
		별표1	별표2
빈	貧[11] 賓[14] 頻[16]	彬[11] 斌[12] 濱[18] 嬪[17] 穦[19] 儐[16] 璸[19] 玭[09] 嚬[19] 檳[18] 殯[18] 浜[11] 瀕[20] 牝[06] 邠[11] 繽[20] 豳[17] 霦[09] 贇[19] 鑌[22] 擯[11]	彬[06](份)
빙	氷[05] 聘[13]	憑[16] 騁[17]	
사	四[04] 巳[03] 士[03] 仕[05] 寺[06] 史[05] 使[08] 舍[08] 射[10] 謝[17] 師[10] 死[06] 私[07] 絲[12] 思[09] 事[08] 司[05] 詞[12] 蛇[11] 捨[12] 邪[11] 賜[15] 斜[11] 詐[12] 社[08] 沙[08] 似[07] 査[09] 寫[15] 辭[19] 斯[12] 祀[08]	泗[09] 砂[09] 糸[06] 紗[10] 娑[10] 徙[11] 奢[12] 嗣[13] 赦[11] 乍[05] 些[07] 伺[07] 俟[09] 僿[15] 唆[10] 柶[09] 梭[11] 渣[13] 瀉[19] 獅[14] 祠[10] 肆[13] 莎[13] 蓑[16] 裟[13] 飼[14] 駟[15] 麝[21] 篩[16]	
삭	削[09] 朔[10]	數[15] 索[10] 爍[19] 鑠[23]	
산	山[03] 産[11] 散[12] 算[14]	珊[10] 傘[12] 刪[07] 汕[07] 疝[08] 蒜[16] 霰[20] 酸[14] 産[11] 祘[10]	
살	殺[11]	薩[20] 乷[08] 撒[16] 煞[13]	
삼	三[03]	參[11] 蔘[17] 杉[07] 衫[09] 滲[15] 芟[10] 森[12]	
삽		插[13] 澁[16] 鈒[12] 颯[14]	插[13](揷)

한글	한문 교육용 기초한자 (2007. 8. 현재)	인명용 추가 한자 및 허용 한자	
		별표1	별표2
상	03 08 11 15 11 上尙常賞商 09 17 13 13 12 相霜想傷喪 14 14 13 11 12 嘗裳詳祥象 14 07 10 08 17 像床桑狀償	09 13 15 12 11 14 20 09 12 16 18 15 08 15 16 庠湘箱翔爽塽孀峠廂橡觴樣牀慡潒	
새	13 塞	19 17 璽賽	
색	06 10 色索	13 18 13 嗇穡塞	
생	05 生	09 12 09 11 牲甥省笙	
서	06 07 10 15 11 西序書署敍 10 11 10 13 15 徐庶恕暑緖 14 14 誓逝	08 12 14 12 18 12 13 16 14 17 12 13 12 09 20 15 12 13 20 14 抒舒瑞棲曙壻㥠諝墅嶼犀筮絮胥薯鋤黍鼠藇揟 11 13 11 悆湑偦	09 11 10 12 敍(叙・敘) 棲(栖・捿) 12 17 07 15 壻(婿) 嶼(㠘) 恕(忞) 胥(縃) 15 諝(諝)
석	05 03 08 12 10 石夕昔惜席 08 20 析釋	14 15 07 12 12 10 13 16 16 16 12 18 碩奭汐淅晳柘鉐錫潟蓆舃鼫	12 晳(晰)

한글	한문 교육용 기초한자 (2007. 8. 현재)	인명용 추가 한자 및 허용 한자	
		별표1	별표2
선	06 05 15 17 12 先仙線鮮善 11 19 09 11 17 船選宣旋禪	10 13 14 13 15 18 18 12 19 16 13 15 14 11 14 13 16 14 22 15 扇渲瑄愃墡膳繕琁璿璇羨嬋銑珗嫙僊敾煽癬腺 23 18 13 13 20 10 06 蘚蟬詵跣鐥洒亘	21 膳(饍)
설	11 14 11 06 雪說設舌	19 13 10 09 10 13 17 21 11 17 09 11 薛楔屑泄洩渫褻齧卨蔎契偰	11 卨(禼)
섬		23 16 19 19 21 20 10 14 纖暹蟾剡殲贍閃陝	
섭	11 22 涉攝	17 15 21 13 燮葉欇紲	
성	08 09 07 10 14 姓性成城誠 12 09 13 17 09 盛省聖聲星	12 10 14 13 16 10 13 13 15 12 11 07 10 14 12 11 珹娍瑆惺醒宬猩筬腥貹胜成城誠盛晟	10 11 13 晟(晠 · 睟) 聖(垩)
세	05 10 14 11 13 世洗稅細勢 13 歲	12 11 12 07 10 11 09 貰笹說忕洒涗姻	
소	03 04 08 11 10 小少所消素 10 05 09 22 20 笑召昭蘇騷 16 12 12 11 17 燒訴掃疏蔬	09 09 11 12 14 11 17 09 10 15 13 10 13 11 20 15 16 18 18 13 沼炤紹邵韶巢遡柖玿嘯塑宵搔梳瀟瘙篠簫蕭逍 15 14 16 07 15 07 銷愫穌卲霄劭	12 12 19 14 疏(疎) 穌(甦) 霄(霽) 遡(溯) 09 笑(咲)

한글	한문 교육용 기초한자 (2007. 8. 현재)	인명용 추가 한자 및 허용 한자	
		별표1	별표2
속	09 14 21 07 12 俗速續束粟 21 屬	11 17 22 涑謖贖	
손	10 14 孫損	17 12 16 12 遜巽蓀飧	11 飧(飡)
솔		11 09 09 率帥乺	
송	09 10 13 11 14 松送頌訟誦	07 12 11 12 宋淞悚竦	
쇄	08 18 刷鎖	11 22 13 殺灑碎	19 鎖(鎻)
쇠	10 衰	10 釗	
수	04 04 08 12 09 水手受授首 06 06 15 12 17 守收誰須雖 13 16 14 09 10 愁樹壽數修 07 05 14 09 10 秀囚需帥殊 21 16 19 13 16 隨輸獸睡遂 08 14 垂搜	10 12 14 14 17 18 11 23 11 14 13 08 06 15 17 09 18 15 13 14 洙琇銖粹穗繡隋髓袖嗽嫂岫戍漱燧狩璲瘦綏綬 11 12 16 16 21 21 13 15 20 22 19 15 15 23 12 13 21 羞茱蒐蓚藪邃酬銹隧鬚鶉晬竪讎睟睢瓍	07 壽(寿) 修(脩)13 穗(穂)15 岫(峀)08 13 竪(豎) 讎(讐)23 睢(濉)17
숙	08 12 11 11 15 叔淑宿孰熟 13 肅	14 13 19 16 06 16 14 塾琡璹橚夙潚菽	

한글	한문 교육용 기초한자 (2007. 8. 현재)	인명용 추가 한자 및 허용 한자	
		별표1	별표2
순	12 10 06 10 12 順純旬殉循 13 17 07 脣瞬巡	10 11 12 12 12 12 12 13 16 15 09 10 10 13 16 17 18 13 13 09 洵珣荀筍舜淳焞諄錞醇侚恂栒楯橓蓴蕣詢馴盾	
술	06 12 11 戌述術	13 鉥	
숭	11 崇	13 11 嵩崧	
슬		14 17 17 15 瑟膝璱蝨	
습	11 10 18 22 習拾濕襲	17 褶	
승	10 08 12 08 14 乘承勝昇僧	06 15 19 19 04 14 05 13 丞陞繩蠅升塍氶塖	12 陞(阩)
시	05 05 09 10 15 市示是時詩 09 13 08 05 08 施試始矢侍 12 視	09 10 11 15 12 03 09 09 12 12 10 16 14 16 07 10 11 13 16 12 柴恃匙嘶媤尸屎屍弑猜翅蒔蓍諡豕豺偲毸諟媞 09 13 14 柹愢禔	09 09 柹(柿 · 杮)
식	09 06 12 19 10 食式植識息 14 飾	10 11 12 13 13 12 10 14 15 15 栻埴殖湜軾寔拭熄篒蝕	
신	07 05 10 06 09 身申神臣信 07 13 07 11 14 辛新伸晨愼	11 13 19 10 10 08 08 10 10 18 14 20 13 07 20 紳莘薪迅訊侁呻娠宸燼腎藎蜃辰璶	

한글	한문 교육용 기초한자 (2007. 8. 현재)	인명용 추가 한자 및 허용 한자	
		별표1	별표2
실	05 09 14 失室實	11 悉	08 實(実)
심	04 09 12 12 15 心甚深尋審	08 08 19 10 16 沁沈瀋芯諶	
십	10 十	04 10 什拾	
쌍	18 雙		04 雙(双)
씨	04 氏		
아	08 07 04 10 12 兒我牙芽雅 08 16 亞餓	10 10 13 08 09 11 13 13 11 15 18 13 11 10 12 12 09 11 娥峨衙妸俄啞莪蛾訝鴉鵝阿婀哦硪睋砑婭	07 07 10 11 兒(児) 亞(亜) 峨(峩) 婀(娿)
악	12 08 惡岳	15 11 17 12 13 13 13 16 17 18 20 24 樂堊嶽幄愕握渥鄂鍔顎鰐齷	
안	06 10 18 11 08 安案顔眼岸 12 雁	10 10 15 17 16 09 11 晏按鞍鮟鴈姲婩	15 10 雁(鴈) 案(桉)
알	16 謁	14 08 16 斡軋閼	
암	13 23 暗巖	11 14 17 17 17 庵菴唵癌闇	08 巖(岩)

한글	한문 교육용 기초한자 (2007. 8. 현재)	인명용 추가 한자 및 허용 한자	
		별표1	별표2
압	17 09 壓押	16 08 鴨狎	
앙	06 05 09 仰央殃	16 09 10 08 鴦怏秧昻	09 昂(昻)
애	13 09 12 愛哀涯	08 11 08 10 17 17 24 15 19 11 10 厓崖艾埃曖隘靄睚礙㶊唉	13 礙(碍)
액	04 18 厄額	12 08 12 16 14 液扼掖縊腋	
앵		21 21 20 28 鶯櫻罌鸚	
야	03 08 11 09 也夜野耶	07 11 13 13 13 11 11 冶倻惹椰爺若揶	10 野(埜) 揶(擨) 16
약	10 11 09 21 21 弱若約藥躍	15 16 葯蒻	
양	06 11 15 13 17 羊洋養揚陽 24 20 15 13 讓壤樣楊	17 20 15 08 10 21 13 18 13 11 14 22 22 24 12 襄孃漾佯恙攘暘瀁煬痒瘍禳穰釀椋	09 陽(昜) 揚(敭) 13
어	11 15 08 14 11 魚漁於語御	10 13 16 12 22 11 圄瘀禦馭齬唹	
억	13 17 08 億憶抑	17 19 檍臆	

한글	한문 교육용 기초한자 (2007. 8. 현재)	인명용 추가 한자 및 허용 한자	
		별표1	별표2
언	07 11 言焉	16 09 11 12 14 諺彦偃堰嫣	09 彦(彥)
얼		19 23 22 孼蘖糱	23 糱(蘗)
엄	13 嚴	08 10 12 22 12 20 奄俺掩儼淹曮	17 嚴(巖)
업	13 業	16 業	
엔		04 円	
여	07 16 06 07 14 余餘如汝與 04 17 予輿	18 19 19 13 12 21 07 11 歟璵礖艅茹轝妤悆	
역	06 08 13 20 23 亦易逆譯驛 07 09 11 役疫域	12 19 晹繹	
연	12 13 11 07 16 然煙硏延燃 16 09 13 10 11 燕沿鉛宴軟 15 15 演緣	09 12 09 10 11 08 13 14 10 19 12 11 11 13 11 17 14 12 20 15 衍淵姸娟涓沇筵瑌娫嚥堧捐挻椽涎縯鳶硯曣嬊 23 09 19 13 19 讌兗嬿莚瓀	14 煙(烟) 12 淵(渊) 08 兗(兖) 07 姸(妍) 09 娟(娟) 16 軟(輭) 11 硯(研)
열	15 11 15 熱悅閱	14 09 16 說咽潱	

한글	한문 교육용 기초한자 (2007. 8. 현재)	인명용 추가 한자 및 허용 한자	
		별표1	별표2
염	08 09 24 炎染鹽	13 24 14 12 11 16 14 琰艶厭焰苒閻髥	19 艶(艷)
엽	15 葉	16 16 14 燁曄熀	
영	05 11 11 14 09 永英迎榮泳 12 17 15 09 詠營影映	13 13 14 15 21 09 13 17 17 16 22 08 13 17 15 20 23 17 16 22 渶煐瑛瑩瀯盈楹鍈嬰穎瓔咏塋嶸潁瀛纓霙嬴營 20 15 蠑朠	14 10 榮(栄・荣) 13 映(暎) 18 瀯(濚)
예	21 16 21 15 藝豫譽銳	16 13 10 02 10 04 06 08 16 11 18 13 13 16 11 16 10 14 17 20 叡預芮乂倪刈曳汭濊猊穢裔詣霓堄橤埶嫕蓺蕊 19 08 15 09 16 蘂艾蓺羿瘱	14 14 19 叡(睿・容・壡) 11 10 藝(埶・芸) 22 蕊(蘂)
오	05 07 11 04 14 五吾悟午誤 10 07 13 10 13 烏汚嗚娛傲	06 07 08 12 11 13 09 13 16 14 12 16 11 15 17 15 13 13 24 11 伍吳旿珸晤奧俉塢墺寤惡懊敖熬澳獒筽蜈鼇梧 11 17 浯燠	22 鼇(鰲)
옥	05 09 14 玉屋獄	08 13 沃鈺	
온	14 溫	15 13 19 15 16 22 15 10 瑥媼穩瘟縕蘊榲昷	14 穩(稳) 09 昷(昷)
올		03 兀	

한글	한문 교육용 기초한자 (2007. 8. 현재)	인명용 추가 한자 및 허용 한자	
		별표1	별표2
옹	10 17 翁擁	13 16 09 18 23 10 22 雍壅瓮甕癰邕饔	
와	05 08 瓦臥	12 14 14 12 15 11 渦窩窪蛙蝸訛	
완	07 15 完緩	09 10 11 13 12 13 11 11 08 12 13 13 15 13 14 15 12 13 07 07 玩垸浣莞琓琬婠婉宛梡椀碗翫脘腕豌阮頑妧岏 16 鋺	
왈	04 曰		
왕	05 08 王往	08 08 08 旺汪枉	
왜		10 09 09 13 倭娃歪矮	
외	05 09 外畏	13 21 13 嵬巍猥	
요	09 15 14 17 17 要腰搖遙謠	04 12 21 18 20 15 15 09 14 05 07 15 09 19 16 18 10 15 17 18 夭堯饒曜耀瑤樂姚僥凹妖嶢拗擾橈燿窈窯繇繞 18 19 14 蟯邀暚	
욕	11 11 15 10 欲浴慾辱	16 16 縟褥	

한글	한문 교육용 기초한자 (2007. 8. 현재)	인명용 추가 한자 및 허용 한자	
		별표1	별표2
용	05 09 10 11 用勇容庸	14 18 15 14 16 11 10 14 19 12 14 07 09 13 14 17 12 15 05 溶鎔瑢榕蓉涌埇踊鏞茸墉甬俑傭慂聳傛槦冗	14 鎔(熔) 13 涌(湧) 04 冗(宂)
우	03 06 05 04 04 于宇右牛友 08 15 02 04 16 雨憂又尤遇 06 15 13 11 17 羽郵愚偶優	07 10 09 14 12 12 17 08 11 10 14 07 08 14 09 09 21 13 11 07 佑祐禹瑀寓堣隅玗釪迂霧盱盂禑紆芋藕虞雩扜 06 15 17 13 09 10 玗慪燠偶俁邦	07 雨(宋)
욱		06 09 13 13 13 10 11 10 17 15 旭昱煜郁頊彧勖栯燠稶	15 稶(穖)
운	04 12 16 19 云雲運韻	08 16 10 16 07 13 16 14 14 10 18 17 16 15 沄澐耘暈会暈橒殞熉芸蕓隕篔贇	18 篔(簹)
울		17 29 04 14 蔚鬱乭菀	
웅	12 雄	14 熊	
원	04 10 19 17 13 元原願遠園 09 13 10 14 13 怨圓員源援 15 院	10 09 10 08 14 13 12 14 11 17 11 13 09 14 11 16 15 10 08 16 袁垣洹沅瑗媛嫄愿苑轅婉湲爰猿阮鴛褑朊杬鋺 10 10 寃笎	11 冤(寃) 09 員(負)

한글	한문 교육용 기초한자 (2007. 8. 현재)	인명용 추가 한자 및 허용 한자 별표1	인명용 추가 한자 및 허용 한자 별표2
월	04 12 月越	13 鉞	
위	07 06 12 11 09 位危爲偉威 11 16 12 16 16 胃謂圍衛違 08 15 14 15 委慰僞緯	11 09 14 13 13 18 14 13 18 15 15 16 尉韋瑋暐渭魏萎葦蔿蝟褘衞	
유	05 09 07 06 13 由油酉有猶 11 16 09 19 05 唯遊柔遺幼 09 12 14 08 16 幽惟維乳儒 13 14 13 11 裕誘愈悠	08 10 09 12 12 09 13 14 13 18 13 10 07 09 13 12 17 13 13 12 侑洧宥庾喩兪楡瑜猷濡愉秞攸柚琟釉孺揄楢游 18 09 13 16 16 16 16 16 17 18 11 09 15 14 09 11 癒臾萸諛諭踰蹂逾鍮嚅婑囿牖逌姷聈	09 13 兪(俞) 濡(渪)
육	06 10 肉育	11 14 堉毓	
윤	12 16 閏潤	04 04 09 12 11 12 14 19 08 13 尹允玧鈗胤阭奫贇昀荺	15 13 11 潤(閏·閠) 胤(亂)
율		06 16 08 13 16 聿燏汩建潏	
융		16 06 20 12 融戎瀜絨	
은	10 14 22 恩銀隱	09 10 15 14 11 14 18 16 07 15 07 23 18 21 11 16 10 16 16 垠殷誾溵珢慇濦傿听璁圻蘟檼檃訢蒑泿慇慭	19 誾(闉)

한글	한문 교육용 기초한자 (2007. 8. 현재)	인명용 추가 한자 및 허용 한자	
		별표1	별표2
을	01 乙	06 圪	
음	09 07 13 16 12 音吟飮陰淫	10 13 20 蔭愔馨	
읍	07 09 邑泣	13 揖	
응	17 16 應凝	19 24 22 膺鷹應	
의	06 08 13 20 06 衣依義議矣 18 13 08 15 14 醫意宜儀疑	10 15 15 18 22 12 19 19 19 倚誼毅擬懿椅艤薏蟻	
이	02 05 03 06 06 二以已耳而 11 11 06 異移夷	11 06 08 06 09 14 16 15 09 11 13 11 12 12 20 14 12 12 07 12 珥伊易弛怡爾彝頤姨痍肄苡荑貽邇飴貳媐杝聏 09 10 17 咡珆鮞	18 彝(彛)
익	10 17 益翼	11 21 17 11 15 翊瀷謚翌熤	
인	02 04 04 06 07 人引仁因忍 04 11 06 09 認寅印姻	09 13 12 12 10 13 03 10 07 07 16 12 14 10 17 02 16 咽湮絪茵蚓靭刃芢汭牣璌靷鞇氤臏儿諲	12 靭(靱) 14 鞇(鞕) 06 仁(忎 · 07 忈)
일	01 04 15 一日逸	14 18 14 08 07 12 溢鎰馹佾佚壹	14 逸(逸)
임	04 06 13 壬任賃	07 13 10 12 11 妊稔恁荏託	09 姙(妊)

한글	한문 교육용 기초한자 (2007. 8. 현재)	인명용 추가 한자 및 허용 한자	
		별표1	별표2
입	02 入	04 廿	03 廿(卄)
잉		12 04 05 10 剩仍孕芿	
자	03 06 06 10 08 子字自者姊 14 10 11 13 09 慈玆紫資姿 10 08 恣刺	05 14 15 20 11 09 07 08 13 10 12 17 16 13 08 仔滋磁藉瓷咨孜炙煮疵茨蔗諮雌秄	08 姊(姉)
작	07 09 10 18 作昨酌爵	07 09 11 19 03 21 09 09 14 12 灼芍雀鵲勺嚼斫炸綽舃	
잔	12 殘	12 12 16 13 孱棧潺盞	
잠	16 15 潛暫	15 07 18 24 箴岑簪蠶	16 潛(潜)
잡	18 雜		
장	08 11 12 11 07 長章場將壯 03 11 11 13 13 丈張帳莊裝 14 16 15 12 12 奬墻葬粧掌 20 24 19 15 藏臟障腸	06 07 10 15 16 16 15 19 17 05 17 22 15 08 15 14 21 18 匠杖奘漳樟璋暲薔蔣仗檣欌漿狀獐臧贓醬	09 將(将) 06 壯(壮) 06 莊(庄) 17 墻(牆) 15 奬(奨)

한글	한문 교육용 기초한자 (2007. 8. 현재)	인명용 추가 한자 및 허용 한자	
		별표1	별표2
재	03 07 10 06 10 才材財在栽 06 09 07 12 13 再哉災裁載 10 宰	11 16 17 13 14 21 11 16 梓縡齋渽滓齎扗賳	
쟁	08 爭	16 14 15 錚箏諍	
저	15 12 07 08 09 著貯低底抵	11 12 13 09 07 18 08 08 08 15 13 09 12 10 15 11 14 20 12 20 苧邸楮沮佇儲咀姐杵樗渚狙猪疽箸紵菹藷詛躇 13 13 20 這雎齟	
적	08 07 18 15 15 的赤適敵滴 15 11 20 13 13 摘寂籍賊跡 16 17 積績	12 13 06 14 07 08 14 13 18 13 19 11 18 迪勣吊嫡狄炙翟荻謫迹鏑笛蹟	
전	05 06 08 09 10 田全典前展 16 13 16 13 11 戰電錢傳專 18 13 轉殿	08 10 13 14 13 07 13 12 12 13 19 07 11 14 15 11 17 17 13 09 佺栓詮銓琠甸塡奠荃雋顚佃剪塼廛悛氈澱煎畑 24 12 14 15 15 21 17 13 21 22 17 癲筌箋箭篆纏輾鈿鐫顫餞	
절	15 12 04 08 22 節絕切折竊	11 14 11 20 晢截浙癤	12 絕(絶)

한글	한문 교육용 기초한자 (2007. 8. 현재)	인명용 추가 한자 및 허용 한자	
		별표1	별표2
점	08 05 17 15 店占點漸	08 11 16 16 岾粘霑鮎	09 08 點(点·奌)
접	12 15 接蝶	15 摺	
정	02 11 11 04 05 丁頂停井正 08 08 09 14 12 政定貞精情 16 12 10 09 09 靜淨庭亭訂 08 19 14 18 廷程征整	06 07 07 07 11 12 08 11 13 12 13 14 12 11 13 13 12 12 09 13 汀玎町呈桯珵姃偵湞幀楨禎珽挺綎鼎晶晸柾鉦 12 16 15 19 13 15 15 09 13 10 11 17 12 11 17 20 13 13 09 13 淀錠鋌鄭靖靚鋥炡渟釘涏頲婷旌檉瀞晴碇穽艇 16 09 15 11 11 07 07 11 11 06 10 14 06 諪酊霆彭埩佂妌梃脡灯眐艵朾	14 靜(静)
제	07 11 11 09 18 弟第祭帝題 15 16 14 13 12 除諸製提堤 08 19 14 16 制際齊濟	11 11 14 16 12 20 20 16 16 22 12 16 14 悌梯瑅劑啼臍薺蹄醍霽媞儕禔	12 濟(済)
조	06 06 14 11 15 兆早造鳥調 12 07 04 17 17 朝助弔燥操 13 11 16 10 11 照條潮租組 10 祖	11 12 10 11 10 14 14 12 11 11 18 11 09 10 15 12 15 15 04 18 彫措晁窕祚趙肇詔釣曺遭眺俎凋嘲棗槽漕爪璪 13 11 17 19 23 10 20 13 16 09 稠粗糟繰藻蚤躁阻雕昭	10 08 曺(曹) 棗(枣)

한글	한문 교육용 기초한자 (2007. 8. 현재)	인명용 추가 한자 및 허용 한자	
		별표1	별표2
족	07 11 足族	17 19 簇鏃	
존	06 12 存尊		
졸	08 09 卒拙	11 猝	
종	08 14 20 11 11 宗種鐘終從 17 縱	10 13 12 12 14 16 17 15 15 16 13 09 18 倧琮淙悰綜瑽鍾慫腫踵椶柊蹤	12 15 椶(棕) 蹤(踪)
좌	05 07 07 10 左坐佐座	11 挫	
죄	14 罪		
주	05 09 07 06 08 主注住朱宙 07 10 11 06 08 走酒晝舟周 10 06 10 09 09 株州洲柱奏 11 22 珠鑄	11 13 09 12 19 15 16 15 08 16 09 08 11 08 15 15 20 09 11 14 胄湊炷註疇週遒駐妵澍姝侏做呪嗾廚籌紂紬綢 12 13 21 16 10 18 13 09 13 13 14 12 12 蛛誅躊輳酎燽鉒拄晭邾賙絑䞘	14 遒(逎)
죽	06 竹	12 粥	

한글	한문 교육용 기초한자 (2007. 8. 현재)	인명용 추가 한자 및 허용 한자	
		별표1	별표2
준	準[14]俊[09]遵[19]	峻[10]浚[11]晙[11]焌[11]竣[12]畯[12]駿[17]准[10]濬[18]雋[13]儁[15]埻[11]隼[10]寯[16]樽[16]蠢[21]逡[11]純[10]葰[15]蹲[17] 僔[14]陖[15]睃[12]餕[16]迿[13]惷[13]鵔[18]	準(凖[13]) 濬(睿[12]) 陖(埈[10])
줄		茁[11]	
중	中[04]重[09]衆[12]仲[06]		
즉	卽[09]		卽(即[07])
즐		櫛[19]	
즙		汁[06]楫[13]葺[15]	
증	曾[12]增[15]證[19]憎[16]贈[19] 症[10]蒸[16]	烝[10]甑[17]拯[10]繒[18]	
지	只[05]支[04]枝[08]止[04]之[04] 知[08]地[06]指[10]志[07]至[06] 紙[10]持[10]池[07]誌[14]智[12] 遲[19]	旨[06]沚[08]址[07]祉[09]趾[11]祗[10]芝[10]摯[15]鋕[15]脂[12]咫[09]枳[09]漬[15]砥[10]肢[10]芷[10]蜘[14]識[19]贄[18]洔[10] 厎[07]泜[08]吱[07]馶[14]	知([illegible][10]) 智([illegible][16])

한글	한문 교육용 기초한자 (2007. 8. 현재)	인명용 추가 한자 및 허용 한자	
		별표1	별표2
직	08 18 18 直職織	13 15 稙稷	
진	07 10 15 14 11 辰眞進盡振 18 15 16 10 15 鎭陣陳珍震	10 15 15 10 17 10 12 14 15 12 16 13 14 14 09 10 13 14 11 14 晉瑨瑱津璡秦軫塵禛診縝塡賑溱抮唇嗔搢桭榛 09 10 10 15 16 16 17 11 11 16 09 08 14 15 16 殄畛疹瞋縉臻蔯袗昣蓁眕枃槇稹儘	10 10 15 13 眞(真) 晉(晋) 瑨(瑨) 珍(鉁) 06 盡(尽)
질	15 10 10 09 質秩疾姪	20 08 05 13 08 10 11 17 12 12 12 瓆侄叱嫉帙桎窒膣蛭跌迭	
짐		13 10 斟朕	
집	12 11 集執	04 16 16 13 20 15 什潗輯楫鏶緝	16 潗(㵬)
징	15 19 徵懲	16 澄	
차	05 06 06 10 10 且次此借差	07 03 15 09 17 13 15 14 12 13 18 12 24 09 車叉瑳侘嗟嵯磋箚茶蹉遮硨奲姹	
착	12 16 11 着錯捉	14 10 28 22 搾窄鑿齪	

한글	한문 교육용 기초한자 (2007. 8. 현재)	인명용 추가 한자 및 허용 한자	
		별표1	별표2
찬	贊[19]讚[26]	撰[16]纂[20]粲[13]澯[17]燦[17]璨[18]瓚[24]纘[25]鑽[27]竄[18]餐[16]饌[21]攢[23]巑[22]儹[21]篹[16]欑[23]	賛[15](贊) 讃[22](讚) 儧[17](儹) 簒[17](纂)
찰	察[14]	札[05]刹[08]擦[18]紮[11]	
참	參[11]慘[15]慙[15]	僭[14]塹[15]懺[21]斬[11]站[10]讒[24]讖[24]	慙[13](慚)
창	昌[08]唱[11]窓[11]倉[10]創[12] 蒼[16]暢[14]	菖[14]昶[09]彰[14]敞[12]廠[15]倡[10]娼[11]愴[14]槍[14]漲[15]猖[11]瘡[15]脹[14]艙[16]滄[14]	
채	菜[12]採[12]彩[11]債[13]	采[08]埰[11]寀[11]蔡[17]綵[14]寨[14]砦[10]釵[11]琗[13]責[11]棌[12]婇[11]睬[13]	
책	責[11]冊[05]策[12]	柵[09]	冊[05](册)
처	妻[08]處[11]	淒[10]悽[12]	
척	尺[04]斥[05]拓[08]戚[11]	陟[15]倜[10]刺[08]剔[10]擲[19]滌[15]瘠[15]脊[12]蹠[18]隻[10]墌[14]慼[15]	墌[09](坧) 慼[15](慽)
천	天[04]千[03]川[03]泉[09]淺[12] 賤[15]踐[15]遷[19]薦[19]	仟[05]阡[11]喘[12]擅[17]玔[08]穿[09]舛[06]釧[11]闡[20]韆[24]茜[12]	

한글	한문 교육용 기초한자 (2007. 8. 현재)	인명용 추가 한자 및 허용 한자	
		별표1	별표2
철	21 10 15 鐵哲徹	16 16 19 14 05 15 11 17 澈撤轍綴凸輟悊瞮	12 哲(喆) 13 鐵(銕)
첨	06 12 尖添	13 18 09 19 23 13 15 11 僉瞻沾簽籤詹諂甛	11 甜(甛)
첩	08 妾	08 12 12 13 22 13 16 12 14 帖捷堞牒疊睫諜貼輒	
청	08 12 12 15 22 靑淸晴請廳 25 聽	14 19 菁鯖	08 青(靑) 12 清(淸) 12 晴(晴) 15 請(請)
체	23 12 17 15 15 體替遞滯逮	15 16 04 09 11 16 締諦切剃涕諟	
초	07 12 09 09 12 初草招肖超 08 18 09 抄礎秒	16 12 18 13 13 10 16 11 12 08 12 17 12 11 12 12 15 19 08 11 樵焦蕉楚剿哨憔梢椒炒硝礁稍苕貂酢醋醮岧鈔 09 俏	06 草(艸)
촉	09 17 20 促燭觸	24 24 13 囑矗蜀	
촌	03 07 寸村	07 忖	11 村(邨)
총	14 17 17 銃總聰	19 18 11 15 15 17 10 寵叢悤憁摠蔥冢	14 聰(聦) 13 冢(塚) 14 總(緫)

한글	한문 교육용 기초한자 (2007. 8. 현재)	인명용 추가 한자 및 허용 한자	
		별표1	별표2
촬		16 撮	
최	12 13 最催	11 崔	
추	09 13 12 09 17 秋追推抽醜	13 15 17 16 16 15 12 13 15 10 15 15 17 09 18 18 20 20 楸樞鄒錐錘墜椎湫皺芻萩諏趨酋鎚雛騶鰌	20 䲡(鰍)
축	04 10 16 10 16 丑祝蓄畜築 14 17 逐縮	12 08 12 18 19 軸竺筑蹙蹴	
춘	09 春	13 14 16 椿瑃賰	
출	05 出	05 17 朮黜	
충	05 08 18 15 充忠蟲衝	11 08 10 珫沖衷	06 蟲(虫) 06 沖(冲)
췌		14 12 18 18 萃悴膵贅	
취	08 07 12 10 15 取吹就臭醉 15 趣	14 14 15 11 08 12 24 23 翠聚嘴娶炊脆驟鷲	

한글	한문 교육용 기초한자 (2007. 8. 현재)	인명용 추가 한자 및 허용 한자	
		별표1	별표2
측	11 13 側測	04 13 12 仄惻廁	11 厠(廁)
층	15 層		
치	09 10 15 10 14 治致齒値置 10 恥	16 09 13 13 08 13 15 11 12 11 19 14 15 10 17 13 熾峙雉馳侈嗤幟梔淄痔癡緇緻蚩輜稚	13 痴(癡) 14 穉(稚)16
칙	09 則	09 13 勅飭	
친	16 親		
칠	07 15 七漆	09 柒	
침	10 09 11 14 08 針侵浸寢沈 08 枕	13 10 17 12 琛砧鍼棽	
칩		17 蟄	
칭	14 稱	10 秤	
쾌	08 快	04 夬	

한글	한문 교육용 기초한자 (2007. 8. 현재)	인명용 추가 한자 및 허용 한자	
		별표1	별표2
타	05 06 07 15 他打妥墮	09 11 13 09 06 11 13 13 15 16 咤唾惰拖朶舵陀馱駝橢	13 橢(楕)
탁	17 07 18 08 濁托濯卓	09 10 13 12 10 18 21 09 11 08 09 13 15 16 度倬琸晫託擢鐸拓啄坼柝琢踔橐	14 橐(槖)
탄	09 15 15 14 炭歎彈誕	07 08 23 14 16 14 呑坦灘嘆憚綻	
탈	13 14 脫奪		
탐	12 11 探貪	10 09 耽眈	
탑	13 塔	14 榻	
탕	13 湯	08 08 16 18 宕帑糖蕩	
태	04 09 09 09 14 太泰怠殆態	08 07 05 11 12 11 11 12 14 12 10 16 汰兌台胎邰笞苔跆颱鈦珆鮐	
택	06 17 17 宅澤擇	09 垞	
탱		16 撐	

한글	한문 교육용 기초한자 (2007. 8. 현재)	인명용 추가 한자 및 허용 한자	
		별표1	별표2
터		19 攄	
토	03 06 10 土吐討	07 兎	07 兔(兎)
통	14 12 12 通統痛	11 15 10 12 桶慟洞筒	
퇴	13 退	11 14 15 16 16 堆槌腿褪頹	
투	08 14 20 投透鬪	11 10 08 偸套妬	
특	10 特	15 慝	
틈		18 闖	
파	10 09 10 16 16 破波派播罷 14 08 頗把	04 10 13 08 08 11 19 08 12 巴芭琶坡杷婆擺爬跛	
판	07 08 11 08 判板販版	12 07 19 16 12 阪坂瓣辦鈑	
팔	08 八	05 11 叭捌	

한글	한문 교육용 기초한자 (2007. 8. 현재)	인명용 추가 한자 및 허용 한자	
		별표1	별표2
패	07 11 貝敗	11 08 12 10 11 08 11 13 21 浿佩牌唄悖沛狽稗霸	19 覇(霸)
팽		12 16 11 18 彭澎烹膨	
퍅		13 愎	
편	04 09 15 15 16 片便篇編遍 11 偏	09 15 18 19 扁翩鞭騙	
폄		12 貶	
평	05 12 平評	08 09 09 14 坪枰泙萍	
폐	11 10 15 15 18 閉肺廢弊蔽 15 幣	15 07 16 18 陛吠嬖斃	
포	05 09 05 11 14 布抱包胞飽 17 11 浦捕	15 15 10 15 07 09 11 08 10 10 09 15 09 10 13 11 16 11 14 16 葡褒砲鋪佈匍匏咆哺圃怖暴泡疱脯苞蒲袍逋鮑 08 拋	08 抛(拋)

한글	한문 교육용 기초한자 (2007. 8. 현재)	인명용 추가 한자 및 허용 한자	
		별표1	별표2
폭	15 19 12 暴爆幅	19 19 16 曝瀑輻	
표	09 11 15 15 表票標漂	07 10 11 21 10 13 15 16 20 21 杓豹彪驃俵剽慓瓢飄飆	21 飆(飇)
품	09 品	13 稟	
풍	09 18 風豐	16 12 13 諷馮楓	13 豐(豊)
피	05 08 10 11 20 皮彼疲被避	09 12 披陂	
필	05 04 12 11 必匹筆畢	12 09 10 11 14 13 07 05 弼泌珌苾馝鉍佖疋	
핍		05 16 乏逼	
하	03 10 12 07 09 下夏賀何河 13 荷	13 17 14 15 16 20 07 14 14 13 17 16 19 廈霞瑕蝦遐鰕呀嘏碬閜嚇赮讚	12 09 廈(厦) 夏(昰)
학	15 21 學鶴	17 09 17 13 壑虐謔嗃	08 學(学)
한	12 12 10 14 17 閑寒恨限韓 15 07 07 漢旱汗	17 20 16 12 11 07 16 17 14 15 16 16 澣瀚翰閒悍罕澗鼾僩嫺橺閑	

한글	한문 교육용 기초한자 (2007. 8. 현재)	인명용 추가 한자 및 허용 한자	
		별표1	별표2
할	12 割	17 轄	
함	09 07 16 咸含陷	08 12 20 12 18 15 14 20 14 函涵艦喊檻緘銜鹹菡	11 銜(啣)
합	06 合	09 11 12 14 18 14 哈盒蛤閤闔陜	
항	10 09 13 12 08 恒巷港項抗 10 航	04 08 09 06 08 10 09 09 06 14 亢沆姮伉杭桁缸肛行降	10 14 恒(恆) 姮(嫦)
해	10 11 06 13 10 害海亥解奚 13 該	11 13 16 09 09 09 17 20 19 20 16 16 08 14 偕楷諧咳垓孩懈瀣蟹邂駭骸咍瑎	10 海(海)
핵	10 核	08 劾	
행	06 08 行幸	07 10 12 12 杏倖荇涬	
향	06 09 17 22 08 向香鄕響享	11 19 15 22 20 10 珦嚮餉饗麘晑	
허	12 11 虛許	15 14 墟噓	
헌	10 16 20 軒憲獻	20 16 櫶[illegible]	

한글	한문 교육용 기초한자 (2007. 8. 현재)	인명용 추가 한자 및 허용 한자	
		별표1	별표2
헐		歇[13]	
험	險[21]驗[23]		
혁	革[09]	赫[14]爀[18]奕[09]焱[12]侐[08]焃[11][illegible][21]	
현	現[12]賢[15]玄[05]絃[11]縣[16] 懸[20]顯[23]	見[07]峴[10]晛[11]泫[09]炫[09]玹[10]鉉[13]眩[10]昡[09]絢[12]呟[08]俔[09]睍[12]舷[11]衒[11]弦[08]儇[15]譞[20]怰[09][illegible][15] 鋗[15]發[11]琄[12]	顯(顕[18])
혈	血[06]穴[05]	孑[03]頁[09]	
혐	嫌[13]		
협	協[08]脅[12]	俠[09]挾[11]峽[10]浹[11]夾[07]狹[11]莢[13]鋏[15]頰[16]洽[08]	脅(脇[12])
형	兄[05]刑[06]形[07]亨[07]螢[16] 衡[16]	型[09]邢[11]珩[11]泂[09]炯[09]瑩[15]瀅[19]馨[20]熒[14]滎[14]灐[22]荊[12]鎣[18]迥[12]	迥(逈[13])
혜	惠[12]慧[15]兮[04]	蕙[18]彗[11]譿[22]寭[15]憓[16]暳[15]蹊[17]醯[19]鞋[15]譓[19]鏸[20]	惠(恵[10])

한글	한문 교육용 기초한자 (2007. 8. 현재)	인명용 추가 한자 및 허용 한자	
		별표1	별표2
호	04 05 08 06 08 戶乎呼好虎 13 13 04 11 11 號湖互胡浩 11 14 21 毫豪護	11 12 08 12 18 25 10 13 14 23 21 11 18 17 12 18 15 08 08 08 晧皓昊淏濠灝祜琥瑚頀顥扈鎬壕壺濩滸岵弧狐 11 15 16 15 16 15 15 11 09 14 瓠糊縞葫蒿蝴皞婋芐犒	10 16 05 芐(苄) 澔(滈) 號(号)
혹	08 12 或惑	14 酷	
혼	11 12 08 14 婚混昏魂	13 14 09 渾琿俒	
홀	08 忽	12 10 惚笏	
홍	09 10 05 17 紅洪弘鴻	09 10 09 14 09 07 10 泓烘虹鉷哄汞訌	
화	04 04 10 11 08 火化花貨和 13 12 14 05 14 話畫華禾禍	15 16 19 13 16 嬅樺譁靴澕	13 畫(畵)
확	15 19 19 確穫擴	14 24 廓攫	15 確(碻)
환	22 11 03 13 18 歡患丸換環 20 還	12 09 13 13 11 04 10 21 28 09 09 21 16 喚奐渙煥晥幻桓鐶驩宦紈鰥圜	

한글	한문 교육용 기초한자 (2007. 8. 현재)	인명용 추가 한자 및 허용 한자	
		별표1	별표2
활	10 活	17 14 14 17 闊滑猾豁	18 闊(濶)
황	12 09 09 12 黃皇況荒	11 12 12 10 14 14 13 17 14 13 12 10 13 14 14 13 16 15 18 15 凰堭媓晃滉榥煌璜熀幌徨恍惶愰慌湟潢篁簧蝗 16 16 13 遑隍楻	10 晃(晄)
회	06 13 11 20 回會悔懷	09 10 11 17 17 19 14 13 09 12 17 19 12 12 13 06 廻恢晦檜澮繪誨匯徊淮獪膾茴蛔賄灰	12 06 繪(絵) 會(会)
획	18 14 獲劃		
횡	16 橫	20 08 鐄宖	
효	07 10 16 孝效曉	11 04 22 20 10 17 11 12 10 14 15 14 12 18 12 涍爻驍斅哮嚆梟淆肴酵皛歊窙謼傚	08 效(効)
후	09 09 09 10 後厚侯候	06 13 07 13 12 06 13 11 12 12 后逅吼嗅帿朽煦珝喉堠	09 厚(垕)
훈	10 訓	16 11 14 20 17 18 22 13 勳焄熏薰壎燻鑂暈	12 15 21 13 勳(勛·勲) 薰(薫) 壎(塤) 13 熏(熏)
훙		20 薨	

한글	한문 교육용 기초한자 (2007. 8. 현재)	인명용 추가 한자 및 허용 한자	
		별표1	별표2
훤		12 13 15 13 喧暄萱煊	
훼	13 毁	12 13 05 喙毁卉	05 卉(卉)
휘	13 15 揮輝	13 17 13 13 16 15 13 彙徽暉煇諱麾煒	
휴	06 14 休携	10 11 17 烋畦虧	
휼		10 19 23 恤譎鷸	
흉	04 12 凶胸	06 06 10 兇匈洶	
흑	12 黑		
흔		08 08 09 11 08 欣炘昕痕忻	
흘		06 06 09 10 屹吃紇訖	
흠		12 04 13 24 欽欠歆鑫	
흡	07 吸	10 10 12 洽恰翕	

한글	한문 교육용 기초한자 (2007. 8. 현재)	인명용 추가 한자 및 허용 한자	
		별표1	별표2
흥	興		
희	希喜稀戲	姬晞僖橲禧嬉熹憙凞羲犧曦俙囍憘爔熺煕烯噫	熙(熈·凞) 熹(㷩) 戲(戱) 姬(姫)
힐		詰	

2장. 대법원 선정 인명용 한자-획수부

1. 한자의 순서는 획수별 가나다 순이다. 각 쪽의 상단 좌우의 ◯ 안의 숫자는 그 쪽에 수록한 한자의 획수를 적어 사전으로도 활용하게 하였다.
2. 획수 옆 ( ) 안의 글자는 획수별 수리오행(數理五行)이다. 즉 1·2획은 木, 3·4획은 火, 5·6획은 土, 7·8획 은 金, 9·0획은 水이다.
3. 본자 위의 숫자는 곡획수(曲劃數)이고, ( ) 안의 오행은 자원오행(字源五行)이다. 자원오행은 원래 글자의 원천인 역리오행(易理五行)을 말한다. 자원오행에는 자변오행(字邊五行)과 자의오행(字意五行)이 포함되어 있고, 이름에 사주의 용신(用神)을 반영할 때 요긴하게 활용하는데 이를 선천국합국(先天局合局)이라 한다. 이때 발음오행(發音五行)을 사용할 수도 있다.
3. 본자와 병기한 ( ) 안의 글자는 동자(同字)·속자(俗字)·약자(略字)·고자(古字)·와자(訛字) 등이고, 새김에서 ( ) 안의 음은 본음과 다를 때 넣었다.
4. ( ) 안의 숫자는 실제 획수로 옥편의 획수와 같다. 이름에 쓰는 인명용 한자는 원래 획수를 사용하므로일부는 옥편의 획수와 다르니 유의해야 한다. 예를 들어 물수변(氵)은 水이므로 원획수는 4이고 실획수는 3이

다. 옥편 기재를 예를 들면 氵6 **[洙] 9**, 다음에 자해(字解) 물이름 수, 물가 수이다.

5. 이 책에 수록한 인명용 한자는 5,454자이나 허용한 약속자의 정자(正字) 몇이 누락되었음을 양해바란다.

★ 옥편으로 사용할 때 유의할 점

1. 인명용 한자는 원래 획수이므로 실제 한자의 획수와 1~5획 다를 수 있다.예를 들어 氵3 水4, 忄3 心4, 扌3 示4, 王4 玉5, 礻4 示5, 罒5 网6. 衤5 衣6, 艹4 艸6, 月4 肉6, 辶3 辵7, 阝3 邑7, 阝3 阜8 등이다.
2. 옥편을 찾을 때 색인표에서 해당 부수를 찾아 부수를 제외한 획수 순으로 찾을 것이다. 이때 위 부수 중 예를 들어 三~衤는 1획 차이, 艹~月은 2획 차이, 辶~阝우방은 4획 차이, 阝좌방은 5획 차이임을 염두했다가 그 차이만큼 더한 획수에서 찾아야 한다. 예를 들어 물가 수(洙)는 옥편 획수에 부수 차이 1을 더해야 하기 때문에 10획에 수록되어 있다.
3. 옥편의 한자 획수와 인명용 한자 획수는 양립하는 것이므로 다르게 생각할 필요는 없다. 다만 성명학에서는 다르게 사용하기 때문에 신중을 기하는 것이다. 이는 한 획의 차이가 나더라도 다른 사람의 이름을 짓거나 감정하는 것과 같아지기 때문이다.

●1획(木)

4(木) 乙새을 1(木) 一하나일

●2획(木)

4(土) 冂멀경.빌경 6(金) 乃이에내 4(金) 刀칼도 4(土) 力힘력 4(金) 了마칠료(요)

2(火) 卜점칠복 4(金) 匕비수비 2(金) 乂어질예 3(水) 又또우 2(木) 二두이 2(火) 人사람인

4(木) 儿어진사람인 3(木) 入들입 3(木) 丁고무래정

●3획(火)

3(木) 干방패간 5(木) 巾수건건 6(木) 乞빌걸 3(火) 工장인공 4(金) 久오래구 4(水) 口입구

7(火) 弓활궁 6(土) 己몸기 4(土) 女계집녀(여) 3(木) 大큰대 5(木) 万일만만

④

4(水) 亡망할망 6(水) 凡무릇범 3(土) 士벼슬사 6(土) 巳뱀사 4(土) 山메산 3(火) 三석삼

3(木) 上위상 4(水) 夕저녁석 4(水) 小적을소 4(水) 尸주검시 7(水) 也이끼야

5(木) 兀우뚝할올 4(水) 于어조사우 6(火) 已이미이 5(金) 刃칼날인 5(水) 子아들자

5(金) 勺잔질할작 3(木) 丈어른장 4(木) 才재주재 4(水) 叉깍지낄차 3(水) 川내천

3(水) 千일천천 4(木) 寸마디촌 3(土) 土흙토 3(水) 下아래하 5(水) 孑외로울혈

6(土) 丸알환

●4획(火)

4(火) 介끼일개 4(土) 犬개견 5(金) 公귀공 8(水) 孔구멍공 5(金) 戈창과 7(火) 仇짝구

7(金) 勾글귀구 6(金) 匀고를균 4(金) 斤근근 5(火) 今이제금 6(水) 及미칠급 6(木) 內안내

6(火) 丹 붉을단(란) 4(火) 斗 말두 7(木) 屯 둔칠둔 6(火) 毛 털모 4(木) 木 나무목

4(木) 文 글월문 6(水) 毋 없을무 7(土) 勿 말물 6(金) 反 돌이킬반 5(水) 方 모방

6(土) 卞 성씨변 4(土) 夫 지아비부 4(木) 父 아비부 6(金) 分 나눌분 4(水) 不 아니불(부)

7(火) 比 견줄비 7(水) 四 넉사(실5획) 5(水) 少 젊을소 6(水) 水 물수 5(木) 手 손수 4(木) 升 되승

5(火) 心 마음심 4(火) 什 열십(세간즙) 6(火) 氏 성씨 6(金) 牙 어금니아 8(水) 厄 재앙액

6(火) 円 화폐엔 7(金) 予 나여 5(金) 乂 풀벨예 4(火) 午 낮오 5(火) 曰 가로왈 4(水) 夭 고울요

8(木) 冗 번잡할용 5(水) 友 벗우 4(土) 牛 소우 6(土) 尤 더욱우 5(水) 云 이를운

8(木) 亐 땅이름울 6(木) 元 으뜸원 6(水) 月 달월 5(水) 尹 맏윤 7(土) 允 진실로윤

5(火) 以 써이(㠯 7획古字) 8(火) 仁 어질인 4(火) 引 끌인 8(火) 日 날일 5(火) 壬 맡을임 4(水)

④⑤

4(木) 3(木) 廿(卄3획俗字)수물입 8(火) 仍인할잉 7(金) 切끊을절(체) 4(水) 井샘정

4(木) 爪손발톱조 8(土) 弔조상할조 5(土) 中가운데중 4(土) 之갈지 4(土) 止그칠지

5(土) 支지탱할지 5(木) 尺자척 4(火) 天하늘천 5(土) 丑소축 4(火) 仄기울측

5(木) 夬터놓을쾌 4(木) 太클태 7(土) 巴땅이름파 5(木) 片조각편 7(水) 匹짝필

7(水) 亢높아질항 7(金) 兮어조사혜 5(木) 戶집호 6(水) 互서로호 4(火) 火불화

6(火) 化화할화 8(火) 幻허깨비환 4(火) 爻형상효 5(水) 凶흉할흉 5(火) 欠이지러질흠

●5획(土)

7(水) 可옳을가 8(水) 加더할가 6(金) 刊책펴낼간 5(土) 甘달감 6(木) 甲답옷갑

6(水) 去갈거 6(火) 巨클거 6(水) 古옛고 8(水) 叩두드릴고 9(水) 尻꽁무니고 7(木) 功공공

⑤

6(木) 8(火) 8(水) 5(土) 7(水)
瓜오이과 巧공교할교 句글귀구 丘언덕구 叫부르짖을규

7(土) 8(水) 6(火) 6(火) 6(水)
奴종노 尼여승니 旦아침단 代대신할대 冬겨울동

5(火) 7(火) 5(金) 5(木) 6(土)
仝한가지동 令명령할령 立설립(입) 末끝말 皿그릇명

8(土) 8(金) 6(木) 8(木) 6(土)
母어미모 矛창모 目눈목 卯토끼묘 戊다섯째천간무

5(木) 8(火) 5(土) 6(金) 6(木) 7(火)
未못할미 民백성민 半반틈반 白흰백 弁고깔변.떨변 丙남방병

5(木) 6(火) 7(水) 9(木) 5(水)
本근본본 付줄부 北북녘북(배) 弗아니불 丕클비

8(金) 7(水) 5(火) 6(水) 8(水) 5(金)
庀다스릴비 氷어름빙 仕벼슬사 史사기사 司맡을사 乍잠간사

5(木) 6(金) 6(火) 6(火) 8(水) 6(水)
生날생 石돌석 仙신선선 世세상세 召부를소 囚가둘수

8(木) 7(木) 6(木) 5(金) 6(金) 5(木)
氶받들승 市저자시 示볼일시 矢화살시 申납신 失잃을실

⑥

6(土) 央가운대앙 8(水) 永길영 5(土) 五다섯오(실4획) 5(金) 玉구슬옥 8(水土) 瓦질그릇와

4(金) 王임금왕(실4획) 6(火) 外밖외 8(火) 凹오목할요 7(水) 用쓸용 6(水) 右오른쪽우

9(火) 幼어릴유 6(木) 由말미암을유 11(水) 孕아이밸잉 7(火) 仔맡길자 5(火) 仗기댈장

6(木) 田밭전 6(火) 占점점 5(土) 正바를정 5(火) 左왼좌 5(木) 主임금주 6(水) 只다만지

8(水) 叱꾸짖을질 6(木) 且또차 8(土) 此이차 7(木) 札편지찰 9(木)7(木) 册(冊)책책

5(金) 斥내칠척 5(火) 仟일천천 8(水) 凸뾰족할철 7(木) 朮삽주뿌리출 7(土) 出날출

9(木) 充가득할충 9(火) 他다를타 7(水) 台별이름태 6(水) 叭나팔팔 5(木) 平평할평

7(木) 布배포 10(金) 包쌀포 7(金) 皮가죽피 6(火) 必반드시필 6(土) 疋필필 5(金) 乏다할핍

7(火) 玄검을현 7(水) 穴구멍혈 8(木) 兄맏형 6(金) 乎온호 10(火) 弘클홍 5(木) 禾벼화

●6획(土)

8(水) 各각각각 8(土) 艮괘이름간 7(土) 奸간음할간 12(木) 㓞땅이름갈 6(火) 价착할개

6(火) 件사건건 9(土)9(土) 考(攷)상고할고 7(土) 曲굽을곡 6(金) 共함께공 8(火) 光빛광

7(土) 匡광정광 6(火) 交사귈교 7(土) 臼확구 9(木) 机책상궤 6(土) 圭서옥규 8(水) 劤강할근

8(火) 伋생각할급 7(火)7(火) 亘(亙)뻐칠긍 6(火) 企꾀할기 7(火) 伎재주기 7(水) 吉길할길

6(木)8(木) 年(秊실8획)해년 8(土) 老늙을로 8(水) 多많을다 7(水) (夛俗字)

9(木) 宅집댁(택) 10(金) 乭이름돌 9(水) 同한가지동 8(金) 列벌릴렬 9(土) 劣용렬할렬

4(土) 六여섯륙(육)(실4획) 7(水) 吏관리리(이) 6(火) 卍일만만 8(土) 妄망녕될망

8(水) 名이름명 7(土) 牟보리모 9(金) 刎벨문 6(木) 米쌀미 6(木) 朴순박할박

⑥

7(水) 7(火) 10(土) 9(水)
百일백백 伐칠벌 犯범할범 氾넘칠범(실5획)

6(火)8(火) 6(火) 7(土) 10(土) 8(火)
并(幷)아우를병 伏엎질복 缶장군부 妃왕비비 份빛날빈

8(土) 7(木) 9(水) 7(火) 8(木) 10(土)
牝암빈 寺절사 死죽을사 似같을사 糸실사 色빛색

8(金) 8(木) 7(火) 7(火) 8(木) 7(金)
西서녘서 先먼저선 亘구할선 舌혀설 守지킬수 收거둘수

9(木) 9(火) 7(土) 9(木) 7(金)
夙일찍숙 旬열흘순 戌개술수자리술 丞정승승 式법식

8(火) 8(木) 9(火) 6(土) 8(土)
臣신하신 安편안안 仰우러를앙 羊양양 如같을여

7(水) 8(火) 7(火) 8(木) 10(火) 7(土)
亦또역 曳끌예 伍대오오 宇집우 羽깃우 圩오목할우

10(火) 11(水) 8(水) 8(水) 7(火)
旭빛날욱 危위태할위 有있을유 肉고기육 聿드디어율

7(金) 9(土) 7(木) 10(木) 6(火)
戎되융 圪흙더미우뚝할을 衣옷의 夷오랑캐이 耳귀이

⑥

8(水) 而 말이을이 14(金) 弛 늦을이 7(火) 伊 저이 8(木) 印 도장인 7(水) 因 인할인

7(火) 忎 친자할인 6(火) 任 맡을임 9(木) 字 글자자 7(木) 自 스스로자 7(土) 匠 장인장

6(木) 庄 정중할장 6(土) 在 있을재 8(木) 再 두재 6(土) 全 온전전 6(水) 汀 물가정(실5획)

6(火) 灯 맹렬한불정 6(木) 朾 갓대정 7(金) 早 일찍조 8(火) 吊 조문할조 8(水) 存 있을존

6(水) 州 고을주 8(木) 舟 배주 6(木) 朱 붉을주 7(木) 竹 대죽 7(火) 仲 가운데중버금중

5(水) 汁 진액즙(실5획) 10(土) 地 땅지 9(火) 旨 뜻지 7(土) 至 이를지 7(火) 次 버금차

8(木) 舛 어기어질천 7(金) 尖 뾰족할첨 8(木) 艸 풀초 7(水) 虫 벌레충 7(木) 打 칠타(실5획)

10(木) 朶 떨기타 9(木) 宅 집택(댁) 7(水) 吐 토할토 7(水) 合 합할합 9(火) 伉 짝항

7(水) 亥 돼지해 7(火) 行 다닐행(항) 9(水) 向 향할향 7(水) 血 피혈 7(金) 刑 형벌형

⑥⑦

9(土) 好좋을호 8(水) 回돌아올회 6(火) 灰재회 7(水) 后황후후 9(木) 朽썩을후

6(木) 卉풀훼(卉5획) 5(木) 6(火) 休이름다울휴 9(木) 兇흉할흉 9(金) 匈가슴흉 10(水) 吃먹을흘

10(土) 屹산우뚝할흘

●7획(金)

10(木) 伽절가 10(木) 角뿔각 10(木) 却물리칠각 7(木) 杆지레간 8(土) 坎구덩이감

9(木) 匣궤갑 6(水) 江물강(실6획) 7(木) 杠깃대강 10(金) 改고칠개 8(火) 更다시갱(경)

10(土) 坑구덩이갱 8(火) 車수레거(차) 10(水) 劫겁탈할겁 10(火) 見볼견(현) 11(火) 冏빛날경

10(火) 囧빛날경 9(木) 系이를계 8(金) 戒경계할계 8(水) 告고할고 8(水) 谷골곡

8(水) 困곤할곤 7(金) 攻칠공 9(金) 串습관관(곶) 9(木) 宏클굉 12(水) 究궁리할구

8(水) 求구할구 8(火) 灸지질구 11(木) 局판국 9(水) 君임금군 11(火) 糺꼴규 9(土) 均고를균

10(木) 克이길극 9(土) 妗싱긋벙긋할금 11(火) 忌꺼릴기 10(木) 杞구기자기 7(土) 圻지경기

9(土) 岐높을기 9(土) 妓기생기 10(水) 卵알난(란) 10(土) 男사내남 11(土) 努힘쓸노

10(水) 尿오줌뇨 8(火) 佞재주있을영 8(火) 但다만단 9(土) 坍물이언덕칠담 8(火) 旲햇빛대

9(木) 秃대머리독 9(火) 彤붉을동 7(木) 杜막을두 8(木) 豆팥두 9(水) 冷찰랭

9(土) 良어질량(양) 9(水) 呂음률려(여) 9(火) 伶영리할령(영) 7(金) 弄희롱할롱

8(土) 牢굳을뢰 8(金) 利이로울리(이) 8(土) 里마을리(이) 9(木) 李오얏리(이)

8(水) 吝인색할린 9(火) 忘잊을망 7(火) 忙바쁠망(실6획) 10(土) 每매양매

11(木土) 免면할면 7(土) 牡수컷모 9(土) 妙묘할묘 7(火) 巫무당무 10(水) 吻입술문

⑦

10(木) 7(火) 9(土) 9(火) 10(土)
尾꼬리미 伴짝반 坊터방 彷거닐방 妨방해할방

9(土) 8(火) 9(水) 10(木) 7(火)
尨삽쌀개방 伯맏백 汎뜰범(실6획) 杋나무범 釆분별할변

11(金) 7(金) 9(水) 8(土) 8(水) 9(水)
別분별별 兵병사병 甫클보 步걸음보 否아니부 孚미쁠부

10(水) 11(火) 10(木) 8(木) 10(木)
吩뿜을분 佛부처불 庇덮을비 私사사사 些적을사

10(火) 10(金) 7(水) 7(木)
伺살필사 刪깎을산 汕통발산(실6획) 杉삼나무삼

7(木)9(木) 10(木) 7(水) 9(火)
床(牀8획)평상상 序차례서 汐저녁조수석(실6획) 成이룰성

6(火) 12(木) 8(木) 8(木) 11(木)
忕살필세(실6획) 劭친할소 束묶을속 宋나라송 秀빼어날수

8(水) 8(火) 7(金) 9(火) 9(金) 9(水)
豕돼지시 伸펼신 辛매울신 身몸신 我나아 冶쇠불릴야

8(水) 8(火) 7(水) 11(土) 11(火)
言멀씀언 余나여 汝너여(실6획) 妤아름다울여 役부릴역

10(土) 延맞을연 9(水) 吾나오 9(水) 汚더러울오(실6획) 10(水) 吳오나라오 10(木) 完완전할완

10(土) 妧좋을완 10(土) 岏가파를완 8(土) 妖고울요 10(水) 甬물솟아오를용 8(火) 佑도울우

9(火) 旴해돋을우 8(木) 扜당길우(실6획) 8(木) 会높을운 7(火) 位벼슬위 7(金) 攸바유

9(金) 酉닭유 8(水) 听웃을은 7(土) 圻언덕은 9(水) 吟읊을음 11(土) 邑고을읍 8(金) 矣어조사의

11(木) 杝나무이름이 10(火) 忍참을인 7(水) 汈끈적거릴인(실6획) 9(土) 牣충만할인

7(火) 佚안할일 8(土) 妊아이밸임 9(水) 孜부지런할자 7(火) 作지을작 9(火) 灼구울작

9(土) 岑메뿌리잠 8(木) 壯씩씩할장 7(木) 杖지팡이장 7(火) 怔황급할정 10(火) 災재앙재

8(木) 材재목재 9(火) 佇오래설저 9(火) 低낮을저 8(火) 赤붉을적 8(火) 佃사냥할전

10(火) 甸경기전 7(金) 玎옥소리정(실6획) 9(土) 町밭두덕정 8(水) 呈보일정

⑦

9(木) 廷조정정 8(土) 姘전할정 7(火) 怔두려워할정 11(水) 弟아우제 10(土) 助도울조

8(土) 足발족 7(火) 佐도울좌 7(土) 坐앉을좌 7(火) 走달아날주 7(火) 住머물주 8(火) 志뜻지

10(水) 池못지(실6획) 7(土) 址터지 9(水) 吱가는소리지 9(水) 底숫돌지 8(土) 辰별진(신)

9(水) 肖어질초 8(木) 村마디촌 7(火) 忖헤아릴촌(실6획) 9(火) 吹불취

4(金) 七일곱칠(실2획) 8(土) 妥온당할타 9(木) 托밀칠탁(실6획) 8(水) 呑삼킬탄

10(金) 兌별태 8(金) 判판단할판 8(土) 坂고개판 8(金) 貝조개패 8(水) 吠짖을폐 9(火) 佈펼포

9(木) 杓자루표 8(火) 佖가득할필 9(火) 何어찌하 10(水) 呀입벌릴하 8(火) 旱가물한

6(水) 汗땀한(실6획) 10(木) 罕드물한 9(水) 含머금을함 8(木) 杏은행행 7(木) 夾낄협

10(土) 亨형통할형 7(火) 形얼굴형 9(水) 汞수은홍 9(水) 孝효도효

12(水) 10(水) 9(木)
吼사자우는소리후 吸마실흡 希바랄희

●8획(金)

8(火) 11(水) 10(金) 11(火)
佳아름다울가 呵꾸짖을가 刻각할각 侃굳셀간

7(金) 10(土) 11(土) 10(土)
玕옥돌간(실7획) 岬산허리갑 岡메강 羌되강

7(金) 10(木) 8(火) 8(水)
玒옥이름강(실7획) 居살거 杰빼어날걸 決정할결(실7획)

9(木) 10(土)11(土) 9(金)
抉당길결(실7획) 京(亰9획)서울경 庚일곱째천간경

11(土) 9(火) 10(水) 10(木) 10(水)
坰들경 炅빛날경 季끝계 屆이를계 固굳을고

10(土) 11(水) 10(水) 9(火) 9(土)
姑시어머니고 孤외로울고 呱아이가울고 杲밝을고 坤땅곤

12(火) 8(水) 10(水) 8(火) 9(木)
昆맏곤 汩통할골(실7획) 空빌공 供이바지공 果과실과

⑧

11(木) 官 벼슬관 10(金) 刮 쪼갤괄 10(火) 侊 클광 8(土) 狂 미칠광(실7획) 9(火) 眖 비칠광

8(木) 卦 점괘괘 10(火) 乖 어그러질괴 9(火) 佼 예쁠교 9(金) 具 갖출구

8(金) 玖 검은옥돌구(실7획) 8(土) 坵 언덕구 10(水) 咎 허물구 11(土) 屈 굽을굴 14(水) 穹 높을궁

12(木) 卷 책권 10(土) 券 문서권 11(木) 糾 살필규 10(火) 昑 밝을금 8(金) 金 쇠금(금)

10(木) 扱 걷어가질급(실7획) 9(水) 汲 물길을급(실7획) 8(金) 其 그기

9(木) 技 재주기(실7획) 10(土) 奇 기이할기 10(金) 玘 패옥기(실7획) 9(水) 汽 김기(실7획)

7(水) 沂 물이름기(실7획) 11(水) 肌 살기(실6획) 9(火) 佶 바를길 10(木) 枏 매화나무남

9(火) 奈 어찌내(나) 10(火) 念 생각념 14(火) 弩 쇠노노 9(木) 杻 싸리뉴 11(水) 沓 유창할답

10(土) 垈 대대 10(土) 岱 대산대 10(金) 到 이를도 11(土) 毒 독독 12(火) 旽 밝을돈

⑧

10(水) 9(木) 8(木) 8(火)7(火)
沌막힐돈(실7획) 東동녘동 枓두공두 來(来7획)올래

10(土) 9(金) 10(水) 11(土) 11(土)
兩두량 戾허물려 冽찰렬 岺고개령 姈영리할령(영)

11(水) 10(火) 11(火) 10(火)
囹옥령 例범식례(예) 彔나무깎을록 侖뭉치륜

10(水) 8(木) 11(木) 8(木)
肋갈빗대륵(실6획) 林수풀림(임) 罔없을망 枚줄기매

9(土) 11(水) 10(木) 12(火)
妹손아래누이매 孟맏맹 盲소경맹 氓백성맹

10(水) 11(火) 11(水) 12(土)
沔물이름면(실7획) 明밝을명 命목숨명 姆여선생모

7(水) 8(土) 10(水) 12(水)
沐머리감을목(실7획) 牧칠목 沒빠질몰(실7획) 歿죽을몰

9(木) 9(土) 7(水)
杳아득할묘 武굳셀무 汶더럽힐문(실7획)

8(火) 11(木) 7(火) 9(水)
炆연기날문 門문문 抆닦을문(실획7) 沕잠길물(실획7)

⑧

10(土) 物만물물 9(水) 味맛미 8(火) 侎어루만질미 9(火) 旻하늘민 9(火) 旼온화할민

12(土) 岷산이름민 9(火)7(火) 忞(忟(실획7))아름다울민 10(金) 放노을방 11(木) 房방방

11(火) 昉밝을방 10(木) 枋박달방 8(木)9(木) 杯(盃9획)잔배 9(火) 佰일백백 11(木) 帛비단백

9(木) 秉잡을병,벼묶음병 13(水) 服옷복 10(木) 宓업드릴복 7(金) 玤옥그릇보(실획7)

13(木) 乶땅이름볼 8(木) 奉받들봉 9(土) 府마을부 8(木) 扶도울부(실7획)

10(水) 咐분부할부 8(金) 斧도끼부 10(土) 阜언덕부 8(木) 奔달아날분

9(水) 汾물이름분(실7획) 11(火) 忿분할분 10(木) 扮잡을분(실7획) 11(火) 昐햇빛분

12(火) 彿방불할불 12(水) 朋벗붕 9(土) 卑낮을비 11(木) 批깎을비(실7획) 8(木) 非아니비

11(木) 枇비자나무비 8(木) 社모일사 11(木) 事일사 9(火) 使하여금사 9(火) 舍집사

8(水) 沙모래사(실7획) 11(木) 祀제사사 9(水) 疝산증산 12(木) 乷음역자살 11(金) 尙오히려상

9(土) 狀형상상(장) 9(木) 牀평상상 11(木) 抒펼서(실7획) 9(火) 昔옛석 8(木) 析쪼갤석

9(土) 姓성성 9(木) 所처소소 9(木) 松솔송 12(金) 刷인쇄할쇄 10(水) 受받을수

8(土) 垂드리울수 10(土)10(土) 岫(峀)메뿌리수 10(水) 叔아재비숙 11(木) 承이을승

9(火) 昇오를승 9(火) 侍모실시 11(土) 始비로소시 10(火) 侁걷는모양신

10(水) 呻끙끙거릴신 8(水) 沁물적실심(실7획) 11(水)10(水) 兒(児(7획))아이아

11(土) 妸고울아 9(土) 岳큰산악 9(土) 岸언덕안 12(火)8(火) 亞(亜7획)버금아 11(金) 軋잇을알

10(土) 岩바위암 6(木) 艾쑥애(실6획) 9(水) 夜밤야 8(土) 厓언덕애 12(木) 扼움킬액(실7획)

8(火) 佯거짓양 10(土) 於어조사어 11(木) 抑누를억(실7획) 11(水) 奄문득엄

⑧

11(火) 易바꿀역(쉬울이) 10(水) 沇물흐를연(실7획) 12(水) 咏읊을영 8(火) 炎불꽃염

9(水) 汭물이름예(실7획) 9(火) 旿대낮오 7(水) 沃기름질옥(실7획)

10(火) 臥누울와 14(木) 蜿여전할완 8(火) 往갈왕 9(火) 旺왕성할왕

7(水) 汪깊고넓을왕(실7획) 8(木) 枉굽을왕 10(金) 盂밥그릇우 10(水) 8(水) 雨(宋7획)비우

8(金) 玗옥돌우(실7획) 8(水) 沄끓을운(실7획) 9(水) 沅물이름원(실7획)

10(水) 杬나무이름원 12(木) 朊달빛희미할원 9(土) 委맡길위 10(火) 侑권할유 12(水) 乳젖유

11(火) 昀햇빛윤 8(水) 汩흐를율(실7획) 9(火) 依의지할의 10(木) 宜마땅의

10(火) 佾춤출일 11(土)11(土) 姉(姊7획)누이자 11(金) 刺찌를자(척)

9(火) 炙김쪼일자(적) 10(木) 秄북돋을자 9(土) 狀배풀장 9(木) 長긴장

10(火) 爭다툴쟁 10(木) 底밑저 10(水) 咀씹을저 10(土) 姐아가시저 8(木) 杵공이저

8(土) 狄오랑캐적.악공적(실7획) 11(火) 的과녁적 9(金) 典법전 8(火) 佺산신이름전

8(木) 折꺾을절(실7획) 9(木) 店가게점 10(土) 岾고개점 9(木) 定정할정 9(金) 政정사정

8(火) 征칠정 9(土) 姃단정할정 11(金) 制제할제 8(金) 卒군사졸 10(木) 宗마루종

11(水) 周두루주 9(土) 姝예쁠주 10(木) 宙집주 8(火) 侏난장이주 12(水) 呪주저할주

9(金)11(金) 知(知可10획)알지 9(木) 枝가지지 7(水) 沚물가지(실7획) 9(水) 泜붙을지(실7획)

10(木) 直곧을직 10(木) 杓바디진 9(火) 侄굳을질 10(木) 帙책갑질 11(火) 侘실심할차

9(金) 剎절찰 10(火) 昌창성창 8(木) 采캘채 10(土) 妻아내처 9(土) 坧기지척

7(金) 玔옥고리천(실7획) 9(土) 妾첩첩 11(木) 帖문서첩 10(木)10(木) 靑(青)푸를청

⑧

10(金) 9(木) 9(火) 12(土)
初처음초 抄배낄초(실7획) 炒볶을초 岧산높을초

8(木) 10(火) 8(水) 7水) 9(水)
竺나라이름축 忠충성충 沖실7획(冲6획)화할충 取취할취

9(火) 10(火) 10(水) 11(木)
炊밥지을취 侈사치할치 沈잠길침(성심)(실7획) 枕벼개침

8(火) 9(木) 8(土) 9(土) 10(木)
快쾌할쾌(실7획) 卓높을탁 坼터질탁 坦너그러울탄 宕골집탕

12(木) 7(水) 12(木)12(木) 12(木)
帑나라곳집탕 汰넘칠태(실7획) 免(兎7획)토끼토 投던질투(실7획)

10(土) 11(木) 11(木) 11(木)
妬투기할투 爬긁을파 把잡을파(실7획) 杷비파나무파

10(土) 9(木) 10(木) 2(金) 12(火)
坡언덕파 板널판 版인쇄판 八여덟팔(실2획) 佩찰패

8(土) 14(水) 10(火) 12(木) 11(木)
坪들평 咆먹일포 彼저피 函함함 抗대항할항(실7획)

10(水) 11(木) 11(水) 8(木)
沆큰물항(실7획) 杭건늘항.늘항 咍웃을해 幸다행행

11(土) 享누릴향 9(火) 侐고요할혁 14(木) 弦활시위현 11(水) 呟소리현 4(水) 協화할협

10(水) 呼부를호 13(木) 虎범호 9(火) 昊하늘호 10(土) 岵산에숲질호 13(木) 弧나무활호

10(金) 或혹혹 11(火) 昏어두울혼 11(火) 忽문득홀 14(木) 宖클횡 9(水) 和화할화

10(金) 効본받을효 10(水) 肴안주효 9(火) 欣기뻐할흔 9(火) 昕해돋을흔 8(火) 炘화끈거릴흔

7(火) 忻기뻐할흔(실7획)

●9획(水)

11(木) 柯가지가 12(木) 架횃대가 12(木) 枷칼가 10(木) 看볼간 10(木) 柬분별할간

9(水) 姦간음할간 12(土) 竿장대간 9(木) 曷어찌갈 13(火) 柑감귤감 9(木) 姜성강

10(土) 肝간간(실7획) 11(木) 舡배강 13(火) 皆다개 9(水) 疥옴개 8(金) 玠큰홀개(실8획)

⑨

12(木) 10(火) 10(木) 12(木)
客손객 炬횃불거 拒막을거(실8획) 建세울건

9(火) 12(火) 14(金) 12(水)
怯겁낼겁(실8획) 俓곧을경 勁굳셀경 涇물경

10(水) 10(土) 10(金) 11(火) 11(木)
癸열째천간계 界기경계 計셈할계 係걸릴계 契맺을계(글)

10(金) 10(木) 9(水) 9(木) 13(木)
故연고고 枯마를고 沽살고(실8획) 科과거과 冠갓관

9(火) 2(木) 10(水) 10(土)
怪괴이할괴(실8획) 拐유인할괴(실8획) 咬씹을교 姣예쁠교

5(水) 12(木) 12(木)
九아홉구(실2획) 拘거리낄구(실8획) 枸구기자구

12(土) 13(土) 10(土) 11(木) 11(火)
狗개구(실8획) 耇늙은이구 垢때구 柩널구 軍군사군

11(木) 13(火) 10(土) 9(土)
芎궁궁이궁(실7획) 軌굴대궤 赳헌걸찰규 奎별규

12(土) 13(金) 12(火) 13(金) 14(木)
畇개간할균 剋이길극 急급할극 矜자랑긍 紀벼리기

9(木) 祈빌기 11(木) 祇토지신기(지) 11(土) 姞후직이름길 12(木) 拏잡을나 11(火) 南남녘남

10(木) 柰능금내(나) 12(水) 耐견딜내 10(木) 拈잡을념(실8획) 12(火) 怒성낼노

11(水) 泥진흙니(실8획) 12(木) 柅무성할니 13(金) 段층계단 12(火) 彖결단할단 11(火) 旦밝을단

12(土) 畓논답 10(火) 待기다릴대 10(木) 度법도도(탁) 12(水) 突부딪칠돌 12(土) 垌항아리동

12(金) 剆찰라 11(金) 剌어그러질랄 9(木) 拉꺾을랍(실8획) 13(火) 亮밝을량 11(火) 侶짝려

12(火) 昤날빛령 10(火) 怜영리할령(실8획) 10(水) 泠깨우칠령(영)(실8획) 12(木) 柳버들류

10(火) 律법률 10(火) 俚속될리 10(火) 俐영리할리 10(土) 厘티끌리 9(木) 抹뭉갤말(실8획)

8(水) 沫물방울말(실8획) 8(木) 芒가스랑이망(실7획) 10(火) 昧어둘울매 10(火) 面낯면

15(金) 勉힘쓸면 13(木) 眄곁눈질할면 12(木) 明밝게볼명 9(木) 某아무모 11(水) 冒무릅쓸모

⑨

12(火) 侮 업신여길모 13(火) 昴 별묘 10(金) 玅 땅이름묘 12(木) 拇 엄지손가락무(실8획)

9(土) 美 아름다울미 11(木) 眉 눈썹미 8(金) 玟 옥돌민(실8획) 11(水) 泯 빠질민(실8획)

12(金) 敃 강할민 10(金) 砇 옥돌민 9(水) 泊 배댈박(실8획) 10(木) 拍 손벽칠박(실8획)

10(水) 叛 배반할반 9(木) 拌 버릴반(실8획) 8(水) 泮 반궁반(실8획) 12(木) 盼 돌아볼반

9(木) 拔 뺄발(실8획) 14(金) 勃 활발할발 9(木) 拜 절배 10(木) 柏 잣백 8(水) 泛 뜰범(실8획)

10(火) 便 문득변(편) 9(水) 法 법법(실8획) 10(水) 屛 병풍병 11(火) 炳 빛날병

11(木) 柄 자루병 12(火)12(火) 昞(昺) 밝을병 10(木) 抦 잡을병(실획8) 10(火) 保 보호할보

11(火) 俌 도울보 10(土) 封 봉할봉 11(金) 負 질부 9(火) 赴 다다를부 10(金) 訃 부고부

12(金) 盆 동이분 13(木) 拂 밀칠불(실8획) 13(火) 飛 날비 13(金) 砒 비상비 12(木) 秕 쭉정이비

13(火) 13(火)13(火) 12(水)
毙삼갈비 毗毘밝을비 沸끓을비(실8획)

9(水) 11(金) 11(火)
泌샘물졸졸흐를비(실8획) 玭구슬이름빈(실8획) 思생각사

10(木) 10(水) 11(金)
查사실할사 泗물이름사(실8획) 砂모래사

11(木) 10(火) 12(金) 9(木) 10(木)
柶윷사 俟기다릴사 削깎을삭 衫적삼삼 相서로상

9(木) 10(土) 9(土) 11(水) 12(水)20(水)
庠학교상 峠고개상 牲희생생 叙차례서 胥(緖배15획)서로서

11(木) 9(水) 11(木) 11(木) 10(火)
宣배풀선 泄세어날설(실8획) 契사람이름설 省살필성(생) 星별성

8(火) 13(火) 11(水) 12(火)
性성정성(실8획) 昭밝을소 沼늪소(실8획) 炤밝을소

12(木) 10(火) 13(水) 10(水) 10(木)
柖나무흔들릴소 俗풍속속 帥장수수(솔) 首머리수 盾방패순

12(火) 10(水) 10(火) 15(土) 12(木)
徇부릴순 沭물이름술(실8획) 是이시 施배풀시 柴섶나무시

⑨

10(水) 屎똥시 11(木)9(木) 柿(杮)감시 13(水) 屍주검시 11(水) 食밥식 10(火) 信믿을신 11(木) 室집실

12(土) 甚심할심 11(火) 俄잠깐아 12(土) 姲종용할안 10(木) 押누를압(실8획)

10(土) 狎천압할압(실8획) 12(火) 昻높을앙 9(火) 怏원망할앙(실8획) 11(水) 殃재앙앙

11(水) 哀슬플애 13(木) 約대략약 12(火) 昜볕양 9(火) 彦선비언 13(水) 疫염병역

10(土)8(土) 姸(妍7획 俗字)고울연 9(水) 沿물따라내려갈연(실8획) 10(火) 衍퍼질연

12(水) 兗바를연 12(木) 染물들일염 11(水) 泳헤엄칠영(실8획)

11(火)15(火) 映(暎13획)비칠영 15(水) 盈찰영 11(火) 羿날아오를예 11(火) 俉맞이할오 11(木) 屋집옥

11(火) 昷어질온 13(土) 瓮독옹(옹기) 10(金) 玩놀완(실8획) 10(土) 娃아름다운왜 9(土) 歪비틀왜

11(土) 畏더러울외 11(金) 要중요할요 12(土) 姚어여쁠요 13(木) 拗꺾을요(실8획)

13(土) 12(火) 12(土) 12(木)
勇 날랠용 俑 허수아비용 禹 우임금우 紆 얽힐우

8(木) 12(火) 10(火) 10(土) 10(木)
芋 토란우(실7획) 俁 형용장대할우 昱 밝을욱 垣 담원 爰 이에원

12(金) 11(土) 9(水) 14(火) 12(木)
韋 가죽위 威 위엄위 油 기름유(실8획) 幽 깊숙할유 柔 부드러울유

12(木) 13(火) 10(木) 10(土) 12(水) 11(土)
宥 용서할유 兪 성유 柚 유자유 臾 잠깐유 囿 동산유 姷 짝유

11(金) 11(土)10(水) 10(金)
玧 귀막는옥윤(실8획) 垠(浪8획 물가은(실 획7))끝은 音 소리음

8(水) 10(火) 14(土) 10(土) 11(土)
泣 울읍(실8획) 怡 기쁠이(실8획) 姨 이모이 姐 처녀이 姻 혼인인

11(水) 10(土) 10(土) 11(土) 11(水)
咽 목구멍인(열) 姙 자식밸임 者 놈자 姿 맵시자 咨 물을자

9(木) 10(火) 9(火) 10(金) 11(水)
芍 작약작(실7획) 昨 어제작 炸 불터질작 斫 쪼갤작 哉 어조사재

11(木) 9(水) 10(土)
抵 막을저(실8획) 沮 막을저(실8획) 狙 원숭이저(실8획)

⑨

10(火) 畑화전전 12(金) 前앞전 10(火) 点점점 10(金) 貞곧을정 12(火) 亭정자정 11(金) 訂고칠정

9(木) 柾나무정 9(火) 炡빛날정 12(水) 穽함정정 12(金) 酊비틀거릴정 12(木) 帝임금제

10(火) 俎제기조 13(火) 昭빛날조.밝을조 11(木) 拙졸할졸(실8획) 10(木) 柊나무이름종

9(木) 柱기둥주 8(水) 注물댈주(실8획) 9(木) 奏아뢸주 12(水) 胄자손주 9(火) 炷십지주

10(土) 姝어여쁠주 12(木) 紂말고삐주 9(木) 拄떠받칠주(실8획) 13(火) 俊준걸준

10(土) 重무거울중 14(水) 即곧즉 9(木) 祉복지 11(水) 咫짧을지 10(木) 枳탱자지

10(水) 洔섬지(실9획) 9(木) 抮휘어잡을진(실8획) 10(水) 殄멸할진 10(火) 昣밝을진

11(土) 姪조카질 13(土) 姹자랑할차 13(火) 昶밝을창 11(木) 栅우리책 10(木) 拓열척(탁)(실8획)

12(水) 泉샘천 14(水) 穿뚫을천 9(水) 沾젖을첨(실8획) 14(金) 剃털깎을체

12(木) 10(木) 10(火)
招부르를초(실8획) 秒초침초(벼까락묘) 促재촉할촉

10(木) 9(木) 2(金) 10(火)
抽뽑을추(실8획) 秋가을추 酋두목추 春봄춘

10(水) 11(土) 11(金) 12(土) 11(土)
治다스릴치(실8획) 峙산우뚝설치 則법칙 勅칙서칙 俏예쁠초

11(水) 12(火) 13(木) 13(水) 12(土)
柒옻칠 侵침노할침 拖끌타(실8획) 咤꾸짖을타 垞언덕택

9(木) 10(火) 13(木) 11(水) 12(火)
柝목탁탁 炭석탄탄 眈즐길탐 泰클태 怠게으를태

12(水) 10(水) 10(水) 12(木)
殆위태로울태 波물결파(실8획) 沛클패(실8획) 扁작을편

9(木) 8(水) 14(木) 13(木)
枰바둑판평 泙물소리평(실8획) 抱안을포(실8획) 匍엎드러질포

13(木) 13(水) 10(火) 9(木)
抛던질포(실8획) 泡물거품포(실8획) 怖두려울포 表거죽표

12(水) 12(木) 11(木) 9(水)
品품수품 風바람풍 披헤칠피(실8획) 泌개천물필(실8획)

⑩

10(水) 河물하(실8획) 10(火) 昰여름하 12(木) 虐사나울학 11(水) 咸다함 11(水) 哈웃음소리합

10(土) 缸항아리항 12(土) 巷거리항 11(土) 姮항아항 9(水) 肛항문항(실7획) 11(水) 咳기침해

10(土) 垓계단해 12(水) 孩어릴해 10(木) 香향기향 10(金) 革가죽혁 10(木) 奕클혁

10(水) 泫물깊고넓을현(실8획) 11(火) 炫밝을현 12(火) 眩당혹할현 12(火) 俔염탐할현

10(火) 怰판매할현(실8획) 10(火) 頁머리혈 9(火) 俠호협할협 10(土) 型거푸집형

11(水) 泂찰형(실8획) 12(火) 炯빛날형 11(火) 晧밝을호 10(土) 狐여우호(실8획)

7(木) 芐지황호(실획7) 12(火) 俒완전할혼 11(木) 紅붉을홍 13(水) 泓물깊을홍(실8획)

10(水) 虹무지개홍 10(水) 哄떠들석할홍 12(木) 奐빛날환 12(木) 宦벼슬환 14(木) 紈비단환

10(金) 皇임금황 11(水) 況모양황(실8획) 13(水) 廻돌회 11(火) 徊배회할회 10(火) 侯제후후

12(土) 厚 두터울후 12(火) 後 뒤후 10(土) 垕 두터울후 14(木) 紇 묶은실흘

13(土) 姬 계집희 (12(土) 姫 부인의아름다운칭호희(略字)) 11(火) 俙 비슷할희

●10획(水)

12(木) 家 집가 14(水) 哥 노래할가 11(金) 珂 옥이름가(실9획) 13(水) 痂 헌데딱지가

14(水) 哿 옳을가, 아름다울가 9(金) 珏 쌍옥각(실9획) 11(火) 恪 삼갈각(실9획)

10(木) 栞 깎을간 10(水) 疳 감질병감 14(金) 剛 강할강 12(火) 個 낱개 8(木) 芥 겨자개(실8획)

12(火) 倨 거만할거 11(木) 祛 물리칠거 12(木) 虔 공정할건 12(木) 桀 호걸걸 12(木) 格 격식격

11(水) 肩 어깨견(실8획) 12(土) 缺 이지러질결 12(金) 兼 겸할겸 10(土) 耕 갈경 13(火) 徑 지름길경

12(火) 倞 굳셀경 10(火) 耿 깨끗할경 14(水) 勍 굳셀경 10(木) 桂 계수나무계 10(火) 烓 화덕계

⑩

14(火) 高 높을고 11(木) 庫 창고고 10(土) 羔 염소고 13(木) 拷 매때릴고(실9획)

14(水) 股 다리고(실8획) 12(水) 哭 곡할곡 14(金) 骨 뼈골 11(火) 恭 공순공 14(火) 恐 두러울공

11(金) 貢 바칠공 10(木) 拱 낄공(실9획) 13(水) 蚣 지내공 11(木) 括 묶을괄(실9획)

13(火) 懖 걱정없을괄 11(水) 洸 굳셀광(실9획) 12(木) 桄 배틀광 13(木) 紘 넓을굉

11(水) 肱 팔둑굉(실8획) 10(木) 校 학교교 10(土) 狡 교활할교(실9획) 11(火) 俱 함께구

11(金) 矩 법구 12(金) 珣 옥돌구(실9획) 13(木) 宮 집궁 16(水) 躬 몸궁 11(木) 拳 주먹권

14(火) 倦 게우를권 14(火) 鬼 귀신귀 12(木) 根 뿌리근 8(木) 芹 미나리근(실8획) 12(木) 衾 옷금

9(木) 芩 약이름금(실8획) 11(木) 衿 옷깃금(실9획) 14(木) 級 등급급 10(水) 肯 즐길긍(실8획)

12(水) 氣 기운기 12(水) 豈 어찌기(개) 14(金) 記 기록기 13(火) 起 일어날기 13(土) 耆 늙은이기

11(木) 桔도라지길 11(木) 拮열심히일할길(실9획) 15(土) 娜아름다울나

12(木) 拿잡을나(拏俗字) 14(土) 㧎깃발날릴나 14(木) 納드릴납 12(木) 衲장삼납(실9획)

13(土) 娘어머니낭 10(火) 恬편안념(실9획) 13(木) 紐맬뉴(유) 12(木) 爹아비다 11(水) 疸황달달

10(火) 倓고요할담 12(水) 唐당나라당 10(金) 玳대모대(실9획) 10(火) 徒무리도

12(金) 倒넘어질도 14(土) 島섬도 12(木) 挑돋을도(실9획) 12(木) 桃복숭아도 11(水) 凍얼동

12(水) 洞고을동(통)(실9획) 13(木) 桐오동동 11(水) 疼아플동 13(火) 烔뜨거운모양동

11(木) 芚나무싹둔(실8획) 11(水) 洛물락(낙(실9획) 12(火) 烙지질락

12(水) 凉서늘할량(양) 12(火) 倆재주량(양) 13(土) 旅나그네려(여) 12(火) 烈매울렬(열)

11(水) 洌매섭게렬(열)(실9획) 11(金) 玲옥소리령(영)(실9획) 10(火) 料헤아릴료(요)

⑩

12(水) 流흐를류(유)(실9획) 14(土) 留머무를류(유) 12(火) 倫차례륜(윤) 11(木) 栗밤률(율)

13(水) 淩업신여길릉 12(水) 唎가는소리리 11(金) 砬약돌립 12(火) 馬말마 15(土) 娩해산할만

13(水) 沯끝말 9(土) 邙터망(실6획) 11(土) 埋묻을매 14(木) 眠잠잘면 12(木) 冥어둘명

11(水) 洺이름명(실9획) 11(木) 袂소매몌(실9획) 12(木) 耗빌모 10(木) 芼나물모(실8획)

12(土) 畝이랑무(묘) 13(火) 們무리문 12(木) 紋무늬문 12(木) 紊얽힐문 11(水) 蚊모기문 14(土) 媚예쁠미

7(水) 洣물결미(실획9) 12(金) 珉옥돌민(실9획) 10(金) 珀호박박 14(金) 剝깎을박 11(土) 畔물가반

16(木) 般본받을반 10(木) 芳꽃다울방(실8획) 13(土) 旁곁방 14(木) 紡자을방

12(水) 肪기름방(실8획) 14(木) 舫쌍배방 11(水) 蚌조개방 12(火) 倣본받을방 11(火) 倍갑절배

10(火) 俳광대배 15(字) 配짝배 11(木) 栢잣나무백 10(火) 併나란할병 10(金) 竝아우를병 12(水) 病병들병

9(水) 洑보마기보(실9획) 12(土)12(土) 峯(峰)봉우리봉 10(火) 俸봉급봉

8(木) 芙연꽃부(실8획) 10(金) 釜가마부 12(金) 剖쪼갤부 11(火) 俯엎드릴부

14(木) 紛어지러울분 12(木) 粉가루분 11(木) 芬향기분(실8획) 13(水) 肥살찔비(실8획)

11(木)11(木) 祕(秘)숨길비 11(木) 匪아니비 13(木) 粃쭉정이비 13(土) 射쏠사 14(木) 師스승사

13(木) 紗깁사 12(土) 娑춤출사 15(水) 唆꾀일사 13(木) 祠사당사 13(水) 朔초하루삭

11(金) 珊산호산(실9획) 12(木) 芟풀벨삼(실8획) 13(木) 桑뽕나무상 13(木) 索찾을색(삭)

12(木) 書글서 13(火)9(火) 恕(忞7획古字)용서할서 12(木) 栖깃들일서 11(火) 徐천천히할서

12(木) 席자리석 11(木) 祏섬석 15(木) 扇부채선 12(水) 洒엄숙할선,씻을세(실9획)

13(水) 屑조출할설 11(水) 洩샐설((실9획) 13(木) 閃피할섬 11(金) 剡고을이름섬 12(土) 城재성

⑩

13(土) 娍헌걸찰성 13(木) 宬도서실성 11(水) 洗깨끗할세(실9획) 12(木) 素흴소

10(木) 笑(11(水) 咲9획古字)웃음소 12(金) 玿아름다운옥소(실9획) 13(木) 宵하늘소

13(木) 梳빗소 14(水) 孫손자손 13(水) 乺솔솔(칠할 때) 12(木) 衰쇠할쇠 11(金) 釗힘쓸쇠

11(水) 殊다를수 10(火) 修닦을수(13(水) 脩11획포수) 9(水) 洙물가수(실9획)

12(土) 狩순행할수(실9획) 15(木) 純순수할순 14(水) 殉따라죽을순 12(水) 洵믿을순(실9획)

12(火) 恂진실할순(실9획) 13(木) 栒순나무순 11(水) 巡순행할순(실7획)

11(木) 拾주을습(십)(실9획) 12(火) 乘탈승 12(火) 時때시 10(火) 恃믿을시(실9획)

12(水) 豺늑대시 15(水) 翅날개시 12(火) 息쉴식 11(木) 栻점치는판식 11(木) 拭닦을식(실9획)

11(木) 神귀신신 10(土) 迅빠를신(실7획) 13(金) 訊물을신 12(土) 娠애벨신 12(木) 宸집신

9(木) 芯 등심초심(실8획) 2(水) 十 열십(실2획) 10(木) 芽 움아(실8획) 13(土) 娥 예쁠아

13(土) 峨 15(金) (硪 12획 바위아) 산높을아 16(水) 啞 벙어리아 13(木) 哦 읊을아 12(木) 案 책상안

13(火) 晏 늦을안 12(木) 按 살필안(실9획) 11(木) 秧 모앙 11(土) 埃 티끌애 18(金) 弱 약할약

9(水) 洋 물양(실9획) 11(火) 恙 근심할양 13(水) 圄 옥어 13(火) 俺 클엄 11(火) 烟 연기연

13(木) 宴 잔치연 14(土) 娟 13(土) (娟 9획俗字) 아름다울연 14(土) 娫 환할연

10(木) 芮 나라이름예(실8획) 13(火) 倪 도울예 10(金) 玴 옥돌예(실9획) 13(火) 烏 가마귀오

14(土) 娛 즐길오 15(火) 翁 늙은이옹 17(土) 邕 화할옹 13(土) 垸 빠를완 16(土) 窈 고요할요

12(土) 辱 욕될욕 12(木) 容 얼굴용 13(土) 埇 길돋을용 11(火) 倭 뼁돌왜 9(土) 迂 굽을우(실7획)

11(火) 祐 복우 8(土) 邘 땅이름우 12(火) 彧 빛날욱 12(木) 栯 산앵두욱 11(木) 耘 김맬운

⑩

9(木) 芸 향풀운(실8획) 12(土) 原 근원원 12(水) 員 11(金) (負9획)관원원 16(火) 怨 원망원

12(木) 袁 성원 10(水) 洹 흐를원(실9획) 11(水) 笎 대무늬원 11(木) 湵 물이름유(실9획)

11(水) 秞 벼와기장무성할유 11(木) 育 기를육(실8획) 12(火) 恩 은혜은 17(金) 殷 은나라은

12(火) 倚 의지할의 11(金) 珆 옥이름이(실획9) 11(木) 益 더할익 15(水) 蚓 지렁이인

8(木) 芢 씨인(실8획) 13(水) 氤 합할인 11(火) 恁 생각할임 12(木) 芿 플싹잉(실7획) 14(火) 玆 이자

12(火) 恣 방자할자 13(水) 疵 흠자 14(金) 酌 잔질할작 11(木) 奘 클장 12(金) 財 재물재

11(木) 宰 재상재 11(木) 栽 심을재 11(水) 疽 등창저 12(水) 展 펼전 10(木) 栓 나무못전 12(木) 庭 뜰정

11(金) 釘 못정 11(土) 眐 홀로볼정 11(金) 祖 할아비조 11(木) 租 구실조 13(火) 晁 아침조

12(火) 曺 성씨조 10(金) 祚 복조 12(水) 蚤 벼룩조 13(水) 凋 시들조 12(火) 倧 한배종

⑩

9(水) 洲물가주(실9획) 10(木) 株그루주 13(金)12(金) 酎酒술주 14(土) 埈가파를준 15(土) 峻높을준

10(水) 准승인할준 10(火) 隼매새준 15(木) 純선두를준 10(水) 症병증세증 13(火) 烝무리증

13(木) 拯건질증(실9획) 11(木) 持가질지(실9획) 13(木) 指손가락지(실9획)

12(金) 祗공경할지 8(木) 芝지초지(실8획) 13(金) 砥숫돌지 11(水) 肢사지지(실8획)

8(木) 芷백지지(실8획) 14(木) 紙종이지 14(木)11(木) 眞(真)참진 13(火)11(火) 晉(晋)진나라진

10(水) 津나루진(실9획) 9(金) 珍보배진(실9획) 10(木) 秦진나라진 12(水) 唇놀랄진

11(土) 畛두렁길진 10(水) 疹홍역진 10(木) 秩차례질 10(水) 疾병질 11(木) 桎속박할질

13(火) 朕나짐 11(火) 借빌릴차 10(火) 差어긋날차 13(水) 窄좁을착 11(金) 站우두커니설참

12(火) 倉곳집창 12(火) 倡여광대창 14(金) 砦울타리채 12(水) 凄쓸쓸할처 14(金) 剔바를척

⑩

11(火) 隻새한마리척 13(火) 倜대범할척 12(水) 哲어질철 13(水) 哨망볼초 12(土) 冢무덤총

16(木) 芻꼴추 13(土) 畜기를축 13(金) 祝빌축 12(木) 衷가운데충 12(金) 琉귀고리옥충(실9획)

11(水) 臭냄새취 12(火) 値값치 11(土) 致이룰치 11(火) 恥부끄러울치 12(水) 蚩어리석을치

10(金) 針바늘침 12(金) 砧다딤이돌침 11(火) 倬클탁 13(金) 託부탁할탁 13(木) 耽즐길탐

11(金) 珆옥이름태(실획9) 12(金) 討칠토 11(木) 套전례투 11(土) 特특별특 10(水) 派물갈래파(실9획)

13(金) 破깨트릴파 11(木) 芭파초파(실8획) 12(水) 唄염불소리패 16(金) 砲대포포

13(水) 哺먹일포 13(水) 圃동산포 15(水) 疱부르틀포 13(水) 豹표범표 11(火) 俵흩어질표

12(水) 疲피곤 10(金) 珌칼장식옥필(실9획) 12(火) 夏여름하 11(火) 恨한할한(실9획)

10(火)10(火) 恒(恆)항상항(실9획) 11(木) 桁차꼬항 15(木) 航배로물건널항 12(水) 奚어찌해

12(木) 害해로울해 11(木) 核씨핵 10(火) 倖요행행 14(火) 晑맑을향 11(火) 軒추녀헌 14(土) 峴고개현

11(金) 玹옥돌현(실9) 13(木) 眩아찔할현 11(土) 峽골짜기협 10(水) 洽화합할협 11(金) 祜복호

9(木) 芦부들호(실8획) 12(木) 笏홀기홀 9(水) 洪넓을홍(실9획) 10(火) 烘횃불홍

11(金) 訌어지러울홍 10(木) 花꽃화(실8획) 11(木) 桓굳셀환 10(水) 活살활(실9획) 13(火) 晃밝을황

11(火) 恍황홀할황(실9획) 13(火) 晄밝을황 9(火) 恢클회(실9획) 10(金) 効본받을효

13(水) 哮큰소리낼효 11(火) 候기후후 11(金) 訓가르칠훈 10(火) 烋아름다울휴

10(火) 恤근심할휼(실9획) 12(水) 洶물소리흉(실9획) 14(金) 訖이를흘(끝낼글)

10(火) 恰흡족할흡(실9획) 10(水) 洽젖을흡(실9획)

●11획(木)

14(火) 7 假(仮6획)거짓가 11(木) 苛 가혹할가(실9획) 12(木) 茄 가지가(실9획) 15(木) 袈 가사가

12(木) 桿 줄기한간 15(土) 勘 헤아릴감 13(木) 紺 보라빛감 12(水) 胛 어깨쭉지갑(실9획) 13(木) 康 편안할강

14(土) 堈 언덕강 15(土) 崗 메강 15(金) 乾 하늘건 14(火) 健 건장헐건 15(火) 偈 쉴게 14(土) 堅 굳을견

14(土) 牽 끌견 13(金) 訣 이별할결 13(水) 涇 물경 14(金) 竟 마침경 14(火) 頃 기우러질경 12(木) 梗 곧을경 16(木) 絅 홑옷경

15(火) 烱 무더울경 12(木) 械 기계계 13(水) 启 일깨울계 10(木) 苦 괴로울고(실9획)

12(水)11(水) 皐(皋10획)언덕고 10(木) 苽 줄고(실9획) 12(木) 梏 수갑곡 14(火) 斛 열말들이곡 16(土) 崑 매곤

12(木) 梱 문지장곤 13(木) 袞 곤룡포곤(衮同) 10(金) 珙 크고둥근옥공(실10획) 14(金) 貫 꿸관

14(木) 梡 토막나무관 12(金) 珖 옥피리광(실10획) 13(金) 敎(教)가르칠교 12(金) 皎 휠교

12(金) 15(土) 12(木) 15(木) 14(木)
救구할구 區구역구 苟진실로구(실9획) 寇도적구 毬공구

14(水)9(水) 14(土) 16(水) 12(木) 14(火)
國(国실8획)나라국 堀굴굴 圈우리권 規법규 珪모날규(실8획)

10(金) 12(金) 9(土) 11(土) 14(木)
眷돌볼권 硅유리만드는흙규 近가까울근(실8획) 基터기 寄부칠기

15(水) 14(土) 13(土) 17(水) 11(土)
飢주릴기 崎산길험할기 埼낭떨어지기 旣이미기 那어찌나(실8획)

15(木) 15(木) 12(金) 12(木)
挪비빌나(실획10) 梛나무이름나 珞목걸이낙(락)(실10획) 捏꼭찍을날(실10획)

14(金) 13(水) 13(水) 12(木) 12(水)
訥말더듬거릴눌 匿숨길닉 蛋새알단 袒옷벗어맬단(실10획) 啖씹을담

13(水) 13(土) 15(木) 13(木) 14(水) 14(水)
聃귀바퀴없을담 堂집당 帶띠대 袋자루대 豚돼지돈 動움직일동

16(木) 13(木) 12(土) 12(土) 12(土)
兜투구두 得얻을득 婪고을람 婪탐할람 浪물결랑(낭)(실10획)

15(水) 13(火) 13(土) 12(土)
朗밝을랑(낭) 烺빛밝을랑 狼이리랑(실10획)崍산이름래

⑪

11(火) 14(土) 13(木) 13(木) 13(土)
倈산이름래,올래 略간략할략 梁들보량(양) 笭작은놀령 羚영양령

17(火) 13(火) 12(水) 15(土) 14(火) 14(木)
翎날개령 聆들을령 鹵소금로(노) 鹿사슴록 聊애오라지료 累여러누(루)

14(土) 13(金) 14(土) 13(火)
婁별이름루 琉유리류(유)(실획12) 崙산이름륜(윤) 率거느릴솔(률,율)

14(金) 12(木) 11(火) 11(水) 12(土)
勒굴래륵 梨배리(이) 悧영리할리(이)(실10획) 浬해리리(실10) 犁얼룩소리

12(土) 14(火) 11(水) 11(木)
狸삵리(貍同字)(실10획) 离남방리 涖다다를리(이)(실10획) 笠삿갓립(입)

11(木) 13(木) 16(火) 14(土) 15(木) 9(木)
粒낟알립(입) 痲삼마 晩늦을만 曼길만 挽당길만(실10획) 茉말리말(실9획)

14(水)18(水) 14(木) 12(木) 12(木) 14(火)
望(朢10획)바랄망 梅매화매 苺딸기매 麥보리맥 覓찾을멱

16(木) 13(木) 12(木) 10(木) 10(木)
冕면류관면 眸눈동자모 茅띠모(실9획) 苗싹묘(실9획) 茂성할무(실9획)

16(土) 15(水) 14(木) 14(金) 14(木) 14(木)
務힘쓸무 問물을문 梶나무끝미 敏민첩할민 密빽빽할밀 舶큰배박

10(金) 班나눌반(실10획) 10(土) 返돌아올반(실8획) 13(木) 絆얽을반 14(金) 訪찾을방

9(土) 邦나라방(실7획) 12(土) 培북돋을배 13(水) 背등배(실9획) 11(火) 徘배회할배

11(水) 胚애밸배(실9획) 10(木) 苩 성백(실획9) 13(木) 范성범(실9획) 14(金) 釩떨칠범 14(木) 梵중의글범

13(土)15(土) 瓶甁(실13획)병병 11(金) 珤보배보(寶古字)(실10획) 15(金) 匐엉금엉금길복 12(火) 烽봉화봉

14(金) 副버금부 12(木) 符병부부 12(水) 浮뜰부(실10획) 16(土) 婦며느리부 13(土) 埠언덕부

12(土) 趺도사리고앉을부 16(土) 崩무너질붕 13(土) 婢계집종비 8(木) 斐클비 14(金) 貧가난할빈

11(火) 彬빛날빈 13(木) 斌빛날빈 10(水) 浜물가이름병(실10획) 11(土) 邠나라이름빈 12(火) 斜비낄사

15(水) 蛇뱀사 11(土) 邪간사할사(실7획) 11(火) 徙옮길사 12(火) 赦놓을사 15(木) 梭북사 11(木) 産낳을산

15(金) 殺죽일살(쇄) 14(火) 參석삼(참여할참) 15(木) 常항상상 11(金) 祥상서로울상 15(水) 商장사상

⑪

11(火) 爽 상쾌할상 11(木) 笙 생황생 12(水) 胥 서로서(실9획) 13(金) 敍(11(金) 敘 俗字) 펼서 11(木) 庶 뭇서

13(火) 悆 기뻐할여,서 17(木) 船 배선 14(土) 旋 돌선 12(金) 珗 옥돌선(실10획) 13(水) 雪 눈설 15(土) 卨 높을설

16(金) 設 베풀설 13(火) 偰 밝을설 11(水) 涉 건널섭(실10획) 14(火) 晟(14(火) 晠) 밝을성 11(水) 胜 날고기성.정

14(木) 細 가늘세 12(木) 笹 가는대세 13(水) 涗 맑을세(실획10) 16(木) 紹 이을소 15(水) 巢 집소

11(水) 涑 헹굴속(실10획) 13(水) 飧 밥손(飱과同) 13(金) 訟 송사할송 11(火) 悚 두려울송(실10획)

12(木) 袖 소매수(실10획) 12(土) 羞 부끄러울수 13(木) 宿 잘숙 16(水) 孰 누구숙 13(金) 珣 옥그릇순(실10획)

14(火) 術 꾀술 14(土) 崇 높을숭 13(土) 崧 산웅장할숭 16(水) 習 익힐습 14(金) 匙 수저시 13(火) 偲 굳셀시

13(土) 埴 찰흙식 13(火) 晨 새벽신 14(木) 紳 벼슬아치신 12(火) 悉 다실 14(金) 訝 의심할아 16(土) 婀 아리따울아

15(土) 堊 백토악 14(木) 眼 눈안 13(土) 岸 언덕안 14(木) 庵 암자암 15(水) 唵 움켜먹을암 12(水) 焥 빛날애

12(土) 崖 낭떨어지애 15(土) 野 들야 13(火) 倻 땅이름야 11(土) 埜 들야 10(木) 若 같을약(야)(실9획)

11(水) 痒 가려울양 13(水) 魚 고기어 14(火) 御 어거할어 14(水) 唹 고요히웃을어 14(火) 偃 쓰러질언

14(火) 焉 어찌언 13(土) 域 지경역 12(金) 研 연마할연 13(水) 涓 가릴연(실10획) 14(木) 捐 버릴연(실10획)

13(水) 涎 침연(실10획) 14(木) 挻 당길연(실10획) 18(火)13(火) 輭(軟) 연할연 14(火) 悅 기쁠열(실10획)

11(木) 苒 덧없을염(실9획) 10(木) 英 꽃뿌리영(실9획) 12(土) 迎 맞을영(실8획) 14(土) 堄 성가퀴예

15(土) 埶 재주예 13(木) 梧 오동오 12(火) 悟 깨달을오(실10획) 14(火) 晤 만날오 13(金) 敖 장대할오

12(水) 浯 강이름오(실10) 14(金) 訛 그릇될와 13(水) 浣 씻을완(실10획) 15(土) 婠 맵시예쁠완 18(土) 婉 아름다울완

14(木) 梡 도마완(관) 13(木) 欲 하고자할욕 11(水) 浴 목욕욕(실10획) 14(木) 庸 떳떳할용 13(水) 涌 권할용(실10획)

14(火) 偶 짝우 12(金) 釪 요령우 15(水) 雩 기우제우 15(土) 勖 힘쓸욱 14(木) 苑 동산원(실9획) 16(木) 寃 원통원

⑪

14(火) 12(水) 14(土) 12(水) 12(火) 13(土)
偉 위대할위 胃 밥통위(실9획) 尉 벼슬위 唯 오직유 悠 멀유 婑 아리따울유

15(木) 14(土) 14(水)16(水) 12(金) 12(金)
聈 깊을유 堉 기름진땅육 胤(𦙍) 만윤 珢 옥돌은(실10획) 訢 공손할은

13(木) 12(土) 10(金) 9(木) 15(水)
移 옮길이 異 다를이 珥 귀고리이(실10획) 苡 길경이이(실9획) 痍 상처이

15(火)15(火) 13(木) 12(金) 16(木) 15(土)
翊(翌) 도울익 寅 동방인 [言壬] 생각할임 紫 자주빛자 瓷 자기자

16(金) 12(金) 14(土) 14(木) 11(木)
張 배풀장 章 글장 將 장수장 帳 휘장장 梓 가리나무재

11(木) 11(木) 15(木) 14(木)
[扌里] 손바닥에받을지(실획10) 苧 모시저(실9획) 紵 모시저 寂 고요적

12(木) 13(土) 14(火) 13(火) 11(水)
笛 저적 專 오로지전 悛 고칠전(실10획) 晢 밝을절 浙 강이름절(실10획)

12(木) 14(火) 13(火) 12(火) 12(木)
粘 끈끈할점 停 머물정 頂 정수리정 偵 정탐할정 桯 결상정

12(水) 13(木) 13(木) 13(土)
涏 곧을정(실10획) 旌 기정 挺 빼어날정(실10획) 埩 밭갈정

13(火) 彭조출하게꾸밀정 13(木) 梃경직할정 15(木) 第차례제 14(木) 祭제사제

14(火) 悌공손할제(실10획) 15(木) 梯사다리제 14(木) 組짤조 14(火) 鳥새조 14(火) 彫새길조

15(水) 窕안존할조 13(金) 釣낚시조 11(木) 條가지조 12(木) 粗거칠조 13(金) 曹무리조 14(木) 眺바라볼조

13(木) 族겨레족 14(木) 終마침종 11(火) 從따를종 11(木) 挫꺾을좌(실10획) 10(木) 座자리좌 13(火) 晝낮주

10(金) 珠구슬주(실10획) 12(火) 做지을주 14(木) 紬명주주 14(水) 浚깊을준(실10획) 16(火) 晙밝을준

15(火) 焌불땔준 14(土) 埻과녁준 11(木) 茁풀싹줄(실9획) 12(土) 趾발가락지 12(木) 振떨칠진(실10획)

12(木) 桭평고대진 11(木) 袗홑옷진(실10획) 14(火) 昣밝을진 14(水) 窒막을질 13(土) 執잡을집

12(木) 捉잡을착(실10획) 15(木) 紮감을찰 14(火) 參참여할참 12(金) 斬벨참 14(水) 唱부를창

14(土) 娼몸파는여자창 15(水) 窓창창 11(火) 彩빛날채 11(土) 埰식읍채 12(木) 寀동관채 12(金) 釵비녀채

⑪

12(金) 責 꾸짖을책(빚채) 12(土)12(土) 甜(甛)만날첨 12(土) 婇 여자이름체 17(土) 處 곳처 13(金) 戚 겨레척

8(土) 阡 언덕천(실6획) 11(金) 釧 팔찌천 13(火) 悊 공경할철 14(水) 涕 눈물체(실10획)

13(木) 梢 나무끝초 12(木) 苕 능소화초(실10획) 12(金) 鈔 좋은쇠초 12(土) 邨 마을촌(村과同)(실7획)

14(火) 悤 바쁠총 12(土) 崔 높을최 13(土) 娶 장가들취 13(火) 側 곁측 14(木) 梔 치자나무치 12(水) 痔 치질치

13(水) 浸 잠길침(실10획) 12(水) 唾 침타 16(木) 舵 키타 13(水) 啄 쪼을탁 13(金) 貪 탐할탐

13(水) 胎 아이밸태(실9획) 13(木) 笞 볼기칠태 11(木) 苔 이끼태(실9획) 14(木) 桶 통통 11(土) 堆 쌓을퇴

15(火) 偸 훔칠투 14(土) 婆 할미파 13(金) 販 팔판 14(木) 捌 깨트릴팔(실10획) 12(金) 敗 패할패

11(水) 浿 물이름패(실10획) 13(水) 悖 어그러질패(실10획) 12(土) 狽 이리패(실10획) 14(火) 烹 삶을팽

14(火) 偏 치우칠편 15(木) 閉 닫을폐 13(水) 肺 허파폐 (실9획) 16(水) 胞 패보포(실9획)

12(水) 浦 물가포(실10획) 13(木) 捕 잡을포(실10획) 14(木) 苞 그렁포(실9획)

16(木) 袍 핫옷포(실10획) 19(木) 匏 박포 13(火) 票 표표 15(火) 彪 범표 13(木) 被 덮을피(실10획)

12(土) 畢 다할필 10(木) 苾 향기필(실9획) 11(火) 悍 사나울한(실10획) 15(水) 啣 명함함(銜俗字)

13(金) 盒 합합 13(金) 該 그해 13(水) 海 바다해(실10획) 15(火) 偕 함께해 13(金) 珦 옥이름향(실10획)

12(金) 許 허락할허 12(火) 焃 붉을혁 15(木) 絃 악기줄현 15(火) 晛 햇발현 15(木) 舷 뱃전현

14(火) 衒 팔현 16(金) 弦 강한활현 10(水) 浹 사무칠협(실10획) 11(木) 挾 길협(실10획) 11(土) 狹 좁을협(실10)

9(土) 邢 나라이름형(실7획) 11(金) 珩 .노리개형(실10획) 12(水) 彗 비혜 16(土) 毫 터럭호 15(土) 浩 물호(실10획)

12(火) 胡 오랑캐호 15(火) 晧 밝을호 11(水) 扈 넓을호 12(火) 瓠 표주박호 13(火) 滸 물가호(실10획)

16(木) 婋 계집영리할호 15(木) 婚 혼인혼 14(金) 貨 재물화 15(火) 晥 깨끗할환 14(火) 患 근심환 14(木) 凰 봉황새황

⑫

13(火) 悔뉘우칠회(실10획) 15(火) 晦그믐회 14(木) 梟올빼미효 14(金) 珝옥이름후(실10획) 13(火) 焄불김오를훈

12(土) 畦밭두둑휴 13(水) 痕흉터흔 14(火) 晞마를희 13(火) 烯불빛희

●12획(木)

13(火) 街거리가 15(金) 訶꾸짖을가 16(土) 跏책상다리할가 13(土) 迦막을가(실9획) 15(火) 軻수레가

19(金) 殼껍질각 16(木) 間사이간 13(木) 稈짚간 17(水) 喝더위먹을갈 12(金) 敢구태어감 14(土) 堪견딜감

14(土) 嵌산깊을감 10(土) 邯땅이름감(실8획) 18(金)17(金) 强(強11획)굳셀강 16(木) 絳붉을강

15(木) 開열개 17(木) 凱개선할개 16(水) 喀토할객 14(土) 距떨어질거 14(木) 据일할거(실11획)

13(金) 鈐비녀장검 14(木) 傑뛰어날걸 11(土) 迲갈겁(실9획) 15(木) 結맺을결 15(火) 景빛경 14(金) 硬굳을경

15(水) 痙심줄땅길경 16(木) 卿벼슬경 13(土) 堺경계계 13(火) 悸두근거릴계(실11획) 13(木) 棨창계

15(木) 袴 바지고(실11획) 13(金) 辜 허물고 13(火) 雇 품살고 16(木) 棍 몽둥이곤 14(木) 控 당길공(실11획)

14(金) 款 정성관 15(木) 棺 널관 14(水) 胱 오줌통광(실10획) 13(木) 筐 광주리광 12(木) 掛 걸괘(실11획) 16(火) 傀 클괴

16水) 喬 높을교 14(木) 絞 목맬교 13(水) 蛟 교룡교 12(金) 球 구슬구(실11획) 10(土) 邱 언덕구(실8획)

16(水) 窘 군색할군 15(木) 掘 팔굴(실11획) 16(木) 捲 거둘권(실11획) 15(水) 淃 물돌아흐를권(실11획)

14(土) 厥 그궐 14(金) 貴 귀할귀 15(火) 晷 그림자귀 12(水) 湀 샘날규 14(金) 鈞 근균 16(金) 棘 멧대추나무극

14(金) 戟 갈래진창극 15(土) 勤 부지런할근 13(火) 僅 겨우근 16(木) 筋 힘줄근 15(木) 給 줄급 14(水) 期 기약기

17(火) 幾 거의기 11(水) 淇 물이름기(실11획) 12(木) 棋 바둑기 13(木) 棄 버릴기 10(木) 祁 성할기(실8획)

14(火) 碁 돌기 13(金) 欺 속일기 15(水) 喫 마실끽 15(木) 拏 붙잡을나 14(水) 胗 성길나(실10획)

13(木) 捺 누를날(실11획) 15(火) 惱 괴로와할뇌(실11획) 13(金) 鈕 인꼭지뉴(유) 14(木) 捻 비틀념(실11획)

⑫

17(水) 能능할능(실10획) 10(木) 茶차풀다(차)(실10획) 14(土) [illegible] 깊을다 13(金) 短짧을단 15(水) 單홑단

11(水) 淡맑을담(실11획) 14(金) 覃미칠담 13(木) 答대답답 14(木) 棠팥배나무당 14(金) 貸빌릴대

15(火) 悳큰덕 14(金) 盜도적도 13(土) 堵담도 14(水) 屠잡을도 12(火) 悼슬퍼할도(실11획)

13(木) 掉흔들도(실11획) 13(木) 棹노도 14(水) 淘일도(실11획) 14(火) 惇도타울돈(실11획)

15(金) 敦도타울돈 15(火) 焞귀갑지지는불돈 13(金) 童아이동 13(木) 棟마룻대동

15(水) 胴큰창자동(실10획) 13(水) 痘천연두두 9(土) 阧치솟을두 15(金) 鈍둔할둔 14(火) 登오를등

13(木) 等무리등 16(木) 喇나팔라(나) 16(土) 絡헌솜락(낙) 13(金) 嵐람기람(남)

14(木) 琅옥이름랑(실11획) 14(火) 掠노략질할략(실11획) 15(木) 量헤아릴량 15(水) 裂찢을렬

15(火) 勞수고할로 12(水) 淚눈물루(실11획) 16(金) 硫유황류(유) 13(水) 淪물놀이륜(윤)(실11획) 13(土) 嵂가파를률

13(金) 理다스릴리(이)(실11획) 11(水) 痢설사리(이) 11(木) 淋물뿌릴림(임)(실11획)

13(木) 棽무성할림 13(土) 茫넓을망(실10획) 14(金) 媒중매매 14(木) 買살매 13(水) 寐잠잘매

15(土) 脈맥맥(실10획) 15(木) 猛사나울맹(실11획) 15(木) 棉목화면 12(木) 椧홈통명

16(木) 茗차싹명(실10획) 14(木) 帽모자모 12(火) 睦화목할목 16(金)6(水) 無(无4획同字)없을무

13(金) 貿무역할무 13(水) 珷무부무(실11획) 13(土) 雯구름무늬문 13(土) 媄빛고울미 15(土) 嵄깊은산미

15(土) 媚아첨할미 15(木) 嵋산이름미 16(火) 閔민망할민 15(水) 悶번민할민 13(水) 蜜꿀밀

14(土) 博넓을박 12(木) 迫닥칠박(실9획) 21(火) 斑얼룩반 13(土) 發필발 15(火) 跋밟을발

11(土) 傍곁방 15(木) 防막을방(실7획) 12(木) 幇도울방(幫과同) 13(火) 排물리칠배(실11획)

13(土) 焙불에쬘배 13(木) 番차례번 13(木) 筏떼벌 15(土) 棅자루병 13(火) 報갚을보 13(土) 普넓을보

⑫

14(火) 堡작은성보 10(木) 復회복할복(부) 10(木) 茯복령복(실10획)

12(木) 捧받들봉(실11획) 12(木) 棒몽둥이봉 14(火) 傅스승부 15(木) 富부자부

12(火) 焚불살을분 13(金) 賁꾸밀분 15(水) 雰안개분 16(木) 棚시렁붕 14(火) 備가출비 13(火) 悲슬플비

17(金) 費소비할비 12(木) 斐오락가락할비 12(木) 棐도지게비 13(木) 斌빛날빈 12(金) 斯이사

6(木) 絲실사 16(金) 詞말씀사 13(金) 詐속일사 13(木) 捨놀사(실11획) 13(木) 奢사치사

14(金) 散흩을산 12(火) 傘우산산 12(木) 森나무빽빽할삼 14(金) 鈒창삽 15(水) 象코끼리상

15(水) 喪복입을상 16(火) 翔날상 13(木) 廂행랑상 15(木) 甥생질생

14(木) 捿깃드릴서(栖와同)(실11획) 14(木) 棲살서 16(火) 舒펼서 15(土)16(土) 壻(婿)사위서

16(土) 絮솜서(실9획) 16(木) 犀물소서 13(土) 黍기장서 13(木) 淅일석(실11획)

12(火)13(火) 晳(晰)밝을석 12(火) 惜아낄석(실11획) 16(土) 舃클석.까치작 13(木) 善착할선

12(金) 琁아름다운옥선(실11획) 15(火) 盛성할성 13(金) 珹옥이름성(실11획) 13(金) 貹재물성

15(木) 稅세금세 14(金) 貰세낼세 13(金) 訴하소연할소 16(木) 埽쓸소(실11획) 14(土) 疎성길소

13(水) 消녹을소(실11획) 13(土) 卲높을소(실8획) 13(水) 甦소생할소(穌俗字)

16(土) 疏성길소 13(木) 粟조속 18(木) 巽괘이름손 12(水) 淞강이름송(실11획) 13(金) 竦놀랄송 13(火) 須모름지기수

10(木) 授줄수(실11획) 13(水) 琇옥돌수(실11획) 13(火) 茱수유수(실10획) 13(火) 淑맑을숙(실11획)

13(火) 順순할순 15(木) 循돌순 13(木) 筍죽순순 14(水) 舜순임금순 15(火) 荀사람이름순(실10획)

12(土) 淳순박할순(실11획) 16(土) 焞밝을순 15(火) 述지을술(실9획) 14(土) 勝이길승 15(金) 視볼시

14(土) 猜시기할시(실11획) 15(土) 媤시집시 13(金) 弑죽일시 14(土) 媞예쁘고고울제(시) 14(火) 偲경솔할시

⑫

14(木) 植심을식 15(水) 殖번식할식 14(木) 寔이식 13(水) 深깊을심(실11획) 15(金) 尋찾을심

12(土) 阿 언덕아(실8획) 14(火) 雅맑을아 15(金) 皒흰색아 16(土) 婭아리따울아

17(火) 惡사나울악,미워할오 16(木) 幄휘장악 11(水) 涯물가애(실11획) 12(水) 液즙액(실11획)

13(木) 掖낄액(실11획) 14(木) 椋박달나무양 15(火) 馭말부릴어 15(土) 堰방죽언

15(木) 掩가릴엄(실11획) 14(水) 淹담글엄(실11획) 12(木) 茹먹을여(실10획) 16(火) 晹날흐릴역

16(金) 硯벼루연 13(火) 然그럴연 14(水) 淵못연(실11획) 14(土) 堧빈터연 14(水) 莚자랄연

15(火) 焰불당길염(燄과同字) 16(金) 詠읊을영 15(土) 猊사자예(실11획) 13(水) 蛙개구리와

14(金) 琓옥이름완(실11획) 18(木) 椀주발완 11(土) 阮관이름완(실7획) 14(土) 堯요임금요

10(木) 茸무성할용(실10획) 14(火) 傛익숙한모양용 16(木) 寓붙여살우 15(土) 堣모퉁이우

14(水) 13(火) 14(土) 14(火) 16(水) 16(金)
雲구름운 雄수컷웅 媛예쁠원 越넘을월 圍둘래위 爲위할위

11(火) 17(水) 13(木) 15(火)16(火)
惟오직유(실11획) 喩비유할유 釉광택유 閏(閠13획)윤달윤

15(金) 12(土) 15(木) 11(水) 12(木)
鈗병기윤 阭높을윤(실7획) 絨융융 淫음난음(실11획) 庾곳집유

14(木) 14(金) 14(木) 15(金) 12(水)
椅의나무의 貳두이 荑벨이(실10획) 貽줄이 䏲힘줄질길이(실10)

15(木) 11(木) 15(金) 14(木) 10(木)
絪기운인 茵자리인(실10획) 靭질길인(靭과同字) 壹하나일 荏들깨임(실10획)

15(金) 11(木) 13(火) 5(水) 19(水)
剩남을잉 茨가시나무자(실10획) 雀참새작 殘해칠잔 孱잔악할잔

14(木) 15(土) 15(木) 12(木) 14(木) 15(金)
棧잔도잔 場마당장 掌손바닥장 粧단장할장 裁판결할재 貯쌓을저

12(土) 14(金) 11(土) 15(木)
邸집저(실8획) 詛주저할저 迪나아갈적(실9획) 奠제사지낼전

10(木) 12(木) 18(木) 13(木)
荃겨자무침전(실10획) 筌통발전 絶끊을절 接댈접(실11획)

⑫

13(木) 程길정 13(水) 淨깨끗할정(실11획) 12(水) 淀물소리정(실11획) 13(火) 情뜻정(실11획)

15(火) 晶수정정 15(木) 幀그림족자정 13(金) 珽옥돌정(실11획) 14(火) 晸해뜰정 16(土) 婷예쁠정

12(金) 珵패옥정(실11획) 13(土) 堤방죽제 16(水) 啼울제 15(水) 朝아침조 13(木) 措들조(실11획)

16(金) 詔고할조 16(木)9(木) 棗(枣18획)대추조 16(木) 尊높을존 12(土) 猝갑자기졸(실11획)

14(木) 棕종려나무종 13(水) 淙물소리종(실11획) 13(火) 悰즐거울종(실11획) 13(金) 註주낼주

13(水) 蛛거미주 14(木) 絑붉을주 20(木) 粥죽죽 16(土) 竣마칠준 17(火) 畯농부준 17(木) 睃볼준

13(水) 衆무리중 15(火) 曾일찍중 14(火)19(水) 智(𥏼16획맑을지)지혜지 15(水) 脂기름지(실10획)

13(金) 診볼진(진단) 13(火) 軫수레뒤턱나무진 14(水) 蛭거머리질 13(土) 跌넘어질질

10(土) 迭갈마들질(실9획) 12(火) 集모일집,모을집(실10획) 14(金) 硨조개이름차 13(土) 着붙을착

15(金) 15(金) 14(土) 12(木)
創비롯할창 敞들어날창 猖미쳐날뛸창(실11획) 採캘채(실11획)

13(木) 13(火) 12(水) 13(水)
策채찍책 悽슬퍼할처(실11획) 脊등성마루척(실10획) 淺얕을천(실11획)

16(水) 14(水) 12(水) 13(木)
喘헐떡거릴천 喆밝을철 添더할첨(실11획) 捷빠를첩(실11획)

13(土) 14(金) 13(水)13(水) 15(火)15(火)
堞성가퀴첩 貼붙을첩 淸(清)맑을청(실11획) 晴(晴)갤청

13(火) 12(木) 13(木) 15(火) 11(木)
替바꿀체 棌참나무채 茜꼭두서니천(실10획) 超뛸초 草풀초(실10획)

12(火) 14(木) 15(金) 14(木) 16(水)
焦마를초 椒산초나무초 硝초삭초 稍벼줄기끝초 貂담비초

14(金) 16(火) 14(水) 12(木) 12(木) 14(火)
酢초초 蜀나라이름촉 最가장최 推밀추(실11획)椎뭉치추 軸굴대축

15(木) 11(火) 16(土) 17(水)
筑악기이름축 悴파리할췌(실11획) 就나아갈취 脆무릎취(실10획)

14(水)13(水) 15(水) 13(水) 14(火)
廁(厠11획)뒷간측 淄검은빛치(실11획) 痴어리석을치 晫밝을탁

⑫

14(木) 12(土) 15(土) 12(金)
探 더듬을탐(실11획) 邰 나라이름태(실8획) 跆 밟을태 鈦 티타늄태

17(木) 15(水) 15(木) 15(土) 10(土)
統 거느릴통 痛 아플통 筒 대통통 跛 절뚝팔이파 阪 산비탈판(실7획)

13(金) 14(木) 13(火) 13(金) 13(金) 16(木)
鈑 금박판 牌 패패 彭 나라이름팽 貶 떨어뜨릴폄 評 평론할평 幅 폭폭

14(火) 13(木) 21(金) 16(金) 13(水) 15(水)
馮 성풍 筆 붓필 弼 도울필 賀 하례할하 寒 찰한 閑 한가할한

17(土) 15(金) 15(水) 15(水) 14(水)
閒 한가할한 割 나눌할 涵 젖을함(실11획) 喊 소리함 蛤 대합조개합

13(火) 11(木) 12(水) 15(木) 12(火)
項 목항 荇 마름행(실10획) 涬 기운행.당길행(실11획) 虛 빌허 焱 불꽃혁

17(木) 14(金) 16(火) 14(金)
絢 무늬현 現 나타날현(실11획) 睍 불거진눈현 琄 옥모양현11획

18(水) 18(水) 11(木)
脅(실10획) (脇(실10획)) 갈비협 荊 모형나무형(실10획)

14(火) 12(火) 12(水) 17(木) 14(金) 15(火)
惠(恵 10획) 은혜혜 淏 맑을호(실11획) 壺 병호 皓 빛날호 惑 미혹할혹

15(水) 混섞을혼(실11획) 14(火) 惚황홀할홀(실11획) 16(水) 喚부를환 13(土) 黃누루황

13(木) 荒거칠황(실10획) 14(土) 媓여자이름황 13(土) 堭대궐황 13(火) 徨노닐황 11(水) 淮강이름회(실11획)

12(木) 茴회향풀회(실10획) 15(水) 蛔거위회 13(水) 淆뒤섞일효(실11획) 17(土) 窙높은기운효

12(土) 傚본받을효 14(水) 喉목구멍후 15(木) 帿과녁후 14(水) 嗅맡을후 13(土) 堠돌대후 15(水) 喧의젓할훤

16(水) 喙부리훼 17(金) 毁해담(험담)할훼 17(火) 彙무리휘 15(水) 胸가슴흉(실10획) 13(水) 黑검을흑

13(金) 欽공경할흠 17(火) 翕합할흡 14(水) 喜기쁠희 14(木) 稀드물희

●13획(火)

17(火) 暇겨를가 16(土) 嫁시집갈가 15(金) 賈장사가 16(水) 脚다리각(실11획) 14(木) 幹줄기간

14(木) 揀가릴간 (실12획) 16(水) 渴목마를갈(실12획) 14(水) 減덜감(실12획)

⑬

16(火) 感느낄감 16(金) 戡칠감 14(金) 鉀갑옷갑 17(木) 閘물문갑 15(土) 畺지경강 16(土) 踍우뚝설강

15(土) 塏높고건조할개 14(木) 粳매벼갱 (秔과同) 13(水) 渠도랑거(실12획) 14(金) 鉅클거

16(木) 楗문지방건 15(火) 愆허물건 17(木) 揭높이들게(실12획) 18(木) 絹명주견 13(金) 鉗칼겸

16(水) 嗛겸손할겸 16(火) 傾기울어질경 14(木) 莖줄기경(실11획) 16(水) 敬공경할경

16(水) 脛정강이경(실11획) 18(木) 經글경 15(金) 鼓북고 15(水) 痼고질고 16(金) 琨옥돌곤(실12획)

17(金) 誇자랑할과 17(土) 跨타넘을과 12(土) 适빠를괄(실10획) 14(木) 罫줄괘

17(土) 塊덩어리괴 11(土) 郊들교(실9획) 14(火) 較비교할교 19(火) 鳩비둘기구

16(木) 絿급박할구 17(土) 舅시아비구 16(金) 鉤갈고랑이구 15(土) 群무리군

15(木) 裙치마군(실12획) 18(水) 窟굴굴 19(金) 詭속일궤 14(木) 揆헤아릴규(실12획)

11(土) 15(木) 17(木) 14(木)
邽고을규.보옥규(실9획) 筠대나무균 極다할극 禁금할금

16(火) 14(金) 12(金)14(金) 13(木)
禽새금 琴거문고금(실12획) 琪琦옥이름기(실12획) 祺복기

17(水) 16(土) 14(金) 13(木) 14(火)15(火)
嗜즐길기 畸뙈기밭기 碁바둑기 稘일주년기 煖暖따뜻할난

17(金) 20(木) 15(木)
酪진한유즙낙(락) 亂어지러울난(란) 楠녹나무남

14(水) 17(火) 16(木) 17(金)
湳물이름남(실12획) 寗편안녕 祿복녹(록) 碌돌모양록(녹)

15(土) 15(火水) 16(土) 16(火)
農농사농 湍여울단(실12획) 亶믿을단 煓빛날단

14(水) 13(水) 15(土) 16(土)
湛즐길담(실12획) 痰가래담 塘못당 當마땅당

13(水) 16(土) 13(土) 14(土)
渡건널도(실12획) 跳뛸도 逃도망할도(실10획) 塗바를도

16(木) 17(火) 12(木) 17(木)
督감독할독 頓조아릴돈 豆콩두(실11획) 廊복도랑(낭)

⑬

15(木) 粮양식량(양) 15(木) 粱기장량(양) 14(火) 煉불릴련 14(木) 廉살필렴(염) 16(水) 零떨어질령(영)

15(金) 鈴방울령(영) 16(土) 路길로 18(木) 虜포로로 16(火) 輅수레로 16(金) 賂뇌물줄뢰

15(水) 雷우뢰뢰(뇌) 18(土) 旒깃발류(유) 16(木) 稜모름릉 16(木) 楞모릉 15(木) 裏(14(木) 裡12획)속리

12(木) 莉말리리(이)(실11획) 12(金) 琳옥이름림(임)(실12획) 14(金) 碄깊을림 15(水) 痲저릴마

16(土) 媽암말마 12(木) 莫아닐막(실12획) 11(木) 莽우거질망(실11획) 13(火) 煤그을음매

12(土) 陌두렁맥(실9획) 15(水) 貊북방종족맥 17(土) 盟맹세맹 17(金) 酩술취할명 16(土) 募모을모

14(木) 描그릴묘(실12획) 14(水) 渺아득할묘(실12획) 14(土) 猫고양이묘(실12획)

16(木) 楙무성할무 16(火) 微작을미 11(土) 迷미혹할미(실10획) 12(水) 渼물결무늬미(실12획)

15(木) 楣문미미 14(水) 湄물가미(실12획) 17(土) 嬍착하고 아름다울미 16(火) 煝빛날미

17(火) 愍근심할민 17(火) 暋굳셀민 16(金) 錕철판민 16(水) 脗합할민(실11획) 14(金) 鉑금박박

19(水) 雹누리박 15(水) 飯밥반 16(火) 頒반포할반 13(金) 鉢바리발 17(水) 渤바다이름발(실12획)

12(水) 湃물결칠배(실12획) 14(火) 煩번거로울번 13(金) 琺법랑법(실12획)

15(木) 鳹갑자기향기날별 15(木) 蒴모종낼별(실11) 15(木) 補도울보(실12획)

13(水) 湺보보(실12획) 15(水) 蜂벌봉 12(金) 琫칼장식옥봉(실12획) 11(土) 附붙을부(실8획)

17(木) 艀작은배부 13(木) 莩풀이름부(실11획) 19(火) 鳧오리부 18(金) 硼붕산붕 15(金) 碑비석비

15(金) 琵비파비(실12획) 14(水) 痺암메추라기비 17(火) 聘맞을빙 19(水) 嗣이을사

13(水) 渣찌끼사(실12획) 15(火) 肆방자할사 12(木) 莎향부자사(실11획) 15(木) 裟가사사

15(火) 煞죽일살 14(木) 揷실12획(挿실11획)꽂을삽 15(火) 想생각상 14(金) 詳자상상

⑬

16(火) 傷상할상 13(水) 湘물이름상(실12획) 15(水) 嗇인색할색 14(土) 塞변방새(색)

15(火) 暑더울서 15(火) 㥠지혜서(실12획) 13(木) 筮점대서 17(木) 鼠쥐서

16(木) 揟고을이름서(실12) 14(金) 鉐놋석 14(水) 渲바림선(실12획) 14(土) 羨부러워할선

14(火) 愃쾌할선(실12획) 18(火) 僊신선선 16(金) 詵많을선 16(土) 跣맨발선 15(木) 楔문설주설

13(水) 渫칠설(실12획) 14(火)14(火) 聖(聖)성인성 13(火) 惺깨달을성(실12획)

14(土) 猩성성이성(실12획) 15(木) 筬바디성 15(土) 歲해세 18(金) 勢기세세 16(土) 塑토우소

11(土) 送보낼송(실10획) 15(火) 頌칭송할송 14(金) 碎부술쇄 14(火) 愁수심수

14(木) 睡잠잘수 16(土) 嫂형수수 16(木) 綏편안할수 15(金) 酬갚을수 16(火) 肅엄숙할숙

14(金) 琡옥이름숙(실12획) 14(水) 脣입술순(실11획) 14(木) 楯난간순 17(金) 詢물을순

15(火) 馴길들일순 15(金) 鉥돛바늘술 18(土) 嵩높을숭 15(土) 塍밭두둑승 15(金) 詩글시

15(金) 試시험할시 17(火) 毸날개칠시 13(水) 湜물맑을식(실12획) 15(火) 軾수레난간식

13(金) 新새로울신 11(木) 莘세신신(실11획) 15(水) 蜃조개신 16(火) 衙마을아

13(木) 莪지칭개아(실11획) 16(水) 蛾나비아 17(火) 愕놀랄악(실12획) 15(木) 握쥘악(실12획)

14(水) 渥두터울악(실12획) 15(火) 暗어둘암 16(火) 愛사랑애 16(金) 碍거리낄애

11(火) 耶어조사야(실8획) 15(火) 惹이끌야 15(木) 揶희롱지거리할야(실12획)

15(木) 椰야자나무야 15(木) 爺아비야 16(木) 楊버들양 16(木) 揚오를양(실12획) 16(金) 敭들칠양

17(火) 暘해돋이양 16(火) 煬쬘양 15(水) 瘀병어 13(木) 業업업 16(木) 艅배이름여

12(土) 逆거스릴역(실10획) 17(金) 鉛납연 15(火) 煙연기연 16(木) 筵자리연 16(木) 椽서까래연

⑬

12(金) 琰비취옥염(실12획) 15(火) 暎비칠영 13(水) 渶물맑을영(실12획) 19(木) 楹기둥영

14(土) 塋무덤영 17(火) 預미리예 18(木) 裔후손예 17(金) 詣이를예 17(水) 嗚탄식할오

16(土) 塢둑오 15(火) 傲거만할오 14(木) 奧깊을오 14(金) 珸옥돌오(실12획)

16(木) 筽버들고리오 17(水) 蜈지내오 14(火) 頊삼갈옥 13(金) 鈺보배옥 16(土) 媼할미온

15(火) 雍화할옹 14(金) 矮키작을왜 16(水) 渦소용돌이와(실12획)

14(木) 莞빙그레웃을완(실11획) 18(金) 琬홀완(실12획) 20(金) 碗주발완(盌의俗字)

16(水) 脘밥통완(실11획) 16(火) 頑완고할완 18(土) 嵬높을외 15(土) 猥함부로외(실12획)

16(水) 湧솟을용(실12획) 16(火) 傭품팔이용 18(木) 虞헤아릴우 17(火) 愚어리석을우

15(火) 惆기쁠우(실12획) 14(火) 煜빛날욱 13(土) 郁문채날욱(실9획) 16(火) 暈무리운

16(水) 14(木) 15(水) 16(土)
圓둥굴원 援도울원(실12획) 園동산원 嫄계집이름원

13(水) 15(金) 15(水)
湲물흐를원(실12획) 鉞도끼월 渭물이름위(실12획)

14(木) 18(火) 6(土)
裕넉넉할유(실12획) 愈더욱유 猶오히려유(실12획)

16(火) 17(木) 17(木)
愉즐거울유(실12획) 楡느티나무유 揄끌유(실12획)

16(木) 16(土) 16(水)
楢졸참나무유 猷꾀할유 游헤엄칠유(실12획)

12(金) 13(土)
琟옥같은돌유(실12획) 荺연뿌리윤(실11획)

15(土) 15(水) 13(火) 14(木) 15(土)
建걸어가는모양율(실10획) 飮마실음 愔화평할음 揖읍읍(실12획) 義옳을의

15(火) 16(火) 19(土) 14(水) 18(金)
意뜻의 肄익힐이 嬰기쁠이 湮잠길인(실12획) 靷가슴걸이인

14(金) 15(木) 15(金) 16(火) 14(火) 16(金)
賃품팔이임 稔풍년들임 資재물자 雌암자 煮삶을자 盞잔잔

⑬

15(木) 12(木) 6(木) 15(火)
裝꾸밀장 莊(실11획)(庄6획)장중할장 載실을재

14(水) 14(木) 13(水)
渽맑을재(실12획) 楮닥나무저 渚물가저(실12획)

14(土) 14(木) 14(火) 15(土) 15(金)
猪돼지저(실12획) 箸젓가락저 雎물수리저 跡자취적 賊도적적

16(土) 12(木) 12(土) 17(水)
勣공적적 荻물억새적(실11획) 迹자취적(실10획) 電번개전

15(火) 14(金) 13(金) 17(土)
傳전할전 詮선명할전 琠옥이름전(실12획) 塡메울전

16(火) 14(金) 18(金) 18(金) 13(水)
煎달일전 鈿비녀전 殿큰집전 剪자를전 湞물이름정(실12획)

14(木) 16(火) 13(金) 15(木) 15(水)
楨쥐똥나무정 鼎솥정 鉦징정 靖편안할정 渟물괼정(실12획)

16(木) 15(金) 17(木) 17(木) 14(木)
睛눈동자정 碇닻정 艇거룻배정 綎띠술정 提들제(실12획)

17(火) 11(土) 16(木) 14(金)
照비칠조 阻험할조(실8획) 稠빽빽할조 琮서옥이름종(실12획)

17(木) 椶종려나무종 12(水) 湊물모일주(실12획) 14(金) 誅벨주 13(金) 鉒쇳돌주 17(火) 晭밝을주

11(火) 邾나라이름주 16(火) 雋영특할준 14(土) 逡먼지준(실획10) 15(火) 惷어순할준 14(木) 楫노즙(집)

13(金) 鉁보배진 15(木) 稙일찍심은벼직 18(水) 嗔성낼진 14(土) 嫉시기할질 15(火) 斟술따를짐

14(水) 嗟탄식할차 14(土) 嵯우뚝솟을차 15(木) 粲흰쌀찬 14(火) 債빚채

12(金) 琗주옥빛채(실12획) 14(木) 睬주목할채 5(火) 僉다첨 16(金) 詹이름첨 15(木) 牒글씨판첩

15(木) 睫속눈썹첩 14(木) 楚초나라초 18(金) 剿노곤할초 15(土) 塚무덤총 14(火) 催재촉최

13(土) 追쫓을추(실10획) 13(木) 楸개오동나무추 12(水) 湫다할추(실12획) 14(木) 椿참죽나무춘

14(水) 測잴측(실12획) 14(火) 惻슬퍼할측(실12획) 16(木) 置둘치 13(木) 稚어릴치 13(火) 雉꿩치

19(火) 馳달릴치 16(水) 嗤웃을치 16(水) 飭신칙할칙 14(金) 琛보배침(실12획)

⑬

14(火) 惰게우를타(실12획) 15(木) 楕길쭉할타 13(土) 陀비탈질타(실8획) 15(火) 駄실을타(태)

13(金) 琢쫄탁(실12획) 13(金) 琸사람이름탁(실12획) 17(水) 脫벗을탈(실11획)

14(土) 塔탑탑 15(水) 湯넘어질탕(실12획) 13(土) 退물러날퇴(실10획)

15(金) 琶비파파(실12획) 14(木) 稗피패 14(火) 愎괴팍할팍(실12획) 15(水) 脯포포(실11획)

16(金) 剽빠를표 15(木) 稟줄품 15(木) 豊풍성할풍 16(木) 楓단풍나무풍 12(土) 陂비탈피(실8획)

14(金) 鉍창자루필 13(木) 荷연하(실11획) 15(木)14(木) 廈(厦12획)처마하(실12획)

15(水) 閜휑뎅글할하 18(水) 嗃엄할학 15(水) 港항구항(실12획) 15(金) 該그해 18(木) 解풀해

17(木) 楷나무이름해 18(火) 歇쉴헐 15(金) 鉉솥귀현 15(土) 嫌싫어할혐

11(木) 莢풀열매협(실11획) 14(土) 迥멀형(실10획) 15(水) 湖호수호(실12획)

22(木)9(水)　16(金)　14(水)
號(号 5획同字)부루짖을호 琥호박호(실12획) 渾흐릴혼(실12획)

16(土)14(土)　15(金)　16(金)　16(木)
畵(畫(실12획))그림화 話말할화 靴신화 換바꿀환(실12획)

15(水)　16(火)　14(火)　13(火)
渙흩어질환(실12획) 煥빛날환 煌빛날황 惶두려워할황(실12획)

14(木)　13(水)　18(木)
揘칠황(실획12) 湟해자황(실12획) 幌휘장황

15(木)7(木)　16(金)　12(土)
會(会 6획俗字)모일회 賄뇌물회 逅만날후(실10획)

17(火)　15(土)　16(火)　16(火)
煦따스하게할후 塤질나팔훈 暈무리훈 暄따뜻할훤

15(火)　18(金)　15(木)　16(火)　15(火)
煊따뜻할훤 毁헐훼 揮휘두를휘(실12획) 暉빛휘 煇빛날휘

16(火)　15(火)　19(火)　15(金)
煒밝을휘 歆받을흠 熙빛날희 詰물을힐

●14획(火)

18(水) 嘉아름다울가 19(金) 歌노래가 19(木) 閣집각 19(金) 碣비갈 18(金) 竭다할갈

17(金) 監볼감 19(木) 綱벼리강 13(土) 降내릴강(항)(실9획) 16(水) 腔빈속강(실12획)

17(土) 嫝편안할강 16(木) 箇낱개 15(火) 愷즐거울개(실13획) 15(火) 愾성낼개(실13획)

17(火) 覡박수격 18(土) 甄질그릇견 14(火) 慊찐덥지않을겸(실13획) 16(木) 槏문설주겸

15(木) 箝재갈먹일겸 17(土) 境지경경 15(土) 逕소로경(실11획) 18(火) 輕가벼울경

15(水) 溪시내계(실13획) 16(金) 誡경계할계 19(金) 敲두드릴고 19(火) 暠흴고 18(木) 槁마를고

15(木) 睾못고 15(木) 菰향초고(실12획) 16(金) 誥고할고 17(水) 滑어지러울골(실13획)

18(木) 寡적을과 13(木) 菓과일과(실12획) 19(木) 廓둘레곽 17(木) 管피리관(확)

15(木) 菅골풀관(실12획) 17(火) 愧부끄러워할괴(실13획) 18(木) 槐회나무괴 18(火) 魁으뜸괴

18(火) 僑높을교 16(木) 構얽을구 15(水) 溝봇도랑구(실13획) 19(水) 嘔노래할구

19(土) 嶇험할구 13(土) 逑짝구(실11획) 20(木) 廐마구구 14(木) 菊국화국(실12획)

14(土) 郡고을군(실10획) 19(金) 鈋가래귀 17(木) 闺도장방규 18(土) 嫢가는허리규

13(木) 菌버섯균(실12획) 15(土) 墐매흙질할근 13(木) 菫노란진흙근(실12획) 19(水) 兢삼갈긍

18(木) 綺비단기 14(木) 箕키기 16(木) 旗기기 17(火) 暣별기운기 16(木) 榿나무이름기

19(木) 緊굵게얽을긴 14(土) 郎(실10획)(郞13획(실획9))사나이낭(랑)

18(火) 寧편안할녕 17(金) 瑙마노노(실13획) 16(土) 嫩어릴눈 18(木) 馜향기날니

21(水) 溺빠질닉(실13획) 17(金) 端바를단 17(水) 團둥글단 15(木) 對대답할대 17(土) 臺돈대대

⑭

18(水) 圖그림도 13(土) 途길도(실11획) 18(土) 嶋섬도 14(水) 滔물넘칠도(실13획)

16(木) 睹볼도 15(木) 萄포도도(실12획) 18(木) 擣찧을도(실13획) 17(金) 銅구리동

16(水) 蝀무지개동 13(土) 逗머무를두(실11획) 15(木) 裸벌거벗을라(실13획)

15(金) 辣매울랄 12(木) 萊명아주래(실12획) 13(土) 連연할련(연)(실11획)

17(火) 領옷깃령(영) 13(土) 逞굳셀령(영)(실11획) 19(木) 綠푸를록 16(火) 僚동료료

18(木) 廖공허할료(요) 18(水) 屢창루 14(土) 陋좁을루(실9획) 19(土) 嶁산마루루

18(木) 榴석류나무류(유) 17(水) 溜방울져떨어질류(유)(실13획) 18(木) 綸낚시줄륜

14(火) 慄두려워할률(율)(실13획) 19(木) 綾비단릉(능) 15(木) 菱마름릉(능)(실12획)

17(木) 幕막막 16(木) 寞쓸쓸할막 19(火) 輓끌만 15(金) 韎버선말 19(木) 網그물망 15(木) 萌싹맹(실12획)

19(木) 綿이어질면 14(水) 滅멸망할멸(실13획) 16(金) 銘새길명 18(火) 鳴울명

15(水) 溟어두울명(실13획) 17(火) 瞑어두울명 15(火) 慏맘너그러울명(실13획)

18(水) 貌얼굴모 15(金) 瑁서옥모(실13획) 17(木) 夢꿈몽 15(土) 墓무덤묘 15(金) 誣무고할무

17(火) 聞드를문 15(金) 瑂옥돌미(실획13) 18(火) 暋강할민 19(金) 碈옥돌민 18(土) 閩땅이름민

15(木) 箔발박 15(木) 粕찌개미박 16(火) 駁얼룩말박 20(木) 搬옮길반(실13획) 20(木) 槃쟁반반

17(木) 榜매방 16(水) 滂비퍼부울방(실13획) 15(木)15(木) 裵(裴)성배 18(木) 閥공훈벌 17(木) 罰죄벌

16(金) 碧푸를벽 17(火) 輔도울보 13(木) 菩보리보(실12획) 16(木) 福복복 14(火) 僕종복

19(火) 鳳봉새봉 13(土) 逢만날봉(실11획) 17(水) 腐썩을부 16(水) 溥넓을부(실13획)

17(金) 賦구실부 15(水) 腑장부부(실12획) 19(水) 孵알깔부 16(金) 鼻코비 15(木) 榧비자나무비

⑭

16(木) 緋붉은빛비 18(火) 翡물총새비 12(木) 菲엷을비(실12획) 15(水) 蜚바퀴비

15(木) 裨도울비(실13획) 15(水) 脾지라비(실12획) 16(金) 賓손빈 18(土) 獅사자사(실13획)

18(水) 飼먹일사 15(木) 算(12(金) 祘古字)셀산 20(金) 酸초산 17(木) 颯바람소리삽 17(木) 裳치마상

17(火) 像형상상 19(水) 嘗맛볼상 14(土) 塽높고밝은땅상 16(木) 署관서서 16(金) 瑞상서서(실13획)

16(金) 誓맹세할서 18(土) 墅농막서 13(土) 逝갈서(실11획) 16(金) 碩클석

15(金) 瑄도리옥선(실13획) 19(火) 煽부채선 16(金) 銑끌선 18(土) 嫙예쁠선 19(金) 說말씀설(세,열)

17(金) 誠정성성 14(金) 瑆옥빛성(실13획) 18(金) 韶풍류이름소

16(木) 搔긁을소(실13획) 16(水) 溯거슬러올라갈소(실13획) 14(土) 逍거닐소(실11획)

15(火) 愫정성소(실13획) 13(土) 速빠를속(실11획) 16(木) 損덜손(실13획) 18(金) 誦월송

17(火)8(水) 17(水) 14(金) 16(木) 17(水)
壽(寿)목숨수 需구할수 銖무게단수 搜찾을수(실13획) 嗽기침수

18(木) 14(木) 20(土) 14(木) 14(金)
綬인끈수 粹순수할수 塾글방숙 菽콩숙(실12획) 瑟큰거문고슬(실13획)

17(火) 16(木) 15(木) 17(水) 16(火)
僧중승 滕바디승 禔복시 飾꾸밀식 熄꺼질식

17(火) 17(水) 18(木) 9(木)
愼삼갈신(실13획) 腎콩팥신(실12획) 實(実8획)열매실

15(火) 15(木) 15(水)
斡관리할알 菴풀이름암(실12획) 腋겨드랑이액(실12획)

17(水) 17(金) 18(土) 16(土) 18(火)
瘍종기양 語말씀어 嫣생긋웃을언 與더불여 鳶소리개연

19(金) 17(土) 17(火) 17(火)
說기꺼울열 厭싫을염 髥구렛나루염 熀불빛이글어릴엽

15(木)10(木) 9(木) 14(金) 16(木)
榮(栄9획) (荣8획)영화영 瑛옥빛영(실13획) 睿깊고밝을예

17(土) 18(金) 18(木) 14(火) 15(水)
嫕유순할예 誤그릇할오 寤깰오 頊삼갈욱(실13획) 溫따뜻할온(실13획)

⑭

20(水) 窩움집와 16(水) 窪웅덩이와 20(水) 腕팔완(실12획) 16(木) 搖흔들릴요(실13획) 16(火) 僥바랄요

17(火) 暚밝을요 15(水) 溶질편히흐를용(실13획) 16(木) 榕용나무용 18(土) 踊뛸용 17(土) 墉담용

18(火) 慂권할용 16(火) 熔녹일용 16(金) 瑀패옥우(실13획) 19(水) 䨞물소리우 17(木) 禑복우

17(水) 殞죽을운 16(火) 熉노란모양운 18(土) 菀무성할울(실12획) 21(火) 熊곰웅

15(水) 源근원원(실13획) 14(金) 瑗도리옥원(실13획) 17(火) 愿삼갈원

16(土) 猿원숭이원(실13획) 18(火) 僞거짓위 13(木) 萎마를위(실12획)

16(金) 瑋옥이름위(실13획) 16(木) 維바유 19(金) 誘꾈유 13(木) 萸수유유(실12획)

18(金) 瑜아름다운옥유(실획17) 14(土) 逌만족할유(실11획) 20(火) 毓기를육

17(水) 潤물깊고넓을윤(실13획) 16(金) 銀은은 20(水) 溵강이름은(실13획)

22(火) 慇괴로와할은 18(火) 疑의심의 16(火) 爾너이 17(水) 飴엿이 18(火) 熤사람이름익 18(金) 認알인

16(火) 帪작은북인 14(水) 溢넘칠일(실13획) 17(火) 馹역마일 19(火) 慈사랑자

17(水) 滋부러날자(실13획) 17(木) 綽너그러울작 18(火) 臧착할장

18(木) 19(木) 奬(獎15획本字)도울장 14(水) 滓찌끼재(실13획) 16(木) 箏쟁쟁

13(木) 菹채소절임저(실12획) 13(土) 這이저(실11획) 15(木) 禔편안할제 18(土) 嫡정실적

18(火) 翟꿩적 14(金) 銓저울질할전 16(土) 塼벽돌전 16(木) 箋글전 15(金) 截끊을절

16(木) 精정밀미로울정 15(木) 禎상서정 20(木) 靘감색정 18(土) 齊가지런할제

14(金) 瑅제당옥제(실13획) 18(木) 製지을제 16(火) 肇칠조 13(土) 造지을조(실11획)

16(火) 趙나라조 15(木) 種씨종 18(木) 綜모을종 15(木) 罪허물죄 19(木) 綢얽힐주 17(水) 嗾부추길주(수)

⑭

13(水) 準법준(실13획) 16(土) 逡뒤걸음질칠준(실11획) 18(火) 僔많을준 16(金) 誌기록할지

16(水) 蜘거미지 17(火) 馶굳셀지 18(土) 塵띠끌진 16(金) 賑구흉할진 13(水) 溱많을진(실13획)

16(金) 7(金) 盡(尽6획俗字)다할진 17(木) 搢꽂을진(실13획) 14(木) 榛개암나무진

18(木) 槇결고울진 16(木) 箚차자차 17(木) 搾짤착(실13획) 20(火) 儳참람할참 15(土) 塹구덩이참

17(木) 察살필찰 15(水) 滄찰창(실13획) 18(火) 暢펼창 14(木) 菖창포창(실12획)

15(火) 愴슬퍼할창(실13획) 16(木) 槍창창 15(火) 彰밝을창 15(水) 脹배부를창(실12획)

12(木) 菜나물채(실12획) 16(木) 綵비단채 15(木) 寨울짱채 20(木) 綴꿰맬철 17(火) 輒문득첩

14(木) 菁우거질청(실12획) 17(金) 銃총총 19(木) 總거느릴총 13(土) 逐쫓을축(실11획)

14(金) 瑃옥이름춘(실13획) 12(木) 萃모일췌(실12획) 15(火) 聚모일취 18(火) 翠물총새취

⑭

20(木) 緇 검은비단치 19(木) 寢 잠잘침 16(木) 稱 일컬을칭 18(金) 誕 태아날탄

16(水) 嘆 탄식할탄 17(木) 綻 옷터질탄 15(木) 奪 빼앗을탈 15(木) 搭 탈탑(실13획)

19(木) 榻 걸상탑 22(+火) 態 모양태 19(木) 颱 태풍태 15(土) 通 통할통(실11획) 17(木) 槌 탈망치퇴(추)

16(土) 透 통할투(실11획) 17(火) 頗 자못파 12(木) 萍 마름평(실12획) 20(水) 飽 배부를포

14(土) 逋 달아날포(실11획) 16(木) 馝 향기로울필 16(金) 瑕 티하(실13획) 18(水) 嘏 클하

18(金) 碬 숫돌하 13(土) 限 한계한(실9획) 18(火) 僩 굳셀한 15(金) 銜 재갈함

18(木) 菡 연봉함(실획12) 18(木) 閤 쪽문합 19(土) 嫦 항아항 16(金) 瑎 검은옥돌해

16(火) 赫 붉을혁 15(火) 熒 등불형 17(水) 滎 실개천형 17(水) 豪 호걸호 16(金) 瑚 산호호(실13획)

17(金) 酷 혹독할혹 19(火) 魂 넋혼 15(金) 琿 아름다운옥혼(실13획) 14(金) 鉷 돌쇠뇌홍

⑭⑮

12(木) 18(木) 15(水)
華꽃화(실12획) 禍재화화 澕물깊은모양화(실획13)

17(水) 18(土) 16(水)
滑미끄러울활(실13획) 猾교활할활(실13획) 滉물깊고넓을황(실13획)

17(木) 16(火) 16(火) 18(金)
榥책상황 愰밝을황(실13획) 慌어렴풋할황(실13획) 誨가르칠회

14(水) 17(金) 18(金) 19(火)
滙물돌회 劃그을획 酵술밑효 歊김이오를효

15(火)14(火) 18(木) 16(火) 20(火)
熏(熏13획訛字)연기낄훈 携끌휴(실13획) 僖기쁠희 熈빛날희

●15획(土)

17(火) 17(木) 20(火) 23(火) 17(木)
價값가(고) 稼심을가 駕멍에가 慤성실할각 葛칡갈(실13획)

19(木) 20(水) 16(火)
褐털옷갈(실14획) 蝎독사갈 慷강개할강(실14획)

18(火) 19(木) 18(水) 18(土)
慨분개할개(실14획) 槪대개개 漑물댈개(실14획) 踞웅크릴거

18(水) 腱힘줄밑둥건(실13획) 18(水) 漧하늘건(실14획) 17(火) 儉검소할검 18(金)19(金) 劍(劒)칼검

18(火) 熲빛날경 19(火) 慶경사경 18(火) 儆경계할경 18(金) 磎시내계 19(水) 稿볏집고 20(木) 穀곡식곡

16(水) 滾흐릴곤(실14획) 19(金) 鞏묶을공 17(金) 課매길과 16(土) 郭성곽(실11획)

20(木) 槨덧널곽 17(火) 慣버릇관(실14획) 19(木)17(木) 寬(寛13획俗字)너그러울관

16(木)6(木) 廣(広5획)넓을광 20(土) 嬌아리따울교 20(火土) 嶠뾰족하게높을교 16(水) 皎경단교

16(金) 銶끌구 20(火) 歐토할구 23(金) 毆때릴구 20(火) 駒망아지구 23(水) 窮다할궁

14(木) 葵해바라기규(실13획) 15(土) 逵한길규(실12획) 18(木) 槻물푸래나무규

19(金) 劇심할극 16(木) 槿무궁화나무근 15(水) 瑾맑을근(실14획) 21(土) 畿경기기

19(火) 駑둔할노 19(水) 腦뇌뇌(실13획) 18(金) 鬧시끄러울뇨 21(木) 緞비단단 16(金) 談말씀담

⑮

19(土) 踏밟을답 18(木) 幢기당 17(火)16(火) 德(徳14획)덕덕 16(木) 稻벼도 18(土) 墩돈대돈

14(木) 董바로잡을동(실13획) 18(土) 嶝고개등 18(木) 摞쌓아올릴라(실14획)

20(木) 樂즐거울락,좋아할요.악 15(木) 落떨어떨질락(낙)(실13획)

20(水) 螂사마귀랑(낭) 18(金) 瑯고을이름랑(실14획) 18(金) 諒믿을량(양)

17(木) 樑들보량(양) 18(火) 輛수레량(양) 19(火) 慮생각할려(여) 20(木) 閭이문려(여)

18(木) 黎검을려(여) 18(木) 練익힐련(연) 16(火) 輦손수레련(연) 16(水) 漣물놀이련(연)(실14획)

18(水) 魯노나라로(노) 18(金) 論의론할론(논) 18(金) 磊돌무더기뢰(뇌) 16(金) 賚줄뢰(뇌)

18(木) 寮벼슬아치료 18(木) 樓다락루(누) 17(水) 漏샐루(실14획) 18(火) 慺기빼할루(실획14)

18(金) 劉성류(유) 18(金) 瑠유리류(유)(실14획) 19(水) 瘤혹류(유) 20(金) 戮죽일륙(육)

18(火) 輪 바퀴륜(윤)
17(水) 凜 찰름(늠)
18(木) 履 신리(이)
18(金) 璃 유리리(이)(실14획)

17(木) 摛 베풀리(실획14)
18(木) 摩 갈마
18(金) 碼 마노
16(金) 瑪 마노마(실14획)

15(水) 漠 사막막(실14획)
16(木) 萬 일만만(실13획)
16(水) 滿 찰만(실14획)

17(火) 慢 게으를만(실14획)
17(水) 漫 질펀할만(실14획)
19(火) 輞 바퀴테망
17(金) 賣 팔매

18(火) 罵 욕할매
19(火) 魅 도깨비매
18(木) 緬 가는실면
15(木) 蔑 업신여길멸(실13획)

18(木) 瞑 눈감을명
17(火) 慕 그리워할모
17(火) 暮 저물모
17(木) 摹 베낄모(모방)
16(木) 模 법모

18(木) 廟 사당묘
16(土) 墨 먹묵
19(火) 慜 총명할민
21(木) 緡 낚시줄민
22(金) 盤 소반반

22(金) 磐 너럭바위반
21(水) 瘢 흉터반
16(火) 髮 터럭발
19(火) 魃 가물귀신발

19(金) 磅 돌떨어지는소리방
16(火) 輩 무리배
19(木) 褙 속적삼배(실14획)
17(金) 賠 물어줄배

⑮

20(火) 18(木) 15(木) 20(木) 17(火) 19(金)
魄넋백 幡기번 樊울번 範법범 僻후미질벽 劈쪼갤벽

16(火) 16(木) 17(水)
輧거마소리병 褓포대기보(실14획) 腹배복(실13획)

17(木) 16(金) 17(火)
複겹옷복(실14) 鋒칼끝봉 熢연기자욱할봉

16(水) 11(水) 14(土)
漨(실14획)(浲물이름봉(실10획))내이름봉 部거느릴부(실11획)

18(金) 18(火) 16(土) 17(水) 16(金) 19(木)
敷펼부 駙곁마부 墳무덤분 噴뿜을분 誹헐뜯을비 寫베낄사

16(火) 19(火) 19(火) 17(水) 18(金)
僿잘게부술사 駟사마사 賜줄사 滲스밀삼(실14획) 賞 상줄상

16(木) 14(火) 18(木) 18(金) 17(火)
箱 상자상 慡성품밝을상(실획14) 緖 실마리서 鋤 호미서 奭 클석

20(木) 19(土) 16(土) 18(水)
線 줄선 嬋고울선 墡백토선 腺샘선(실13획)

18(金) 14(木) 16(水)
陝고을이름섬(실10획) 葉성섭(실13획)잎엽 腥비릴성(실13획)

20(水) 嘯휘파람소 17(水) 瘙종기소 17(金) 銷녹일소 18(金) 數셀수(삭) 16(金) 誰누구수 17(水) 瘦파리할수

16(水) 漱양치질할수(실14획) 19(金) 銹녹쓸수 16(金) 睟재물수

19(金)16(金) 竪(豎13획俗字)세울수 21(火) 熟익울숙 19(金) 諄타이를순 20(金) 醇진한술순

19(水) 蝨이슬 12(土) 陞오를승(실10획) 16(水) 嘶울시 17(木) 篒대밥통식 17(水) 蝕좀먹을식

17(木) 審살필심 20(火) 鴉갈가마귀아 18 12(火) 鴈(雁실12획)기러기안 18(金) 鞍안장안

16(金) 睚사람이름애 17(木) 葯구릿대잎약(실13획) 17(水) 養기를양 18(木) 樣모양양(상)

17(水) 漾출렁거릴양(실14획) 16(水) 漁고기잡을어(실14획) 17(火) 億억억 20(木) 緣인연연

17(土) 嬿아리잠직할연 16(水) 演멀리흐를연(실14획) 19(火) 熱더울열(렬)

22(金) 閱검열할열 18(火) 影그림자영 16(金) 瑩밝을영(형) 20(水) 潁강이름영

⑮

19(金) 17(火) 17(土) 16(土)
銳날카로울예 熬볶을오 嫯개오 獄옥옥(실14획)

16(金) 17(木) 17(水) 20(水)
瑥사람이름온(실14획) 穩번성할온 瘟염병온 蝸달팽이와

22(火) 22(火) 18(木) 17(水)
翫구경완 豌완두완 緩늦을완 腰허리요(실13획)

16(金) 18(土) 17(水) 18(火)
瑤아름다운옥요(실14획) 嶢높을요 窯기와굽는가마요 慾욕심욕

16(金) 18(木) 19(火) 13(土)
瑢패옥소리용(실14획) 槦살대나무용 憂근심할우 郵역참우(실11획)

18(火) 17(木) 15(土) 16(木)
慪공경할우(실14획) 稶서직무성할욱 院담원(실10획) 褑패옥띠원

20(木) 19(火) 16(木) 18(木)
緯씨위 慰위로할위 葦갈대위(실13획) 褘아름다울위(실14획)

19(水) 19(木) 19(金) 17(金) 17(火)
蝟고슴도치위 牖창유 誾온화할은 璁옥은(실획14) 儀거동의

17(火) 18(金) 20(金)
誼옳을의 毅굳셀의 頤턱이

17(土) 逸(실12획) 16(土) (逸14획(실획11)) 편안일 20(金) 磁자석자 17(火) 暫잠시잠

17(木) 箴바늘잠 17(水) 腸창자장(실12획) 16(木) 葬장사지낼장(실13획)

17(火) 暲해돋아올장 15(水) 漳강이름장(실14획) 16(木) 樟녹나무장 18(木) 獎권면할장

16(土) 獐노루장(실14획) 20(水) 漿미음장 17(金) 諍간할쟁 14(木) 著분명할저(실13획)

19(木) 櫧가죽나무저 17(水) 滴떨어질적(실14획) 18(木) 摘딸적(실14획) 18(金) 敵원수적

18(木) 廛가게전 18(木) 箭화살전 18(木) 篆전자전 20(木) 節마디절 15(水) 漸점점점(실14획)

17(水) 蝶나비접 20(木) 摺접을접(실14획) 17(金) 鋌쇳덩이정 20(木) 靚단장할정

16(金) 鋥칼갈정 18(水) 霆천둥소리정 13(土) 除섬돌제(실10획) 19(水) 嘲비웃을조

19(金) 調고를조 17(木) 槽구유조 16(水) 漕배로실어나를조(실14획) 16(火) 慫권할종

⑮

16(水) 腫부스럼종(실13획) 18(土) 踪자취종 17(火) 駐머무를주 16(土) 週돌주(실12획)

17(木) 廚부엌주 18(火) 儁준걸준 17(木) 葰큰준(실13획) 16(土) 陖가파를준

14(木) 葺기울즙(실13획) 17(土) 增더할증 16(金) 鋕새길지 18(木) 摯잡을지

15(水) 漬담글지(실14획) 19(木) 稷기장직 13(土) 進나아갈진(실12획) 17(水) 震벼락진

13(土) 陣진칠진(실10획) 18(金) 瑱귀막이옥진(실14획)

17(金)15(金) 瑨(璡)아름다운돌진(실14획) 19(木) 禛복받을진 20(木) 瞋부릅뜰진 19(木) 稹고을진

16(金) 質바탕질 18(木) 緝낳을집 16(火) 徵부를징 14(金) 瑳깨끗할차(실14) 16(金) 磋갈차

17(火) 慘참혹할참(실14획) 15(火) 慚(실14획)(慙)부끄러울참 18(木) 廠헛간창

19(水) 漲불을창(실14획) 17(水) 瘡부스럼창 13(土) 陟오를척(실10획)

14(水) 滌 씻을척(실14획)
16(火) 慽 근심할척(실14획)
17(水) 瘠 파리할척

14(土) 摭 주울척(실획14)
19(火) 慼 슬플척
18(土) 踐 밟을천
18(金) 賤 천할천
18(火) 徹 통할철

20(火) 輟 그칠철
19(金) 諂 아첨할첨
18(金)18(金) 請(請) 청할청
20(木) 締 맺을체

18(水) 滯 막힐체(실14획)
15(土) 逮 미칠체(실12획)
18(金) 醋 초초
17(火) 憁 바쁠총(실14획)

18(木) 摠 모두총(실14획)
19(木) 樞 지도리추
19(土) 墜 떨어질추
23(金) 皺 주름추

13(木) 萩 사철쑥추(실13획)
17(金) 諏 꾀할추
17(火) 衝 찌를충
16(火) 趣 달릴취
17(金) 醉 취할취

22(水) 嘴 부리취
19(木) 層 층층
16(金) 齒 이치
9(木) 幟 기치
20(火) 輜 짐수레치

15(水) 漆 옻칠(실14획)
19(土) 墮 떨어질타
20(火) 駝 낙타타
20(土) 踔 뛰어날탁
22(金) 彈 탄알탄

17(金) 歎 탄식할탄
17(火) 慟 서럽게울통(실14획)
18(火) 慝 사특할특
20(木) 編 엮을편

⑮

18(木) 篇책편 22(火) 翩빨리날편 19(木) 幣비단폐 24(木) 廢폐할폐 17(水) 弊해질폐

15(土) 陛섬돌폐(실10획) 17(木) 葡포도포(실13획) 17(木) 褒포장할포 17(金) 鋪펼포

17(火) 暴사나울폭(포) 16(水) 漂떠돌표(실14획) 17(木) 標표표 16(火) 慓날랠표(실14획)

19(水) 蝦새우하 15(水) 漢한수한(실14획) 20(土) 嫺무사할한 19(木) 緘봉할함

12(土) 陜땅이름합,좁을협(실10획) 19(水) 餉건량향 18(土) 墟터허 19(水) 噓불허

19(金) 賢어질현 18(火) 儇총명할현 15(土) 限한정할현(실획10) 18(金) 鋗노구솥현

15(金) 鋏집게협 17(火) 慧슬기로울혜 18(火) 憓깨달을혜 16(金) 鞋신혜 17(火) 暳별반짝일혜

18(木) 糊풀호 16(木) 葫마를호(실13획) 19(水) 蝴나비호 15(水) 滸물가호(실14획)

17(金) 皞밝을호 16(土) 嫿여자이름화 17(金)20(金) 確(碻)굳을확 17(水) 蝗누리황 16(木) 篁대숲황

18(金) 皛나타날효 15(木) 萱원추리훤(실13획) 18(火) 輝빛날휘 19(木) 麾대장기휘 19(土) 興일어날흥

18(土) 嬉즐길희

●16획(土)

18(金) 諫간할간 19(土) 墾따비할간 19(水) 澗산골물간(실15획) 16(木) 橄감람나무감

19(金) 鋼강철강 22(金) 彊굳셀강 16(木) 蓋(실14획)(盖11획)덮을개 18(金) 鋸톱거

18(水) 黔검을검 19(火) 憩쉴게 20(水) 膈흉격격(실14획)

19(水)18(水) 潔(洁14획)깨끗할결(실15획) 18(火) 憬깨달을경(실15획) 20(火) 暻밝을경

20(火) 頸목경 22(金) 磬경쇠경 19(木) 稽머무를계 19(水) 膏살찔고(실14획) 18(金) 錮땜질할고

20(水) 噭부르짖을교 20(金) 錕붉은쇠곤 18(土) 過지날과(실13획) 20(水) 館집관 20(木) 橋다리교

⑯

25(水) 龜(거북구(귀),얼어터질균 18(土) 獗날뛸궐(실15획) 17(水) 潰무너질궤(실15획)

21(水) 窺엿볼규 23(木) 橘귤나무귤 16(金) 瑾아름다운옥근(실15획) 19(金) 錦비단금

20(水) 器그릇기 16(金) 錤호미기 18(金) 錡솥기 21(木) 機틀기 15(金) 璂피변꾸미개기(실15획)

19(土) 冀바랄기 18(金) 諾대답할낙 17(木) 撚비틀년(연)(실15획)

18(木) 撓어지러울뇨(요)(실15획) 19(土) 壇단단 14(土) 達통달할달(실13획) 16(金) 錟창담

17(水) 潭못담(실15획) 19(火) 曇흐릴담 17(木) 撞칠당(실15획) 18(木) 糖사탕당(탕)

15(土) 道길도(실13)획) 19(木) 導이끌도 15(土) 都도읍도(실12획) 16(土) 陶질그릇도(실11획)

20(火) 覩볼도 18(金) 賭걸도 19(木) 馟 향기로울도 18(木) 篤도타울독 20(火) 暾아침해돈

19(火) 燉이글거릴돈 16(火) 憧그리워할동(실15획) 16(水) 潼강이름동(실15획) 18(火) 曈동틀동

18(火) 頭머리두 15(土) 遁달아날둔(실13획) 18(火) 燈등잔등 18(木) 橙등자나무등

14(木) 菻풀열매라(실획14) 20(火) 駱낙타락(낙) 16(土) 歷지낼력(역) 17(火) 曆책력력(역)

17(金) 璉호련련(연)(실15획) 17(火) 憐불쌍히여길련(연)(실15획) 19(木) 撈잡을로(노)(실15획)

20(水) 盧성노(로) 9(金) 錄기록할록(녹) 20(金)18(金) 賴(頼16획俗字)힘입을뢰(뇌)

18(火) 燎횃불료(뇨) 22(土)13(土) 龍(竜(10획))용룡(용) 19(水) 瘻부스럼루(누)

15(土) 陸뭍륙(육)(실11획) 18(金) 綸금륜(윤) 18(木) 廩곳집름(늠) 16(土) 陵큰언덕릉(실11획)

18(土) 釐바를리(윤) 17(水) 潾맑을린(인)(실15획) 18(火) 燐도깨비불린(인)

17(土) 獜짐승린(실획15) 17(水) 霖장마림(임) 16(金) 磨갈마 19(木) 瞞속일만 20(土) 冪덮을멱

16(木) 蓂명협명(실14획) 19(水) 螟마디충명 17(金) 謀꾀할모 12(木) 橅법모 무 18(木) 穆화목할목

⑯

17(木) 夢꿈몽(실14획) 16(木) 蒙입을몽(실14획) 16(木) 撫어루만질무(실15획)

15(火) 憮어루만질무(실15획) 17(火) 默묵묵할묵 18(火) 躾예절가르칠미

18(火) 憫근심할민(실15획) 18(水) 潤물졸졸흘러내린민(실15획) 20(木) 縛묶을박

18(水) 膊포박(실14획) 16(木) 撲칠박(실15획) 16(木) 樸통나무박 16(水) 潘뜨물반(실15획)

24(水) 潑뿌릴발(실15획) 25(木) 撥다스릴발(실15획) 19(水) 膀쌍배방(실14획)

17(木) 蒡인동넝쿨방(실14획) 14(土) 陪쌓아올릴배(실11획) 17(火) 燔구울번 18(土) 壁벽벽

16(金) 辨분변할변 16(金) 鉼판금병 16(水) 潽끓을보(실15획) 19(火) 輹복토복 19(火) 輻바퀴살복

16(火) 憤성낼분(실15획) 17(木) 奮떨칠분 19(火) 憊고달플비 18(火) 頻자주빈 18(火) 儐인도할빈

19(火) 憑기댈빙 20(木) 篩체사 16(木) 蓑도롱이사(실14획) 16(木) 蒜달래산(실14획)

18(木) 撒뿌릴살(실15획) 15(水) 澁떫을삽(실15획) 19(木) 橡상수리나무상

18(水) 潒세찰상(실획15) 20(金)20(金) 諝(諝15획)슬기서 19(金) 錫주석석 18(水) 潟갯펄석(실15획)

16(木) 蓆자리석(실14획) 18(金) 璇아름다운옥선(실15획) 17(金) 敾글잘쓸선 19(金) 醒깰성

18(火) 燒사를소 16(木) 篠조릿대소 18(木) 穌긁어모을소 18(木) 蓀향풀이름손(실14획)

18(木) 蒐꼭두서니수(실14획) 18(木) 樹나무수 16(土) 遂이룰수(실13획) 21(火) 輸나눌수

14(木) 蓚수산수(실 14 획) 20(木) 橚 나무줄지어설숙 19(水) 潚 빠를 숙(실 15 획)

19(木) 橓 무궁화나무순 19(金) 錞악기이름순 16(木) 蒔모종낼시(실14획)

17(木) 蓍시초시(실14획) 21(金) 諡시호시 18(土) 諟이시 19(金) 諶참심 19(水) 餓주릴아

19(土) 鄂땅이름악(실12획) 21(金) 謁아뢸알 21(木) 閼가로막을알 20(火) 鴨오리압

⑯

20(火) 19(木) 22(木) 20(木) 17(金)
鴦원앙앙 縊목맬액 蒻부들약(실14획) 禦막을어 諺상말언

17(土) 18(水) 17(火) 19(火) 22(木)
業높고험할업 餘남을여 燃사를연 燕제비연 閻이문염

16(火) 17(火) 19(木) 24(土) 22(水)
燁빛날엽 曄빛날엽 穎이삭영 嬴넘칠영 豫미리예

19(火)22(火) 20(水) 19(木) 19(木)
叡(壡 19획)밝을예 霓무지개예 隷붙을예(례) 蘂꽃술예(례)

18(水) 17(土) 20(木) 18(土) 22(金)
瘱조용할예 墺물가오 縕헌솜온 壅막을옹 鋺저울바탕원(완)

18(木) 16(木) 17(土)
橈꺾일요(뇨) 蓉연꽃용(실14획) 運운전운(실13획)

16(土) 19(金) 18(木)
澐큰물결일운(실15획) 賱넉넉할운 橒나무무늬운

18(木) 20(木) 24(火) 20(金)
篔왕대운(䉙 대이름운18획)대이름운 鴛원앙원 謂이를위

17(土) 20(火)21(火) 18(金) 18(土)
違어길위(실13획) 衛(衞)지킬위 諛아첨할유 遊놀유(실13획)

19(火) 儒선비유 21(金) 諭께우칠유 20(土) 蹂밟을유 18(土) 逾넘을유(실13획)

18(水)15(水) 潤(閏)젖을윤(실15획) 23(火) 燏빛날율 17(火) 潏물이둥글둥글흐를유(실획15)

21(水) 融화할융 18(火) 㒚남에게기댈은 21(木) 蒑들빛푸를은(실획14) 16(木) 蒽들이름은(실획14)

17(水) 慭삼가할은 15(土) 陰그늘음(실11획) 20(水) 凝엉길응 17(金) 璌사람이름인(실15획)

18(金) 諲공경할인 16(水) 潱물흐른모양열(실14획) 19(金) 諮물을자

22(水) 潺물흐르는소리잔(실15획) 21(水)16(水) 潛(潜)자맥질할잠(실15획)

16(金) 璋반쪽홀장(실15획) 19(木) 縡일재 18(金) 賳재물재 18(金) 錚쇳소리쟁 17(木) 積쌓을적

18(金) 錢돈전 20(金) 戰싸울전 18(水) 霑젖을점 19(水) 鮎메기점 17(金) 整가지런할정

19(木)18(木) 靜(静)고요할정 20(金) 諪조정할정 17(金) 錠제기이름정 18(金) 諸모들제

⑯

21(金) 劑약지을제 20(土) 蹄굽제 19(金) 醍맑은술제 20(火) 儕무리제 18(水) 潮조수조(실15획)

19(火) 雕독수리조 15(金) 瑽패옥소리종(실15획) 18(土) 踵발굼치종

17(土) 遒(실13획)(逎14회(실11획古字))다가설주 17(水) 澍모단비주(실15획)

17(火) 輳모일주 20(木) 雋준걸준 21(木) 樽술통준 22(水) 餕먹을준 17(火) 蒸찔증(실14획)

18(火) 憎미워할증(실15획) 14(土) 陳묵을진(실11획) 22(木) 縝삼실진 21(木) 縉꽂을진

17(土) 臻이를진 14(木) 蓁우거질진(실14획) 18(火) 儘다할진

15(水)15(水) 潗(潗)샘솟을집(실15획) 18(火) 輯모을집 17(水) 澄맑을징(실15획) 17(金) 錯섞일착

22(木) 撰지을찬(실15획) 20(水) 餐먹을찬 18(木) 篡빼앗을찬 16(木) 蒼푸를창(실14획)

20(木) 艙선창창 18(水) 澈물맑을철(실15획) 19(木) 撤거둘철(실15획) 18(金) 諜염탐할첩

20(金) 16(木) 15(火) 18(木)
諦살필체 樵땔나무초 憔수척할초16(실15) 撮취할촬(실15획)

16(金) 16(金) 19(木) 17(木) 18(金)
錐송곳추 錘저울추 築쌓을축 蓄쌓을축(실14획) 賰넉넉할춘

18(火) 19(木) 19(火) 20(木)
熾성할치 緻밸치 親친할친 橢길쭉할타

19(木)16(木) 18(火)
橐(槖14획俗字)전대탁 憚꺼릴탄(실15획)

9(木) 19(水) 18(木)
撐버팀목탱(실15획) 腿넓적다리퇴(실14획) 褪바랠퇴(실15획)

18(火) 23(木) 17(木) 18(金)
頹무너질퇴 罷방면할파 播뿌릴파(실15획) 辦힘쓸판

16(水) 17(土) 19(土)
澎물결부딪치는기세팽(실15획) 遍두루편(실13획) 嬖사랑할폐

16(木) 23(水) 19(火) 19(木) 20(金)
蒲부들포(실14획) 鮑절인어물포 輻바퀴살통폭 瓢박표 諷욀풍

16(土) 17(土) 20(水) 20(水)11(水)
逼닥칠핍(실13획) 遐멀하(실13획) 赮저녁놀하 學(学8획)배울학

⑯

20(金) 謔희롱거릴학 21(火) 翰날개한 18(水) 澖넓을한(실15획) 20(木) 橌큰나무한 18(木) 闬익힐한

16(土) 陷빠질함(실11획) 21(金) 諧화할해 19(火) 駭놀랄해 21(金) 骸뼈해

19(火) 軒놀수레서로피할헌 9(火) 憲법헌 20(木) 縣고울현 17(火) 頰뺨협 19(火) 衡저울대형

18(水) 螢반디형 17(火) 憓사랑할혜(실15획) 17(水) 澔넓을호(실15획) 22(木) 縞명주호

18(木) 蒿쑥호(실14획) 16(木) 樺자작나무화 19(水) 圜두를환 19(水) 豁뚫린골활

16(水) 潢웅덩이황(실15획) 15(土) 遑허둥거릴황(실13획) 17(木) 横가로횡 19(火) 曉새벽효

19(火)16(火) 18(火) 勳(勛12획勲15획)공훈 20(金) 諱꺼리길휘 16(金) 鑫기쁠흠 20(金) 戲희롱희

18(火) 熹성할희 18(火) 熺성할희 17(火) 憘기쁠희(실15획) 18(木) 橲나무아름희

19(水) 噫탄식할희 20(土) 羲숨희 19(火) 憙기뻐할희 19(火) 曦몹씨더울희(19)

●17획(金)

21(火) 懇정성간 21(水) 癎간기간 22(金) 磵시내간 20(土) 艱어려울간 18(木) 瞰볼감

19(火) 憾한할감(실16획) 20(金) 講익힐강 19(木) 橿나무이름강 19(木) 糠겨강

20(木) 據의거할거(실16획) 20(金) 鍵열쇠건 19(土) 蹇절건 19(木) 檢봉합검 24(木) 擊부딪칠격

19(水) 激물결부딪쳐흐를격(실16획) 20(木) 檄격문격 18(土) 遣보낼견(실14획)

19(金) 謙겸손할겸 19(金) 璟(실16획) 19(金) (璄16획(실획15))옥광채날경 21(木) 擎들경

20(木)20(木) 檠(⿰木敬)도지개경 20(火) 憼공경할경 18(土) 階섬돌계(실12획) 20(水) 谿시내계

21(金) 鍋노구솥과 19(火) 顆낟알과 21(水) 館객사관 21(金) 矯바로잡을교

21(水) 膠아교교(실15획) 19(水) 鮫상어교 20(金) 購살구 20(木) 颶구동구 20(金) 鞠공국

⑰

21(火) 懃은근할근 20(木) 擒사로잡을금(실16획) 20(木) 檎능금금

22(金) 璣(실16획)(璣19획(실획18)물가기)구슬기 23(金) 磯물가기

18(水) 濃짙을농(롱)(실16획) 20(木) 檀박달나무단 21(金) 鍛쇠불릴단 21(木) 擔맬담(실16획)

20(火) 憺편안할담(실16획) 20(水) 澹담박할담(실16획) 18(木) 撻매질할달(실16획)

17(水) 澾미끄러울달(실16획) 16(土) 遝뒤섞일답(실14획) 20(水) 螳사마귀당

16(土) 隊대대(실12획) 19(水) 黛눈썹먹대 18(金) 鍍도금할도 19(土) 蹈밟을도

21(土) 獨홀로독(실16획) 19(木) 瞳눈동자동 20(金) 謄베낄등 21(水) 螺소라라(나)

22(土) 勵힘쓸려(여) 17(木) 蓮연밥련(연)(실15획) 23(火) 聯잇달련(연) 18(金) 鍊불릴련(연)

17(水) 濂내이름렴(염)(실16획) 19(金) 斂거둘렴(염) 20(水) 殮염할렴(염) 21(土) 嶺재령(영)

19(水) 澪맑을령(영)(실16획) 18(水) 澧강이름례(예)(실16획) 19(水) 潞강이름로(노)(실16획)

20(金) 璐예쁠옥로(실16획) 22(木) 擄사로잡을로(노)(실16획) 20(火) 儡영락할뢰(뇌)

19(水) 療병고칠료(뇨) 19(木) 蓼여뀌료(요)(실15획) 20(木) 瞭밝을료(요) 22(木) 縷실루(누)

18(木) 蔞쑥루(누)(실15획) 20(木) 褸남루할누(루)(실16획) 15(土) 隆클륭(융)(실12획)

17(木) 罹근심리(이)(실16획) 18(金) 璘옥빛린(인)(실16획) 22(土) 麟기린린

18(木) 撛구원할린(실16획) 22(火) 臨 임할림(임) 18(水) 膜 막막(실15획)

18(木) 蔓 덩쿨만(실15획) 18(金) 錨 닻묘 21(火) 懋 힘쓸무 23(木) 繆얽을무

23(金)14(金) 彌(弥8획)두루미 19(金) 謎수수께끼미 20(金) 謐고요할밀 16(金) 璞옥돌박(실16획)

19(金) 磻 강이름반 21(金) 謗 헐뜯을방 22(木) 繁 많을번 19(金) 磻 강이름번(반)

⑱

18(水) 豳나라이름빈(반) 20(木) 擘엄지손가락벽 19(木) 檗황백나무벽 20(木) 瞥언뜻복별

18(水) 餠떡병 19(金) 鍑솥복 19(木) 葍무우복(실15획) 17(木) 蓬쑥봉(실15획) 21(木) 縫궤맬봉

20(水) 膚살갗부(실15획) 20(金) 賻부의부 18(木) 糞똥분 24(木) 繃묶을붕 20(土) 嬪아내빈

23(火) 騁달릴빙 21(金) 謝사례할사 18(木) 蔘인삼삼(실15획) 19(水) 霜서리상 20(火) 償갚을상

19(金) 賽굿할새 20(土)20(土) 嶼嶼섬서 19(水) 鮮고울선 20(木) 禪봉선선 20(木) 褻더러울설

20(木) 蔎향풀설(실15획) 19(火) 燮빛날섭 22(火) 聲소리성

18(土) 遡거슬러올라갈소(실14획) 19(木) 蔬푸성귀소(실15획) 22(金) 謖일어날속

19(土) 遜겸손할손(실14획) 16(土) 隋수나라수(실12획) 19(火) 雖비록수 19(火) 燧부싯돌수

19(木)17(木) 穗(穂15획)이삭수 17(水) 濉물이름수(실16) 17(木) 蓴순채순(실15획)

21(木) 瞬눈깜짝일순　18(水) 膝무릎슬(실15획)　22(木) 褶주름습(실16획)　20(土) 嶽큰산악

21(金) 鍔칼날악　21(水) 鮟아귀안　21(土) 癌암암　21(木) 闇닫힌문암　20(土) 壓누를압　21(火) 曖가릴애

17(土) 陽볕양(실12획)　20(木) 襄도울양　18(火) 憶생각억(실16획)　19(木) 檍감탕나무억

19(火) 輿수레여　21(木) 縯길연　20(火) 營경영할영　18(金) 鍈방울소리영　20(土) 嬰갓난아이영

19(土) 嶸가파를영　19(水) 霙진눈깨비영　18(水) 濊깊을예(실16획)　19(木) 蓺심을예(실15획)

18(火) 燠손답답할오.더울욱(우)　19(木) 擁안을옹(실16획)　20(金) 謠노래요　17(土) 遙멀요(실14획)

21(木) 繇역사요　17(火) 聳솟을용　17(土) 隅모퉁이우(실12획)　21(火) 優넉넉할우

18(木) 蔚풀이름울(실15획)　16(土) 遠멀원(실14획)　20(火) 轅끌채원　22(水) 孺젖먹이유

21(金) 鍮놋쇠유　20(木) 檃도지개은　19(木) 蔭그늘음(실15획)　18(火) 應응할응　22(火) 翼날개익

⑱

19(金) 15(木) 20(土)18(土)
謚웃을익(시) 蔗사탕수수자(실15획) 牆(墻16획)담장

18(木) 19(木) 20(土) 20(木) 22(木)
蔣줄장(실15획) 檣돛대장 齋집재 績길쌈적 氈모전전

21(水) 20(火) 20(水) 19(水)9(水)
澱앙금전(실16획) 輾구를전 餞전별할전 點(点8획俗字)점점

19(火) 18(木) 20(木) 20(火)
頲아름다울정 檉위성류정 操잡을조(실16획) 燥마를조

19(木) 19(木) 19(木) 18(金) 23(火) 21(土)
糟전국조 簇조릿대족 縱놀종 鍾쇠북종 駿준마준 竴기뻐할준

17(金) 18(木) 21(水)
璡옥돌진(실16획) 蔯더위지기진(실15획) 膣새살돋을질(실15획)

18(土) 19(火) 18(水) 17(木)
蹉넘어질차 燦빛날찬 澯맑을찬(실16획) 蔡거북채(실15획)

20(木) 21(木) 20(土)
擅멋대로천(실16획) 瞮눈밝을철 遞갈마들체(실14획)

18(金) 21(火) 22(木) 20(火)16(火)
礁물에잠긴바위초 燭촛불촉 總거느릴총 聰(聡14획)귀밝을총

18(木) 蔥파총(실15획) 23(金) 醜추할추 21(土) 鄒나라이름추(실13획) 23(土) 趨달릴추

21(木) 縮다스릴축 20(水) 黜물리칠출 18(木) 稺어릴치 19(金) 鍼침침 20(水) 蟄숨을칩

20(水) 濁흐릴탁(실16획) 17(水) 澤못택(실16획) 18(木) 擇가릴택(실16획) 21(水) 霞놀하

20(水) 嚇깔깔웃을하 20(土) 壑골학 21(金) 韓나라이름한 17(水) 澣빨한(실16획) 20(土) 㠑 높을한

20(火) 轄비녀장할 21(火) 懈게으름해(실16획) 20(土) 鄕시골향(실13획) 20(土) 蹊지름질혜

20(土) 壕해자호 19(火) 鴻큰기러기홍(실16획) 21(水)21(水) 闊(濶)트일활

17(金) 璜서옥황(실16획) 15(土) 隍해자황(실12획) 19(木) 檜노송나무회

18(水) 澮봇도랑회(실16획) 19(土) 獪교활할회(실16획) 22(水) 嚆울릴효 18(土) 壎질나팔훈

22(火) 燬불훼 20(火) 徽아름다울휘 22(木) 虧이지러질휴 19(木) 禧복희 19(火) 爔불희

●18획(金)

22(木) 簡대쪽간 23(金) 鞨말갈갈 24(木) 襁포대기강(실17획) 20(金) 鎧갑옷개 21(木) 擧들거

21(木) 瞼눈꺼풀검 19(土) 隔사이틀격(실13획) 24(火) 鵑두견견 19(金) 鎌낫겸

20(金) 璥경옥경(실17획) 22(火) 鵠고니곡 19(土) 壙광중광 20(木) 蕎매밀교(실16획)

24(火) 翹꼬리깃털교 19(土) 舊예구 24(水) 軀몸구 23(金) 謳노래구 20(木) 瞿볼구 22(金) 鞠국문할국

18(木) 蕨고사리궐(실16획) 23(木) 闕대궐궐 21(木) 櫃함궤 24(土) 歸돌아갈귀 23(水) 竅구멍규

17(土) 隙틈극(실13획) 20(金) 謹삼갈근 22(火) 覲뵐근 22(火) 騎말탈기 20(火) 騏말총이기 23(木) 璣갈기

20(火) 懦나약할나(실17획) 22(土) 獰모질녕(영)(실17획) 20(水) 膩미끄러울니.실찔니(실16획)

19(水) 濔넘칠니.미(실17획) 27(金) 斷끊을단 21(木) 簞대광주리단 19(木) 蕁지모담(실16획)

21(木) 擡들대(실17획)
10(木) (抬 실획10)
20(金) 戴일대
20(水) 濤큰물결도(실17획)
21(火) 燾비출도

22(木) 櫂노도
19(土) 遯달아날둔(실15획)
19(水) 朣달빛훤히치밀동((실16획)
20(水) 濫퍼질람(실17획)

22(木) 擥걷어잡을람
20(木) 糧양식량(양)
20(木) 禮
8(木) (礼 6획)예도례(예)
21(土) 壘진루

23(金) 謬그릇될류(유)
19(土) 釐
10(土) (厘 9획俗字)다스릴리(이)
21(水) 鯉잉어리(이)

20(水) 朦풍부할몽(실16획)
16(木) 蕪거칠어질무(실16획)
23(火) 鵡앵무새무
23(火) 黽頁강할민

20(水) 蟠서릴반
17(木) 蕃우거질번(실16획)
20(金) 璧둥근옥벽
20(水) 癖적취벽
20(木) 瞥털별

20(火) 騈나란히할병
21(木) 馥향기복
21(金) 覆뒤집힐복
19(土) 鄙더러울비(실14획)

19(水) 濱물가빈(실17획)
20(木) 檳빈랑나무빈
21(水) 殯염할빈
21(金) 贇예쁠윤.빈

19(木) 擯인도할빈(실17획)
24(木) 觴잔상
20(木) 穡거둘색
21(火) 曙새벽서

⑱

19(水) 膳반찬선(실16획) 21(木) 繕기울선 22(水) 蟬매미선 22(木) 簫통소소

20(木) 蕭맑은대쑥소(실16획) 22(金)19(金) 鎖鎻쇠사슬쇄 24(木) 繡수놓을수

20(金) 璲패옥수(실17획) 19(木) 蕣무궁화순(실16획) 18(金) 瑟푸른구슬슬(실17획)

22(水) 濕축축할습(실17획) 20(火) 燼깜북이불신 19(火)6(火) 雙(双 4획俗字)짝쌍

23(火) 鵝거위아 24(火) 顎얼굴높을악 19(火) 顔얼굴안 16(土) 隘좁을애(실13획)

22(火) 額이마액 21(火) 歟어조사여 18(水) 瀅물돌아나갈영(실17획) 20(木) 穢더러울예

19(木) 蕊꽃술예(실16획) 23(土) 甕독옹 23(火) 曜빛날요 22(火) 燿빛날요 22(木) 繞두를요

21(水) 蟯요충요 20(金) 鎔녹일용 18(木) 蕓평지운(실16획) 17(土) 隕떨어질운(실13획)

23(火) 魏위나라위 20(木) 蔿애기풀위(실16획) 20(水) 濡젖을유(실17획) 23(水) 癒병나을유

22(火) 曘햇빛유 19(水) 濦예강이름은(실17획) 20(木) 檼마룻대은 22(木) 擬헤아릴의(실17획)

22(火) 彝떳떳할이 21(金) 爵벼슬작 24(木) 簪비녀잠 18(火) 雜섞일잡 23(金) 醬장장

20(火) 儲쌓을저 19(土) 適갈적(실15획) 20(土) 蹟자취적 22(金) 謫귀양갈적 21(火) 轉구를전

20(火) 題표제제 20(水) 濟실17획(済12획(실11획)俗字)건널제 18(土) 遭만날조(실15획)

20(金) 璪면류관드림옥조(실17획) 19(土) 蹤자취종 21(火) 燽밝을주

19(水) 濬깊을준(실17획) 23(木) 繒비단증 21(金) 贄폐백지 22(木) 織짤직

20(火) 職직업직 22(金) 鎭진압진 16(土) 遮막을차(실15획) 19(金) 璨빛날찬(실17획)

24(水) 竄숨을찬 22(木) 擦비빌찰(실17획) 19(土) 蹠밟을척 22(木) 瞻볼첨 20(金) 礎주추돌초

16木) 蕉파초초(실16획) 19(水) 叢모일총 24(火) 雛새끼추 21(金) 鎚쇠망치추

21(土) 蹙대지를축 21(水) 蟲벌레충 18(水) 膵췌장췌(실16획) 21(金) 贅혹췌

21(水) 濯씻을탁(실17획) 22(木) 擢뽑을탁(실17획) 19(木) 蕩쓸어버릴탕(실16획)

23(木) 闖말이문을나오는모양틈 19(水) 膨부풀팽(실16획) 20(金) 鞭채찍편

18(木) 蔽닫을폐(실16획) 23(金) 斃죽을폐 19(木) 豐풍년풍 21(木) 檻우리함 23(木) 闔문짝합

20(火) 爀붉을혁 19(金) 鎣줄형 18(木) 蕙혜초혜(실16획) 20(水) 濠해자호(실17획)

22(金)14(土) 鎬(稿)호경호 18(水) 濩퍼질호(실17획) 20(金) 環고리환(실17획) 19(木) 簧생황황

19(土) 獲얻을획(실17획) 19(火) 燻연기낄훈

●19획(水)

25(土) 疆지경강 19(木) 薑생강강(실17획) 19(土) 羹국갱 24(木) 繭고치견 23(水) 鯨고래경

22(金) 鏡거울경 23(火) 鶊꾀꼬리경 27(木) 繫맬계 25(水) 鯤곤어곤 27(木) 關빗장관 21(火) 曠밝을광

21(土) 壞무너질괴 24(金) 轎가마교 22(木) 麴누룩국 22(土) 蹶넘어질궐 20(木) 襟옷깃금(실18획)

23(土) 麒기린기 25(金) 璣나무랄기 20(火) 難어려울난 21(水) 膿고름농(실17획)

20(土) 鄲조나라서울단(실15획) 23(水) 膽쓸개담(실17획) 22(金) 譚이야기담 22(木) 禱빌도

23(金) 韜감출도 21(水) 瀆도랑독(실18획) 22(木) 牘편지독 21(土) 犢송아지독

24(水) 臀볼기둔(실17획) 19(土) 鄧나라이름등(실15획) 26(火) 覶자세할라 25(土) 麗고울려(여)

23(木) 廬오두막집려(여) 24(木) 櫚종려나무려(여) 23(水) 濾거를려(여)(실18획) 20(木) 簾발렴(염)

26(土) 獵사냥렵(엽)(실18획) 22(木) 櫓방패로(노) 24(水) 嚧웃을로(노) 25(土) 壟언덕롱(농)

23(土) 麓산기슭록(녹) 19(土) 遼멀료(실16) 22(金) 鏤새길루 20(火) 類무리류(유)

⑲⑳

22(水) 瀏맑을류(유)(실18획) 22(火) 離떠날리 26(土) 羸여윌리(이) 21(金) 鏋금만 25(木) 鵬초명명

25(水) 霧안개무 20(木) 薇고사리미(실17획) 21(水) 靡쓰러질미 19(木) 薄엷을박(실17획)

20(木) 攀더위잡을반 30(金) 醱술괼발 25(土) 龐클방 21(金) 譜계보보 21(木) 簿장부부 26(火) 鵬붕새붕

21(水) 臂팔비(실17획) 20(金) 璸구슬이름빈(실18획) 21(木) 穦향기빈 22(水) 嚬찡그릴빈

20(水) 霦옥광채빈 24(金) 辭말씀사 22(水) 瀉쏟을사(실18획) 24(火) 爍빛날삭 20(金) 璽도장새

23(土) 選가릴선(실16획) 20(金) 璿아름다운옥선(실18획) 19(木) 薛맑은대쑥설(실17획)

18(火) 暹해돋을섬(실16획) 23(水) 蟾두꺼비섬 23(水) 霄하늘소 23(土) 獸짐승수 22(火) 鵻솔개수

22(金) 璹옥그릇숙(실18획) 25(木) 繩줄승 24(水) 蠅파리승 22(金) 識알식(지)

17(木) 薪섶나무신(실17획) 20(金) 璶옥돌신(실18획) 20(水) 瀋즙심(실18획) 24(金) 礙막을애

20(水) 瀁내이름양(실18획) 21(水) 臆 가슴억(실17획) 24(水) 孼서자얼 20(金) 璵옥여(실18획)

22(金) 礖돌이름여 22(木) 繹풀어낼역 23(水) 嚥삼킬연 21(金) 瓀옥돌연(실18획) 24(土) 嬿아름다울연

25(金) [illegible] 아름다울예 23(木) 擾어지러울요(실18획) 22(金) 鏞종용 22(金) 韻운운 22(火) 願원할원

19(土) 遺끼칠유(실16획) 19(木) 薏 율무의(실17획) 22(水) 蟻개미의 23(火) 鵲까치작

17(土) 障가로막을장(실14획) 19(木) 薔장미장(실17획) 22(金) 鏑살촉적 24(火) 顚꼭대기전

19(土) 鄭나라정(실15획) 19(土) 際사이제(실14획) 24(木) 繰아청통견조 21(金) 鏃살촉족

23(土) 疇밭두둑주 21(土) 遵좇을준(실16획) 22(木) 櫛빗즐 22(金) 證증거증 18(土) 遲늦을지(실16획)

22(金) 識표할지 21(火) 徵헌날징 23(金)16(金) 贊(賛15획)도울찬 23(木) 擲던질척(실18획)

20(木) 薦천거할천(실17획) 21(土) 遷옮길천(실16획) 23(火) 轍바퀴자국철 21(木) 簽농첨

⑲⑳

23(水) 鯖청어청 21(金) 醮초례초 26(木) 寵괼총 24(土) 蹴찰축 23(水) 癡어리석을치

23(木) 攄펼터(실18획) 27(木) 擺열릴파(실18획) 20(木) 瓣외씨판 24(火) 騙속일편

21(火) 爆터질폭 22(火) 曝쬘폭 20(水) 瀑폭포폭(실18획) 25(水) 蟹게해 29(水) 嚮향할향

19(水) 瀅맑을형(실18획) 25(金) 醯초혜 22(金) 譓슬기로울혜 20(金) 譁시끄러울화

20(木) 穫벼벨확 20(木) 擴넓힐확(실18획) 23(木)15(木) 繪(絵(실12획))그림회

21(水) 膾회회(실17획) 22(木) 薨죽을훙(실17획) 27(金) 譎속일휼

●20획(水)

25(火) 覺깨달을각 25(金) 醵추렴할갹 21(土) 遽갑자기거(실17획) 23(火) 騫어지러질건

23(金) 瓊경옥경(실19획) 24(金) 警경계할경 30(木) 繼이을계 22(木) 藁짚고(실18획)

24(土) 勸권할권 22(水) 饉흉년들근 25(水) 競군셀긍 27(土) 夔조심할기 23(木) 糯찰벼나

24(土) 獺수달달(실19획) 23(水) 黨무리당 25(水) 竇구멍두 24(火) 騰오를등

22(木) 羅비단라(실19획) 23(火) 懶게으를라(실19획) 21(木) 藍쪽람(남)(실18획)

23(木) 籃바구니람(남) 23(木) 檻누더기람(남)(실19획) 24(金) 礪숫돌려(여)

19(水) 瀝거를력(역)(실19획) 26(金) 礫조약돌력(역) 23(金) 齡나이령(영) 24(金) 醴단술례(예)

24(水) 露이슬로(노) 24(火) 爐화로로(노) 23(水) 瀘강이름로노)(실19획)

25(水) 瀧비올롱(농)(실19획) 23(水) 瀨여울뢰(뇌)(실19획) 19(土) 隣鄰이웃린(인)(실15획)

22(金) 鏻굳셀린 24(水) 饅만두만 22(木) 襪버선말(실19획) 22(木) 麵밀가루면 26(火) 鶩집올목

21(金) 礬명반반 23(金)9(金) 寶(宝8획)보배보 24(水) 鰒전복복 23(金) 譬비비할비

⑳

21(水) 瀕물가빈(실19획) 24(木) 繽어지러울빈,왕성한모양빈 23(水) 霰싸라기눈산

20(木) 薩보살살(실18획) 23(土) 孀과부상 20(木) 薯참마서(실18획)

20(木) 藇아름다울서(실18획) 21(火) 釋풀석 21(金) 鐥복자선 25(金) 贍넉넉할섬

24(火) 騷떠들소 23(水) 瀟강이름소(실19획) 20(木) 藎조개풀신(실18획)

27(水) 鰐악어악 23(土) 罌양병앵 24(土) 孃계집애양 23(土) 壤흙양 23(土) 櫱그루터기얼

26(土) 龑높고밝을엄 22(火)17(火) 嚴(巌17획)엄할엄 22(金) 譯번역할역 25(火) 曣청명할연

27(火) 瀛바다영(실19획) 22(水) 蠑도룡용영 21(土) 邀멀요(실17획) 25(火) 耀빛날요

26(木) 韾화할음 19(木) 藉깔개자(실18획) 22(木) 藏감출장(실18획) 22(土) 躇머뭇거릴저

22(金) 齟어긋날저 21(木) 籍서적적 23(水) 癤부스럼절 23(水) 瀞맑을정(실19획)

23(水) 臍배꼽제(실18획) 21(木) 薺냉이제(실18획) 24(土) 躁성급할조 21(金) 鐘종종

23(木) 籌투호살주 20(金) 瓆사람이름질(실19획) 20(金) 鏶판금집 23(木) 纂모을찬

26(木) 闡열천 27(木) 觸닿을촉 28(火) 騶말먹이는사람추 22(水) 鰍미꾸라지추 24(水) 鰌미꾸라지추

23(金) 鬪싸움투 25(木) 飄회오리바람표 20(土) 避피할피(실17획) 25(水) 鰕새우하

24(水) 瀚넓고큰모양한(실19획) 25(木) 艦싸움배함 23(水) 鹹짤함

21(水) 瀣이슬기운해(실19획) 23(土) 邂만날해(실17획) 25(土) 麘사향사슴향

23(木) 櫶나무이름헌 26(土) 獻바칠헌 25(火) 懸매달현 24(金) 譞영리할현 26(木) 馨향기형

23(金) 鏸날카로울혜 20(土) 還돌아올환(실17획) 21(火) 懷품을회(실19획) 21(金) 鐄종횡

25(金) 斆가르칠효 19(木) 薰향풀훈(실18획) 25(火) 曦햇빛희 24(土) 犧희생희 24(火) 爔불희20

●21획(木)

26(金) 譴꾸짖을견 26(火) 鷄닭계 23(火) 顧돌아볼고 24(火) 轟울릴굉 27(火) 驅몰구 24(水) 饋먹일궤

27(水) 饑주릴기 22(火) 儺역귀쫓을나 24(金) 鐺쇠사슬당 22(木) 藤등나무등(실19획)

25(水) 癩약물중독라 25(火) 爛문드러질란(난) 25(木) 欄난간란(난)

24(水) 瀾물결란(난)(실20획) 27(火) 覽볼람(남) 28(水) 臘납향랍(납)(실19획)

29(水) 蠟밀랍(납) 27(火) 儷짝려(여) 22(木) 藜나라이름려(여)(실19획) 25(水) 蠣굴려(여)

26(金) 瓏옥소리롱(농)(실20획) 28(火) 魔마귀마 23(土) 邈멀막(실18획)

21(土) 邁갈매(실18획) 24(火) 驀말탈맥 26(火)23(火) 飜(翻18획)뒤칠번 20(木) 藩덮을번(실19획)

26(木) 闢열벽 24(水) 霹벼락벽 22(金) 辯말잘할변 28(土) 麝사향노루사 23(水) 饍반찬선 24(金) 齧물설

23(水) 殲다죽일섬 23(木) 欆대자리섭 26(木) 續이을속 26(木) 屬엮을속 21(土) 隨따를수(실16획)

22(木) 藪늪수(실19획) 22(土) 邃깊을수(실18획) 21(土) 隧길수(실16획) 25(火) 鶯꾀꼬리앵

24(木) 櫻앵두나무앵 24(木) 藥약약(실19획) 26(土) 躍뛸약 24(木) 攘물리칠양(실20획)

24(火) 轝수레여 23(水)18(水) 瀅(瀅18(실17획))물졸졸흐를영(실20획)

24(火) 營지킬영(실20획) 24(木) 藝실19획(芸 10획(실획8획)略字)재주예

24(金) 譽기를예 24(水) 饒넉넉할요 22(木) 藕연뿌리우(실19획)

25(水) 瀷강이름익(실20획) 25(水) 嚼씹을작 26(金) 贓장물장 25(土) 齎가져올재 25(木) 纏얽힐전

24(金) 鐫새길전 25(土) 躊머뭇거릴주 24(水) 蠢꿈틀거릴준 28(水) 饌반찬찬 25(火)17(火) 儹(儧)모일찬

21(火) 懺뉘우칠참(실20획) 23(金)13(金) 鐵(鉄 13획略字)쇠철 22(金) 鐸방울탁

26(水)23(金) 霸(覇 19획俗字)두목패　25(火) 驃표절따표　24(木)24(木) 飈(飆)회리바람표

24(木) 鶴학학　20(土) 險험할험(실16획)　23(金) 護보호할호　25(火) 顥클호　24(金) 鐶고리환

24(水) 鰥홀아비환

●22획(木)

25(金)25(金) 鑑(鑒)거울감　29(土) 龕감실감　26(水) 鱇아귀강　21(木) 藿콩잎곽(실20획)

23(水) 灌물댈관(실21획)　28(火)18(火) 驕(憍 16획(실획15))교만할교

23(火) 懼두려워할구(실21획)　29(火) 鷗갈매기구　24(木)15(木) 權(权 15획俗字)권세권

27(水) 囊주머니낭　26(金) 讀글읽을독.귀절두,토두　25(金) 瓓옥광채란(난)(실21획)

28(火) 轢삐걱거릴력(역)　28(土) 孌아름다울련(연)　24(木) 蘆갈대로(노)(실20획)　28(木) 籠대그릇롱(농)

28(水) 朧흐릿할롱(농)(실20획) 28(火) 聾귀머거리롱(농) 23(木) 藺골풀린(실20획) 28(土) 巒뫼만

31(火) 彎굽을만 27(水) 鰻뱀장어만 25(土) 邊가변(실19획) 24(金) 鑌강철빈.광낼빈 24(水) 癬옴선

22(木) 攝당길섭(실21획) 22(木) 蘇차조기소(실20획) 25(金) 贖속바칠속 24(火) 鬚수염수

29(木) 襲엄습할습 25(木) 禳제사이름양 25(木) 穰볏대양 25(金) 齬어긋날어 24(火) 儼의젓할엄

24(金) 瓔구슬목거리영(실21획) 23(木) 蘂꽃술예(실20획) 26(水) 鰲자라오

24(木) 蘊쌓을온(실20획) 26(水) 饔아침밥옹 21(火土) 隱숨을은(실17획) 24(木) 䁝정하고볼응

26(火) 懿아름다울의 22(土) 邇가까울이(실19획) 26(木) 欌장롱장

22(木) 藷사탕수수저(실20획) 26(火) 顫떨릴전 28(水) 竊훔칠절 26(水) 霽갤제

23(木) 藻말조(실20획) 25(金) 鑄쇠부어만들주 24(金) 齪악착할착 27(土) 巑높히솟을찬

22, 23

27(土) 疊겹쳐질첩 24(火) 聽들을청 29(金) 響울릴향 30(水) 饗잔치할향

22(水) 瀅물이름형(실21획) 25(金) 譓슬기로울혜 25(金) 歡기뻐할환 26(火) 驍날랠효

23(金) 纁금빛투색할훈 26(水) 囍쌍희희

●23획(火)

28(火) 驚놀랄경 27(水) 蠱좀고 24(金) 瓘옥이름관(실22획) 24(金) 鑛쇳돌광 25(木) 蘭난초난(란)(실21획)

28(木) 欒나무이름란(난) 29(火) 戀사모할련(연) 29(木) 攣걸릴련(연) 29(火) 鷺해오라기로(노)

29(土) 麟기린린(인) 27(水) 鱗비늘린(인) 25(水) 黴곰팡이미 23(木) 蘗황경나무벽(실21획)

29(金) 變변할변 27(水) 鱉자라별 28(金) 鑠쇠녹일삭 23(木) 蘚이끼선(실21획) 26(木) 纖가늘섬

28(水) 灑뿌릴쇄(실22획) 30(金) 髓골수수 24(金) 讐원수수 26(土) 巖바위암 23(木) 蘖그루터기얼(실21획)

26(火) 驛역참역 29(金) 醼잔치연 28(木) 纓갓끈영 30(水) 癰악창옹 25(木) 蘟은총은(실21)

27(木) 攢모일찬(실22획) 27(木) 欑모을찬 24(木) 籤제비첨 29(金) 體몸체 30(火) 鷲수리취

23(水) 灘여울탄(실22획) 27(火) 驗징험할험 29(火)20(火) 顯(顕18획)나타날현 25(金) 護구할호

33(火) 鷸도요새휼

●24획(火)

27(土) 罐두레박관 29(木) 攪어지러울교(실23획) 27(火) 衢네거리구 28(火) 羈굴레기

25(水) 靂벼락력(역) 28(水) 靈신령령(영) 27(金) 齷악착할악 30(水) 靄아지랑이애

28(金) 讓사양할양 29(金) 釀빚을양 28(水) 鹽소금염 30(土)25(土) 艷(艶19획)고울염 29(水) 鼇자라오

32(水) 蠶누에잠 28(水) 臟오장장(실22획) 29(水) 癲미칠전 28(木) 韃관대할차

24, 25, 26

27(金) 瓚제기찬(실23획) 26(金) 讖참서참 34(金) 讒참소할참 31(金) 韆그네천 30(木) 矗우거질촉

30(水) 囑부탁할촉 27(火) 驟달릴취 27(木) 攫붙잡을확(실23획)

●25획(土)

30(火) 觀볼관 32(木) 纛독독 26(木) 蘿무라(나)(실23획) 31(木) 攬잡을람(남)(실24획)

31(木) 欖감람나무람(남) 28(木) 籬울타리리(이) 31(水) 蠻오랑캐만 31(水) 鼈자라별

31(木) 纘이을찬 27(木) 廳관청청 28(水) 灝넓을호(실24획)

●26획(土)

27(土) 邏순행할라(나)(실23획) 32(火) 驢나귀려(여) 34(水) 灣물굽이만(실25획)

31(金)24(金) 讚(讃실22획)기를찬

●27획(金)

32(火) 驥천리마기 35(木) 纜닻줄람(남) 31(土) 躪짓밟을린(인) 31(金) 鑽끌찬

●28획(金)

32(火) 戇어리석을당 34(火) 鸚앵무새앵 33(金) 鑿뚫을착 32(火) 驩기뻐할환

●29획(水)

37(火) 驪가라말려(여) 34(木) 鬱막힐울

●30획(水)

38(火) 鸞난새란(난)

3장. 간추린 작명법

1. 일반 작명법

1. 문자

성명은 글자로 구성되므로 먼저 어떤 글자를 쓸 것인가를 결정해야 이름을 짓거나 풀이할 수 있다.

1. 한자

부수	원획수	필획	필획수	예시
心	4획	忄	3획	성性(9)
手	4획	扌	3획	투投(8)
水	4획	氵	3획	지池(7)
犬	4획	犭	3획	구狗(9)
玉	5획	王	4획	완琓(12)
示	5획	礻	4획	상祥(11)
老	6획	耂	4획	고考(8)
网	6획	罒	5획	죄罪(14)
肉	6획	月	4획	간肝(9)
艸	6획	艹	4획	화花(10)
衣	6획	衤	5획	보補(13)
辵	7획	辶	4획	주週(15)
邑	7획	阝(右)	3획	군郡(14)
阜	8획	阝(左)	3획	진陳(16)

※ 원획(原劃)은 본부수획(本部首劃)을 말하며 통상 성명학상 사용하는 획수이다.

1) 획수의 종류

① 원획법(原劃法) : 한자는 뜻이 가장 중요하므로 원래의 글자에 함축되어 있는 수의(數意), 즉 한자 자체의 근본 획수에 충실한 강희자전(康熙字典)의 원칙을 준수하며, 옥편에 적힌 원래의 부수로 획수(本部數劃)를 계산하는 방법이므로 원래 글자의 획수인 원획(原劃)을 따른다. 숫자를 나타내는 한자는 획수와 무관하게 그 수에 의한다(4 5 6 7 8 9).

② 필획법(筆劃法, 實劃法·正劃法) : 실제 글자를 쓸 때의 획수를 말하는데 옥편의 색인인 부수와 관계없는 약부수획(略部數劃), 즉 옥편 획수이며, 사용상 쓰는대로 획수를 정해야 한다는 것으로 전통적인 주역의 역상을 작괘(作卦)하는데 쓰이므로 역상법(易象法)이라고도 한다.

③ 곡획법(曲劃法) : 한자를 쓸 때 구부러진 획까지 계산하는 것으로 특별한 작명법에서 사용한다. 이 책에서는 선후천역상법(先後天易象法), 황극책수법(黃極策數法), 곡획작명법(曲劃作名法)에서 그 예를 찾아 볼 수 있다. 인명용한자에서 한자마다 상단에 숫자로 표시했으니 진중한 작명자료로 활용이 가능하다.

2) 획수 비교의 예

한자	새김과 음	부수	획 수		
			원획	실획	곡획
乙	새 을	乙 새을	1	1	4
四	넉 사	口 입구	4	5	7
玕	옥돌 간	玉 구슬옥	8	7	7
抒	펴낼 서	手 손수	8	7	11
奎	별 규	大 큰대	9	9	9
躬	몸 궁	身 몸신	10	10	16
道	길 도	走 달릴주	16	13	15
導	이끌 도	寸 마디촌	16	16	19
羅	비단 라	网 그을망	20	19	22
險	험할 험	阜 언덕부	21	16	20

이름을 지을 때 한자와 한글을 병기한다. 한글 이름만 짓는다면 말할 필요가 없을지 모르나 대개 한자를 사용하니 한자 실력이 상당해야 할 줄 안다.

통계에 의하면 우리말은 한자 80%, 한글 14%, 외래어 6%로 되어 있다고 한다. 우리나라는 국어 교육의 혼선으로 한글전용 또는 국한문혼용으로 오락가락하여 어느 세대(가령 40대 후반)는 한자를 초등학생만큼도 모른다고 하니 이제는 우스운 일이 되었다.

우리를 비롯한 동북아시아 동양 3국인 중국과 일본은 한자문화권에 속하며, 종교적으로는 유교와 불교권이다. 태생이 그러하거니와 특히 요즘 같은 국제화시대에 한자야말로 중요한 소통 수단인데 작명이 아니더라도 이러한 문자적인 기초가 없으면 어려울 수밖에 없다. 그렇다고 한글의 과학적인 우수성을 무시하는 말은 결코 아니다.

2. 인명용 한자

인명용 한자란 정부당국(대법원 행정처 법정국)이 사람의 이름에 사용하는 한자를 선정하여 국민들이 쓰도록 하는 것을 말하는데 '대법원 선정 인명용한자'라고도 한다. 1991년 4월 1일부터 신생아 출생신고서에 한자이름을 기재할 때는 반드시 인명용 한자를 선택하도록 하고 있다.

그 내용을 들여다보면 사람의 이름에 사용하는 한자가 본인은 물론 사회에서 불편이 클 정도로 사용하지 않는 어려운 한자이거나, 공문서 등 서류를 작성할 때 자동화시대의 컴퓨터 사용상 장애요소가 되는 것 등을 고려하여 인명용 한자를 제한하는 것이 관련 호적법 등을 제정하는 입법 이유라고 말하고 있다.

그리고 인명용 한자를 달리 제정 사용하는 것은 국민의 작명에 대한 자유를 규제하는 측면도 있다고 할 수 있으므로 앞서의 입법 이유와 개인의 자유권이 상호 조화될 수 있는 범위 내에서 인명용 한자를 정한다고 하였다.

상용 한자 1800자(중 900,고 900)는 실생활에 널리 쓰이는 한자들로 그 중에는 실제 이름에는 부적합한 도(盜), 간(奸), 망(亡), 사(死), 악(惡), 흉(凶) 자 등이 약 30% 가량 포함되었으나 1990년 12월 15일 제정 당시에 이를 가감없이 그대로 인명용 한자로 일괄하여 선정하였다.

국가가 국민들 이름에 쓰지도 못할 불길한 뜻을 가진 한자를 포함시킨 것은 상식밖의 처사라고 비평하는 사람도 있으나 한자 사용 범위를 한정한 것일 뿐 어느 부모가 그런 불길하고 적절하지 않은 한자를 자식의 이름으로 쓰겠는가.

하여튼 1990년 12월 15일 1,800자의 상용한자에 이름자로 사용 빈도가 높다고 여겨지는 1,054자를 많은 한자 중에서 발췌하여 도합 2,854자의 인명용 한자를 대법원에서 처음 선정 발표한 이래 여러 차례의 개정을 거처 2009년 12월 31일 현재의 인명용 한자는 자그만치 5,454자가 되었다.

인명용 한자 사용에 관한 관계법규를 보면 호적법 제49조(출생신고서 기재사항) 제3항(가족관계의 등록에 관한 법률 제44조 제3항)에 자(子, 자식)의 이름에는 한글 또는 통상 사용하는 한자를 사용해야 한다. 통상 사용되는 한자의 범위는 대법원 규칙으로 정한다고 했으며, 같은 법 시행규칙 제37조(인명용 한자의 범위)에서는 이미 1972년에 교육부가 정한 한문교육용 기초한자(중·고교용 각 900자)와 별표에 기재한 한자, 그리고 동자(同字), 속자(俗字), 약자(略字)를 말하고 있다.

또한 같은 조 3항에서 출생자의 이름에 사용된 한자 중 위의 범위에 속하지 않는 한자가 포함된 경우에는 호적(현가족관계기록부)에 출생자의 이름을 한글로 기재한다고 했으며, 부칙에서 이 규칙은 1991년 4월 1일부터 시행한다고 되어 있다. 실제로 같은 법 시행령이 제정되고, 대법원이 인명용 한자를 발표해 시행한 이후부터는 한글이름은 상관없지만 한자이름은 그 범위 내의 한자에 국한하여 사용이 가능하게 된 것이다.

인명용 한자란 성씨를 제외한 이름에 대한 한자이므로 성은 반드시 한자로 기재해야 하며(성 자는 제한하지 않음, 이름 자는 5자를 초과하지 않아야 함), 이름은 한자 또는 한글로 신고하는 것이다.

순 한글이름인 김보람의 경우라면 金보람으로 표현하는 것이 마땅한 것은 한글은 한자에 병기되었기 때문이며, 이 경우 비어 있는 한자란에 자의(字意)는 없지만 한글 음에 맞추어 보람(普藍)과 같이 한자를 넣고 싶다면 번거롭지만 개명 결정의 절차를 거쳐야 한자이름까지 호적에 등재할 수 있다.

그리고 부칙 말미에 지침이라 하여 인명용 한자의 발음은 지정되었으나 우리말의 두음법칙(頭音法則)에 의한 초성이 'ㄴ, ㄹ' 인 한자는 각각 소리나는 대로 'ㅇ, ㄴ' 으로 사용할 수 있는 것이며, 내(內) 자의 경우 내인(內人)은 나인(궁인-궁녀)과 같이 '나' 로 발음하기도 하지만 인명용 한자에서 한글음으로 지정(표기)한 '내'로만 사용할 수 있다.

또 중자음(重子音, 거듭닿소리)을 피하고 한자의 示변과 ネ변 또는 ++변과 卄변은 서로 바꾸어 쓸 수 있다고 하였다.(예:복 福 = 福, 草 = 草)

일반적인 작명 상식에도 난자(難字, 어려운 한자)나 벽자(僻字, 흔히 쓰지 않는 낯선 글자)를 피하는 것인데, 우리의 인명용 한자를 보면 2000년에는 3,000자가 조금 넘었었는데 지금은 5,454자에 이르는 데다 앞으로 계속 추가될지도 모르니 걱정이 앞선다.

생각해보면 우리의 인명용 한자는 우선 숫자적으로 너무 많은 것 같다. 한자를 3,000자 정도 알면 제법 안다고도 말하고, 요즘 학생들에게 인기있는 한자 급수시험에서는 1급이 3,500자 정도를 그 대상으로 삼고 있으며, 보통 학생용 옥편이 10,000자 정도인 점에 비추어 굳이 인명용 한자라는 틀을 정하여 제한하는 것은 문제가 많은 것 같다.

• 음별 인명용 한자 수

음	한자수	결	7	국	8	김	1
가	30	겸	8	군	6	끽	1
각	12	경	57	굴	4	나	16
간	27	계	25	궁	6	낙	1
갈	10	고	41	권	11	난	3
감	20	곡	7	궐	5	날	2
갑	6	곤	12	궤	6	남	5
강	32	골	3	귀	8	납	2
개	21	공	16	규	19	낭	2
객	2	곶	1	균	9	내	5
갱	4	과	12	귤	1	너	1
갹	1	곽	4	극	7	년	3
거	17	관	21	근	18	념	4
건	14	괄	4	글	1	녕	4
걸	4	광	16	금	14	노	6
검	7	괘	3	급	7	농	3
겁	3	괴	9	긍	5	뇌	2
게	3	굉	4	기	68	뇨	3
격	7	교	30	긴	1	눈	1
견	11	구	59	길	5	눌	1

뉴	3	등	9	록	8	만	20
능	1	라	12	론	1	말	7
니	6	락	8	롱	7	망	14
닉	2	란	10	뢰	9	매	15
다	7	랄	2	료	11	맥	5
단	22	람	14	룡	2	맹	6
달	5	랍	3	루	15	멱	2
담	18	랑	11	류	14	면	12
답	5	래	6	륙	3	멸	2
당	12	랭	1	륜	8	명	19
대	18	략	2	률	5	몌	1
댁	1	량	14	륭	1	모	25
덕	3	려	18	륵	2	목	7
도	41	력	7	름	3	몰	2
독	10	련	14	릉	7	몽	3
돈	10	렬	6	리	31	묘	13
돌	2	렴	5	린	14	무	23
동	24	렵	1	림	8	묵	2
두	12	령	22	립	4	문	14
둔	6	례	6	마	9	물	3
둘	1	로	20	막	6	미	30
득	1						

민	28	부	43	설	17	식	16
밀	3	북	1	섬	8	신	25
박	19	분	19	섭	6	실	5
반	26	불	5	성	29	심	10
발	11	붕	6	세	13	십	3
방	29	비	47	소	46	쌍	2
배	20	빈	25	속	9	씨	1
백	9	빙	4	손	7	아	29
번	11	사	61	솔	3	악	14
벌	4	삭	6	송	9	안	15
범	12	산	14	쇄	6	알	4
법	2	살	5	쇠	2	암	8
벽	12	삼	8	수	71	압	4
변	8	삽	5	숙	13	앙	8
별	8	상	35	순	28	애	15
병	22	새	3	술	4	액	7
보	21	색	5	숭	3	앵	4
복	18	생	5	슬	4	야	13
본	1	서	44	습	5	약	7
볼	1	석	20	승	14	양	26
봉	18	선	38	시	36	어	11

억	5	왈	1	을	2	적	25
언	8	왕	5	음	8	전	43
얼	4	왜	4	읍	3	절	10
엄	8	외	5	응	5	점	10
업	2	요	28	의	19	접	3
엔	1	욕	6	이	32	정	73
여	15	용	26	익	7	제	28
역	10	우	42	인	30	조	48
연	44	욱	11	일	10	족	4
열	6	운	19	임	9	존	2
염	11	울	4	입	3	졸	3
엽	4	웅	2	잉	4	종	21
영	35	원	35	자	28	좌	5
예	35	월	3	작	14	죄	1
오	33	위	26	잔	5	주	51
옥	5	유	57	잠	7	죽	2
온	11	육	4	잡	1	준	33
올	1	윤	15	장	42	줄	1
옹	9	율	5	재	19	중	4
와	8	융	4	쟁	4	즉	2
완	23	은	23	저	28	즐	1

즙	3	첨	11	친	1	특	2
증	11	첩	10	칠	3	틈	1
지	42	청	12	침	10	파	16
직	5	체	11	칩	1	판	9
진	50	초	30	칭	2	팔	3
질	15	촉	6	쾌	2	패	12
짐	2	촌	4	타	15	팽	4
집	9	총	13	탁	19	퍅	1
징	3	촬	1	탄	10	편	10
차	19	최	3	탈	2	폄	1
착	7	추	24	탐	4	평	6
찬	23	축	12	탑	2	폐	10
찰	5	춘	4	탕	5	포	29
참	11	출	3	태	17	폭	6
창	22	충	9	택	4	표	15
채	17	췌	4	탱	1	품	2
책	5	취	14	터	1	풍	6
처	4	측	6	토	5	피	7
척	18	층	1	통	7	필	12
천	20	치	24	퇴	6	핍	2
철	13	칙	3	투	6	하	21

학	7	호	46	흁	3		
한	20	혹	3	흉	5		
할	2	혼	7	흑	1		
함	13	홀	3	흔	5		
합	7	홍	11	흘	4		
항	18	화	16	흠	4		
해	21	확	6	흡	4		
핵	2	환	19	흥	1		
행	6	활	6	희	29		
향	11	황	28	힐	1		
허	4	회	22				
헌	5	획	2				
헐	1	횡	3				
험	2	효	19				
혁	8	후	15				
현	31	훈	14				
혈	4	훙	1				
혐	1	훤	4				
협	13	훼	5				
형	21	휘	9				
혜	15	휴	5	합계	5454		

3. 한글 작명

한글이름의 작명법도 글자 획수를 세어 음령오행과 수리오행 그리고 삼원오행 등을 한자 방법과 같이 살펴 작명하고 지으나 글자의 뜻에 중점을 두는 것이 현실이다. 한글은 고유의 우리 문자이다. 그러나 우리나라 사람들은 근세까지 전적으로 한자를 사용했다. 공식적인 족보와 호적에도 한자로만 기재하고 한글은 병기하지 않았던 것이 사실이다.

일제시대 때 호적법이 생겼는데 출생신고시 한자를 모르는 사람이 있어 읍면사무소 직원의 도움을 받은 사람이 많았다고 한다. 지금은 폐지되었지만 예전 호적등본을 보면 할머니들 중에 이름없이 김씨나 최씨 등으로 적혀 있는 것을 보았다. 건국 후 정책적으로 한자를 외국 것으로 오인하며 배척하거나 제외시켰던 풍조가 만연하고 교육적으로도 그러한 시기가 있었다.

한글로 된 이름을 한글 선양단체에서 무료로 지어주나 별도의 작명법에 의한 것은 없다. 어찌보면 단순하게 뜻만 깊이 새겨 예쁜 이름을 지어주기도 했다. 그러한 인식이 지금도 남아 있다. 근래에 와서 옛부터 한글이름 작명법이 있었던 것처럼 한자이름 작명법을 가감없이 준용하고 있다. 시중에는 한글창제 원리는 물론 수천년된 주역의 원리까지 들먹이는 다양한 한글 작명법이 난무하나 신뢰가 가지 않는다. 음양이나 발음오행을 보는 정도는 그렇다 하더라도. 아래에 한글이름과 그 뜻풀이를 적으니 유용하게 활용하기 바란다.

1) 한글이름과 뜻풀이

이름	뜻풀이	이름	뜻풀이	이름	뜻풀이
가람	강을 말함	꽃길	꽃이 피어난 길	내림	조상대대로의 뜻
가람솔	강가의 소나무	꽃나	꽃처럼 이쁘게 태어남	너울	바다의 파도
가람별	강과 별	꽃내	꽃이 많이 핀 냇가	노들	노란 들판
갈매	가을의 갈매기	꽃님	꽃처럼 예쁜 님	노랑	색의 빛깔
개나리	꽃이름	꽃들	꽃이 많이 피어난 들	노마	남자의 뜻
고우나	곱게 태어났다	꽃뜰	꽃마당	노미	남자의 뜻
고우라	예뻐져라	꽃별	꽃과 하늘의 별	노을	저녁놀의 줄임
고우리	고운 마음으로 잘 자라라	꽃분	꽃과 화분	누리	세상
고운	곱다	꽃비	꽃과 비	누림	무엇을 누리다
고운이	고운 마음을 가진 사람	꽃새	꽃과 새	눈솔	눈과 소나무
고을	동내의 뜻	꽃샘	꽃이 피어날 때 추위	늘봄	항상 봄과 같이
고이	예쁘게	꽃송	꽃송이의 줄인 말	다래	진달래의 줄임말
곱결	고운 살결	꽃슬	꽃의 암술과 숫술	다듬	다듬어 매만진다는 뜻
구슬	부석의 종류	꽃씨	꽃의 종자	다솔	잘 다듬은 소나무
굳센	힘이 세게	꽃잎	꽃의 잎	다해	정성을 다해서
굳셈	힘차다	나나	나고 또 태어난다의 줄임	단비	가물때의 비
그림	물체의 모양	나드리	강과 들의 줄임	달래	달빛의 냇물
그림새	그림과 같이 이쁜새	나라	피어나라	달샘	달과 샘의 뜻
금남	금처럼 빛나게	나래	날짐승의 날개	달예	달과 같이 예쁘다
금별	금처럼 밝은 별	나리	개나리꽃을 줄임	달해	달과 해
기쁜	기쁘다	나비	곤충의 이름	도란	도란도란 말한다
기쁨	즐겁다의 뜻	날개	새의 날개	도음	남을 돕는다는 뜻
기틀	중요한 골격	날래	날을타야 줄인말	두솔	두 소나무
길샘	길가의 샘물	날샘	빠르다는 뜻	둥실	물에 둥둥 뜬 모양

이름	뜻풀이	이름	뜻풀이	이름	뜻풀이
들메	들과 산	보라	빛깔의 명칭	소나	소담스럽게 태어나다
들샘	들과 샘물	보람미	보람있는 일	소라	바다의 조개 일종
라라	소리의 어울림의 뜻	보람	보람있는 일	솔개	소리개의 말(새)
란새	노란새의 줄임	보름	15일의 뜻	솔님	소나무처럼 푸르게
리라	어려운 일이 있어도 일어서라	보미	봄에 태어남 줄임	솔비	소나무 숲에 나리는 비
마루	산마루의 뜻(꼭대기)	보미나	보람차고 미덥게	솔샘	솔솔 물이 솟아난다
마리	머리(남의 우두머리)	보스라	보슬보슬 단비의 뜻	솔솔	바람이 부드럽게 부는 뜻
맑음	하늘이 맑다는 뜻	보슬	보람과 슬기	솔찬	소나무처럼 알찬
망울	꽃망울	봄내	봄날의 냇물	송나	송송이 피어난다의 뜻
맵시	예쁘다(몸매)	봄비	봄의 단비	송이	꽃송이의 줄임
먼동	날이 밝음	봄빛	봄의 아름다운 경치	수련	마음을 맑게 닦는다
모란	꽃의 이름	분이	꽃분의 약칭	스로	스스로의 줄임
모람	한군데로 몬다는 뜻	빛난	빛이 난다	스리	스스로 하리의 줄임
무리	많은 사람이 모임	빛남	빛이 난다의 말	슬기	매사의 일을 잘 처리한다
미라	미덥게 자라라	빛내	빛을 낸다	신나	기분이 좋다
미나	아름답게 태어나다	빤짝	반짝의 센말	싱글	싱글벙글이라는 뜻
미리	남보다 앞선다는 뜻	상글	방글거리는 모습	아름	아름답다
바다	바닷물의 뜻(넓다)	상냥	성질이 상냥하다	아롱	아롱아롱하다의 뜻
바위	큰 돌	새길	새로운 길	아리	아리땁다
반짝	반짝 반짝의 줄임	새날	새로운 날	아주	매우 좋다의 뜻
방그레	입만 약간 움직여 웃는 것	새달	새로운 달	알라	알아라
방글	방글 방글의 줄임	새로	새롭게의 뜻	알음	안다의 뜻
방시레	방글 방글의 줄임	새롬	새로움의 뜻	양지	햇살 바른 곳
방시리	방글 방글의 줄임	새봄	새해 봄을 뜻함	어진	어질다
방울	방울을 단다의 줄임	새실	새마을	엄지	남의 웃사람이 되라
버들	개울가의 버드나무	새한	새로운 큰 나라	에리	예쁘다의 뜻
번개	우뢰	새힘	새로 나오는 힘	여라	문을 열어라
벙글	벙글 벙글의 줄임	샛별	새벽의 별	여울	물살이 빠르게 흐름
별나	별처럼 빛나	서글	서글서글하다의 줄임	여주	박과에 달린 덩굴
별내	별이 비친 냇물	세나	세 번째 태어남	열림	문이 열렸다
별님	별의 존칭	세라	힘이 세어라의 줄임	예나	예쁘게 났다
별님이	별의 존칭	세리	굳세게 살아가리	예니	예쁜이
보드래	여자의 이쁨을 뜻함	세찬	힘차게의 줄임	예란	예쁘게 자란
보들	보들보들의 줄임	세참	힘이 세고 야무지다	예리	예쁘게 피어난다

이름	뜻풀이	이름	뜻풀이	이름	뜻풀이
예솔	예쁜 소나무	찬샘	물이 가득찬 샘	한별	큰 별의 뜻
예슬	예쁘고 슬기롭게	찬솔	산에 소나무가 많다	한봄	깊은 봄
온솔	모든 소나무	철쭉	꽃의 이름	한비	풍성하게 내리는 비
우람	위엄이 있다	초롱	초롱초롱하다	한새	큰 새의 뜻
유리	유리처럼 맑게	큰길	넓은 길	한섬	바다의 큰 섬
으뜸	매사의 첫째	큰달	31일이 되는 달	한샘	큰 샘물
은나	은은히 피어나	큰돌	큰 바위	한솔	큰 소나무
은님	말없이 자라남	큰들	넓은 들	한슬	큰 슬기로운
은별	은빛나는 별처럼	큰별	하늘의 큰 별	한울	큰 울타리
은비	은실처럼 나리는 비	큰솔	큰 소나무	희나	티없이 하얀 아이
은빛	은색의 빛	티나	예쁘게 티가 난다	희라	티없이 희여라
이룸	뜻을 이루다	펴라	날개를 펴라	힘차	힘차고 굳세게 살라
이솔	이로운 소나무	포근	포근하다	힘찬	힘차다, 기운 세다
이슬	새벽에 나리는 이슬	피라	꽃처럼 피어나라		
장한	장하게	하나	숫자의 첫자		
재미	아기자기한 취미	한결	한층 더		
주리	준다의 뜻	한길	큰 길		
줄기	이어가는 맥	란나	넓은 나의 마음		
진나	진달래 나비	한내	큰 냇물의 뜻		
진아	진하고 아름답게	한들	넓은 들의 뜻		
차돌	단단한 돌	한밭	큰 밭의 뜻		
찬별	밤하늘에 가득찬 별	한범	큰 호랑이		

※ 순한글 이름인 경우 상생되는 이름이 많지 않아 같은 이름이 많다. 슬기, 보람, 보라, 아름, 아람, 우람 등은 전국에 수백, 수만 명이 된다고 한다.

2. 사주 상식

1. 사주 정하는 방법

원래 년(年)은 물론 월두법(月頭法)에 의한 월(月, 년과 월은 절입일 기준)과 시두법(時頭法) 등에 의해 각 주를 정하나 대개는 만세력(년도별로 월과 일별의 달력으로 150년 이상 수록된 책)에서 년(年)의 간지(干支), 월(月)의 간지(干支), 일(日)의 간지(干支), 시(時)의 간지(干支)를 찾아 적는다. 지금은 컴퓨터에 생년월일을 입력해 얻는 방법이 보편화되어 있다.

출생일 간지(干支, 日辰) 옆에 10년 단위로 사용하는 대운수(大運數)가 남녀로 구분해 수록되어 있는데 통상 사주명식(四柱命式)을 작성할 때 활용한다.

예) 남자 2라면 대운의 간지(干支) 밑에 2세 입운(立運) 12세 1운 식으로 10년 단위씩 기재한다.

간	간	간	간	간	간	간
지	지	지	지	지	지	지
62	52	42	32	22	12	2
53~62세	43~52세	33~42세	23~32세	13~22세	3~12세	1~2세

이는 월건(月建, 月柱)을 기준하여 양남음녀(陽男陰女)는 순행(順行)으로, 음남양녀(陰男陽女)는 역행(逆行)하여 60갑자(甲子) 순으로 진행한다.

2. 오행(五行)의 상생(相生)과 상극(相剋)

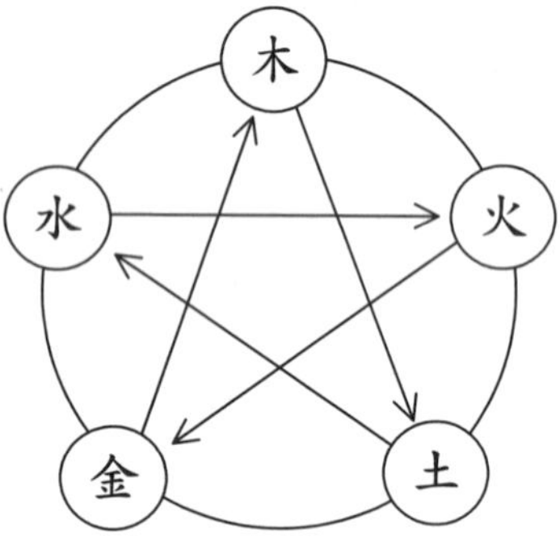

1) 상생(相生)

봄이 가면 여름이 오는 계절의 변화로 이해한다. 즉 다른 성분이 도와준다.

① 목생화(木生火) : 나무가 타면 불이 생긴다.

② 화생토(火生土) : 불에 탄 재가 흙이 된다.

③ 토생금(土生金) : 모든 금속은 땅에서 캐낸다.

④ 금생수(金生水) : 차가운 금속 표면에 물이 생긴다.

⑤ 수생목(水生木) : 물은 초목을 자라게 한다.

※ 목(木)→화(火)→토(土)→금(金)→수(水)→목(木)…

2) 상극(相剋)

순서를 뒤엎고 강제로 뛰어넘는 힘의 충돌과 대결 양상이다. 즉 다른 성분이 방해한다.

① 목극토(木剋土) : 나무뿌리는 땅속 깊이 뻗어간다(양분섭취)

② 토극수(土剋水) : 흙으로 둑을 쌓으면 물을 막을 수 있다.

③ 수극화(水剋火) : 물은 불을 끌 수 있다.

④ 화극금(火剋金) : 불은 금속을 녹일 수 있다(용기 제작).

⑤ 금극목(金剋木) : 도끼는 나무를 찍을 수 있다.

※ 목(木)↔토(土)↔수(水)↔화(火)↔금(金)↔목(木)…

3. 이름자의 오행 보완

사주 즉 선천명(先天命)에서 필요한 기운의 오행(五行)에 해당하는 글자를 사용해 성명과 사주를 부합시켜 전체적으로 조화를 이루도록 하는 것으로 자원오행(字源五行) 또는 음령오행(音靈五行)을 활용한다.

• 사주의 오행

干支 \ 五行		木	火	土	金	水
天干	陽	甲	丙	戊	庚	壬
	陰	乙	丁	己	辛	癸
地支	陽	寅	巳	辰戌	申	亥
	陰	卯	午	丑未	酉	子

1) 부족 오행

부족 오행이란 사주팔자를 오행으로 분류해 보완하는 것이다.

① 없는 오행

② 신약사주에는 인성(印星) 오행

③ 2개 이상 없으면 재성(財星)과 관성(官星) 오행 우선

④ 오행이 모두 있으면 약한 오행

⑤ 신강사주 특히 비겁(比劫)이 2개 이상이면 설(洩)하거나 극(剋)하는 오행, 그도 없으면 극(剋)하는 두 오행

예를 들어 갑을인묘(甲乙寅卯)이면 우선은 화토(火土)를 쓰고, 화토(火土)가 없으면 토금(土金)을 쓴다.

2) 왕상휴수사(旺相休囚社)

일주(日主) 등의 강약, 즉 왕쇠(旺衰)를 파악해 그 길흉의 정도와 사물의 질을 판단하는데 활용하는 방법은 다음과 같다.

① 왕(旺) : 비화자(比和者)→비겁(比劫)

② 상(相) : 생아자(生我者)→인성(印星)

③ 휴(休) : 아생자(我生者)→식상(食傷)

④ 수(囚) : 아극자(我剋者)→재성(財星)

⑤ 사(死) : 극아자(剋我者)→관성(官星)

日主 / 生節	木	火	土	金	水
	甲 乙	丙 丁	戊 己	庚 辛	壬 癸
봄	旺	相	死	囚	休
여름	休	旺	相	死	囚
환절기	囚	休	旺	相	死
가을	死	囚	休	旺	相
겨울	相	死	囚	休	旺

※ 일간(日干)이 출생한 계절과의 조후(調候)로 일간월지(日干月支), 월간일지(月干日支), 시간시지(時間時支), 년간월지(年干月支)로 파악한다.

3) 신왕(身旺)과 신약(身弱)

아신(我神)인 일간(日干) 오행을 기준으로 나의 오행과 같거나 나를 낳은(生) 오행이면 내편이 되고, 나의 오행을 극하거나 내가 극하는 오행이나 내가 낳은(生) 오행은 상대편이 되어, 내 편이 강하면 신왕(身旺)으로 보고 약하면 신약(身弱)으로 본다. 신왕(身旺)하면 설기(洩氣)가 우선이나 극제(剋制)해도 무방하고, 신약(身弱)하면 생조(生助)해야 일간(日干)인 내가 튼튼해져 원만한 삶을 이룰 수 있다.

强弱 / 地位	身旺				身弱			
	最强	中强	强	弱化 爲强	强化 爲弱	弱	中弱	最弱
月支	○	○	○	×	○	×	×	×
日支	○	×	○	○	×	×	○	×
勢力	○	○	×	○	×	○	×	×

예) 時 日 月 年

癸 戊 辛 辛

未 戊 丑 巳

아(我)인 내편은 丑② 戌 未 巳 = 5이고, 타(他)인 상대편은 辛② 癸 = 3이니 내 편이 강하므로 신왕사주(身旺四柱)이다. 토생금(土(戌)生金) 신(辛)으로 금(金) 오행이 필요하며 용신(用神)이나 길신(吉神)이 된다. 따라서 강한 자신(戌土)의 기운을 설기(洩氣)해야 조화를 이룰 수 있다.

● 신왕신약(身旺身弱) 조견표

月支 \ 日干			木 甲,乙	火 丙,丁	土 戊,己	金 庚,辛	水 壬,癸
양력 봄 (2월 4,5일~ 5월 4,5일)	입춘~ 경칩~ 청명~	寅月 卯月	最强 ☆	小强 ○	弱 ■	最弱 ▲	弱 ■
	곡우~	辰月	衰 ●	小强 ○	◎ 强	小强 ○	弱 ■
양력 여름 (5월 5,6일~ 8월 6,7일)	입하~ 망종~ 소서~	巳月 午月	弱 ■	最强 ☆	最强 ☆	弱 ■	最弱 ▲
	대서~	未月	弱 ■	衰 ●	最强 ☆	小强 ○	最弱 ▲
양력 가을 (8월 7,8일~ 11월 6,7일)	입추~ 백로~ 한로~	申月 酉月	最弱 ▲	弱 ■	弱 ■	最强 ☆	小强 ○
	상강~	戌月	最弱 ▲	弱 ■	◎ 强	小强 ○	小强 ○
양력 겨울 (11월 7,8일~ 다음해 2월 3,4일)	입동~ 대설~ 소한~	亥月 子月	小强 ○	最弱 ▲	最弱 ▲	弱 ■	最强 ☆
	대한~	丑月	小强 ○	最弱 ▲	◎ 强	小强 ○	衰 ●

4. 일반 작명법

1. 음양(陰陽)

1) 획수음양(劃數陰陽)

성명자의 홀수(기수奇數 1,3,5,7,9획 ○)을 양수(陽數), 짝수(우수偶數 2,4,6,8,10획 ●)를 음수(陰數)라 하는데 이의 조화 여부로 길흉을 판단한다.

예)	2자	양 ○	음 ●	
		음 ●	양 ○	
	3자	양 ○	음 ●	음 ●
		음 ●	양 ○	양 ○
		음 ●	음 ●	양 ○
		양 ○	양 ○	음 ●
		양 ○	음 ●	양 ○
		음 ●	양 ○	음 ●

2) 자형음양(字形陰陽)

성명자가 종횡으로 갈라지면 음(陰, ■ ■)으로 보고, 갈라지지 않으면 양(陽, ▬▬)으로 보는 것을 말하는데, 서로 조화를 이루면 음양이 부합된 것으로 본다. 예를 들어 한(韓), 박(朴), 정(鄭), 민(旼), 은(銀), 근(根), 주(株), 선(鮮)은 음(陰)에 속하는데 성명이 이렇게 음(陰)으로만 이루어지는 것을 매우 금기시한다. 그리고 문(文), 수(秀), 기(起), 석(石), 이(李), 옥(玉), 민(民), 자(子), 김(金), 구(九) 등은 양(陽)에 속한다.

• 자형의 유형

□ 國 同 我 등	▯ 吉 圭 夏 등	◫ 鍾 油 培 등
⊟ 益 空 昌 등	▥ 湘 卿 衍 등	☰ 靈 苔 築 등
○ 婉 嬉 學 등	▽ 生 必 允 등	▽ 甲 守 午 등

• 자원오행(字源五行)

五行	字邊 部首	字邊 예	字意 예
木	목(木) 초(++,艸) 화(禾) 생(生) 의(衣,衤) 죽(竹) 미(米) 사(糸) 각(角) 청(靑) 혈(頁) 풍(風) 향(香) 식(食) 마(痲) 서(黍) 용(龍)	林, 朴 根 本 柱 李 植 杞 杓 東 杰 柳 校 權 등	동(東) 록(綠) 룡(龍) 묘(卯) 강(康) 건(建) 걸(杰) 등
火	심(心,忄) 화(火,灬) 일(日) 목(目) 시(示) 견(見) 적(赤) 마(馬) 고(高) 조(鳥) 비(飛)	炅 性 炳 烈 炫 煥 熱 煇 熺 見 性 熙 등	형(亨) 홍(紅) 가(佳) 란(爛) 득(得) 률(律) 려(慮) 등
土	토(土), 기(己) 산(山) 우(牛) 혈(穴) 전(田) 석(石) 양(羊) 진(辰) 간(艮) 곡(谷) 리(里) 읍(邑, 阝) 부(阜, 阝) 황(黃)	圭 均 城 坤 美 培 堂 良 埈 郁 院 隆 등	강(岡) 견(堅) 경(京) 곤(坤) 곽(郭) 균(均) 봉(峯) 등
金	도(刀,刂) 과(戈) 백(白) 옥(玉) 패(貝) 신(辛) 유(酉) 금(金)	銀 鍊 錦 劉 錫 鎭 璟 玲 玟 珪 琳 등	호(皓) 상(尙) 현(現) 훈(訓) 돈(敦) 겸(兼) 등
水	수(水) 구(口) 자(子) 여(女) 정(井) 월(月) 현(玄) 수(水, 氵) 혈(血) 어(魚) 흑(黑)	江 河 沈 求 泳 泉 法 姮 喆 徹 淸 澤 浦 등	국(國) 기(氣) 길(吉) 랑(朗) 려(呂) 범(凡) 보(甫) 등

2. 음령오행(音靈五行)

음령오행(音靈五行)은 음오행(音五行) 또는 발음오행(發音五行)이라고도 하는데, 성명을 부를 때 소리나는 닿소리(자음: 입 안에 닿아 나는 소리)를 오행의 속성으로 분류해 상생(相生)과 상극(相剋) 여부에 따라 성명의 길흉을 추론하는 것을 말한다.

• 음령오행(音靈五行) 조견표

五行		木	火	土	金	水
音五行		ㄱ ㅋ	ㄴㄷㄹㅌ	ㅇ ㅎ	ㅅ ㅈ ㅊ	ㅁ ㅂ ㅍ
비고	行音 (五音)	牙音 (어금닛소리)	舌音 (혓소리)	喉音 (목구멍소리)	齒音 (잇소리)	脣音 (입술소리)
	五音 (樂)	角音 (각음)	徵音 (치음)	宮音 (궁음)	商音 (상음)	羽音 (우음)
	結果 性能	有文, 貴賤	有權, 剛柔	有子, 貧富	有祿, 壽夭	有財, 智運
	五味 五色	酸 青(綠)	苦 赤	甘 黃	辛 白	鹹 黑
	英語	CGKQ	DLNRT	AEHFIOUWXY	CXSZ	BFMPV

• 음령오행(音靈五行) 길흉표

※ ○대길, △반길, × 대흉

木木木 ○ 立身出世格	火木木 ○ 富貴安泰格	土木木 × 虛名無實格
木木火 ○ 立身出世格	火木火 ○ 龍逢得珠格	土木火 △ 雲中之月格
木木土 △ 苦難辛苦格	火木土 △ 先苦後吉格	土木土 × 古木落葉格
木木金 × 苦難辛苦格	火木金 × 先苦後破格	土木金 × 小事難成格
木木水 ○ 成功發展格	火木水 ○ 自手成家格	土木水 × 有頭無尾格
木火木 ○ 春山花開格	火火木 ○ 日進月將格	土火木 ○ 日光春城格
木火火 ○ 古木逢春格	火火火 × 開花逢雨格	土火火 ○ 春日芳暢格
木火土 ○ 大志大業格	火火土 ○ 美麗江山格	土火土 ○ 立身出世格
木火金 × 平地風波格	火火金 × 有頭無尾格	土火金 × 苦難自成格
木火水 × 先富後貧格	火火水 × 平地風波格	土火水 × 進退兩難格
木土木 × 四顧無親格	火土木 × 先吉後苦格	土土木 × 先苦後敗格
木土火 × 骨肉相爭格	火土火 ○ 日興中天格	土土火 ○ 錦上添花格
木土土 × 速成速敗格	火土土 ○ 萬化芳暢格	土土土 △ 一慶一苦格
木土金 × 敗家亡身格	火土金 ○ 花柳長春格	土土金 ○ 古園回春格
木土水 × 古木落葉格	火土水 × 大海片舟格	土土水 × 四顧無親格
木金木 × 骨肉相爭格	火金木 × 開花風亂格	土金木 × 鳳鶴傷翼格
木金火 × 獨生歎息格	火金火 × 無主空山格	土金火 × 骨肉相爭格
木金土 △ 初失後得格	火金土 △ 先苦後吉格	土金土 ○ 日光春風格
木金金 × 不知爭論格	火金金 × 四顧無親格	土金金 ○ 幽谷回春格
木金水 × 萬事不成格	火金水 × 開花無實格	土金水 ○ 錦上有紋格
木水木 ○ 富貴雙全格	火水木 × 意外災難格	土水木 × 勞而無功格
木水火 × 速成速敗格	火水火 × 秋風落葉格	土水火 × 風波折木格
木水土 × 早起成敗格	火水土 × 錦衣夜行格	土水土 × 敗家亡身格
木水金 ○ 魚變成龍格	火水金 × 雪上加霜格	土水金 × 先貧後苦格

木水水 ○ 大富大貴格	火水水 × 病難辛苦格	土水水 × 一場春夢格
金木木 × 秋風落葉格	水木木 ○ 萬花芳暢格	
金木火 × 寒山空家格	水木火 ○ 立身揚名格	
金木土 × 心身過勞格	水木土 △ 茫茫大海格	
金木金 × 流轉失敗格	水木金 × 一吉一凶格	
金木水 × 苦痛難免格	水木水 ○ 淸風明月格	
金火木 × 欲求不滿格	水火木 × 病難辛苦格	
金火火 × 萬苦呻吟格	水火火 × 一葉片舟格	
金火土 ○ 立身揚名格	水火土 × 先貧後困格	
金火金 × 早起成敗格	水火金 × 心身波難格	
金火水 × 無主空山格	水火水 × 先無功德格	
金土木 × 平地風波格	水土木 × 風前燈火格	
金土火 ○ 古木逢春格	水土火 × 落馬失足格	
金土土 ○ 立身出世格	水土土 × 江上風波格	
金土金 ○ 意外得財格	水土金 △ 先苦後安格	
金土水 × 災變災難格	水土水 × 病難辛苦格	
金金木 × 平生病苦格	水金木 × 暗夜行人格	
金金火 × 敗家亡身格	水金火 × 開花狂風格	
金金土 ○ 大志大業格	水金土 ○ 發展成功格	
金金金 × 孤獨災難格	水金金 ○ 順風順成格	
金金水 ○ 發展向上格	水金水 ○ 魚變成龍格	
金水木 ○ 發展成功格	水水木 ○ 萬景暢花格	
金水火 × 先無功德格	水水火 × 孤獨短命格	
金水土 × 不意災難格	水水土 × 百謀不成格	
金水金 ○ 富貴功名格	水水金 ○ 春日芳暢格	
金水水 ○ 發展便安格	水水水 × 平地風波格	

3. 삼원오행(三元五行)

삼원오행(三元五行)은 천간오행(天干五行)이라고도 하는데, 성명자를 획수에 따라 오행으로 분류해 그 오행의 배합이 상생(相生)되는지 상극(相剋)되는지에 따라 성명의 길흉을 추론하는 것이다.

1) 천간오행(天干五行)의 원리

甲 乙	丙 丁	戊 己	庚 辛	壬 癸
木	火	土	金	水
1 2	3 4	5 6	7 8	9 10

2) 삼원오행(三元五行)의 구성

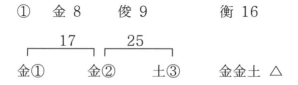

① 金 8 俊 9 衡 16

17 25

金① 金② 土③ 金金土 △

② 金 8 俊 9 衡 16

17金② 25土③ 火金土 △

24(火)①

• 삼원오행(三元五行) 길흉표

○대길, △평길, C소길, △소흉, × 대흉

木木木 ○	火木木 ○	土木木 △	金木木 C	水木木 ○
木木火 △	火木火 ○	土木火 △	金木火 ×	水木火 C
木木土 △	火木土 ○	土木土 C	金木土 △	水木土 ○
木木金 △	火木金 △	土木金 C	金木金 ×	水木金 △
木木水 C	火木水 △	土木水 △	金木水 △	水木水 ○
木火木 ○	火火木 △	土火木 ○	金火木 △	水火木 △
木火火 △	火火火 △	土火火 C	金火火 △	水火火 △
木火土 △	火火土 ×	土火土 ○	金火土 △	水火土 △
木火金 △	火火金 ○	土火金 ∧	金火金 ×	水火金 ×
木火水 △	火火水 △	土火水 ∧	金火水 ×	水火水 ×
木土木 △	火土木 △	土土木 C	金土木 △	水土木 ×
木土火 △	火土火 ○	土土火 ○	金土火 ∧	水土火 ∧
木土土 △	火土土 ○	土土土 △	金土土 ○	水土土 ○
木土金 △	火土金 △	土土金 ○	金土金 ○	水土金 △
木土水 ×	火土水 △	土土水 ○	金土水 △	水土水 ×
木金木 ×	火金木 ×	土金木 C	金金木 ∧	水金木 △
木金火 ×	火金火 ×	土金火 ∧	金金火 C	水金火 ∧
木金土 △	火金土 △	土金土 ○	金金土 △	水金土 ○
木金金 △	火金金 △	土金金 C	金金金 ×	水金金 ○
木金水 △	火金水 △	土金水 △	金金水 △	水金水 △
木水木 △	火水木 ∧	土水木 C	金水木 △	水水木 △
木水火 ∧	火水火 △	土水火 ×	金水火 ∧	水水火 ×
木水土 ×	火水土 ×	土水土 C	金水土 △	水水土 △
木水金 △	火水金 C	土水金 △	金水金 C	水水金 △
木水水 △	火水水 △	土水水 C	金水水 ○	水水水 △

4. 삼재오행(三才五行)

삼재(三才)는 천인지격(天人地格)을 말하고 삼원(三元)의 1원(一元)은 지격(地格), 2원(二元)은 인격(人格), 3원(三元)은 천격(天格)을 말하니 같은 것인데 천인지(天人地) 외 총격(總格)까지 5격으로 구분하는 것은 원(元)·형(亨)·이(利)·정(貞)의 4격과 대별되는 개념이다.

삼재오행(三才五行)에서는 1자 성에 태극수(太極數) 1을 더하는데 이를 가성수(假成數) 또는 허수(虛數)라고 한다. 이것은 1927년에 일본인들의 4자 성명을 풀이하려고 고안한 방법인데 우리의 3자 성명의 성자 위에 가성수(假成數) 1을 넣는 식으로 보완 변형한 것으로 지금도 활용하는 사람이 많은 편이다.

1은 수의 시작이며 만물의 시초로 무극(无極)과 태극(太極)을 나타내는데 천지창조의 조물주를 뜻한다고 하여 천수(天數)라고도 한다. 인간은 조물주가 만들었으므로 성명 3자에 천수(天數)인 태극수(太極數)를 더하는 것인데 역(易)의 원리에 입각한 천인지(天人地) 삼재(三才)를 맞추고 원회운세(元會運世)를 맞춘 것이라 한다.

그리고 인격(人格)은 성자와 이름첫자에서 나오고, 지격(地格)은 이름자의 합수에서 나오고, 천격(天格)은 성자에 선천수(先天數) 1을 더하여 나온다. 사람은 머리에 하늘을 이고 땅을 밟고 선 모양(天人地)인데 이것이 중요한 철칙이라 한다.

여기서 천격수(天格數)는 삼재(三才)의 배치에만 적용하고,

그 수리의 길흉은 운명에 직접 영향을 주지 않으므로 보지 않는다. 지격수(地格數)에 가성수(假成數) 1이 포함된 경우에도 삼재(三才)의 배치에만 적용하고 가성수(假成數)가 들어가지 않은 지격수(地格數)로 운명을 감정한다. 다시 말해 수리의 길흉은 인격(人格)·지격(地格)·총격(總格) 3격만 따지나 인격(人格)이 나쁘면 흉한 명으로 본다.

1) 삼재오행(三才五行)의 구성

• 1자성 2자이름

글자	획수	격	수	오행
假成	1			
		天格	8	① (金)
李	7			
		人格	15	② (土)
昌	8			
		地格	13	③ (火)
民	5			

삼재오행: 金土火

• 1자성 1자이름

글자	획수	격	수	오행
假成	1			
		天格	8	(金)
李	7			
		人格	17	(金)
峻	10			
		地格	11	(木)
假成	1			

삼재오행: 金金木

• 2자성 2자이름

글자	획수	격	수	오행
鮮	17			
		天格	20	(水)
于	3			
		人格	13	(火)
珍	10			
		地格	18	(金)
京	8			

삼재오행: 水火金

④ 外格(6):	土	(2) 木	(25) 土
⑤ 內格 :	土土	金木	火土
⑥ 總格(20):	水	金	金

내격(內格)으로는 대내외적인 환경인 사회운을 보고, 인격(人格)과 지격(地格)으로는 기초운인 초년운을 보고, 천격(天格)과 인격(人格)으로는 성공운을 본다.

2) 삼재(三才) 배합의 길흉

4격길수: 삼재흉(三才凶), 일시 성사되어도 끝내는 불운해짐.
4격흉수: 삼재길(三才吉), 액을 다소 면하고 작게 이룸.
4격길수: 삼재길(三才吉), 크게 이루고 행복을 누림.

3) 삼재(三才)의 영동력(靈動力)

천격(天格): 출생~15세, 길흉 불분별, 부모·윗사람·상사·남편.
인격(人格): 15~30세(유도력 17~37세) 본인, 주운(主運)
약동(弱動: 1~8세),중동(中動: 8~21세),
강동(强動: 21~36세)
지격(地格): 출생~18세, 아내·자녀·아랫사람·부하, 전운(前運)
약동(弱動: 1~20세),중동(中動: 18~21세),
강동(强動: 21~36세)
외격(外格): 성자+명하자, 31~45세(유도력 27~47세),부운(副運)
약동(弱動: 1~27세), 중동(中動: 36~47세),
강동(强動: 21~36세),
총격(總格): 성자+이름자, 46~60세(유도력 37~말년), 후운(後運).
약동(弱動: 1~8세), 중동(中動: 8~36세),
강동(强動: 36~말년)

• 삼재오행(三才五行) 길흉표

○대길, △중길, ∧소흉, × 대흉

木木木	○	火木木	○	土木木	△	金木木	×	水木木	○
木木火	○	火木火	○	土木火	△	金木火	×	水木火	△
木木土	○	火木土	○	土木土	△	金木土	∧	水木土	○
木木金	×	火木金	×	土木金	×	金木金	∧	水木金	∧
木木水	×	火木水	∧	土木水	×	金木水	∧	水木水	×
木火木	○	火火木	○	土火木	○	金火木	×	水火木	∧
木火火	△	火火火	△	土火火	△	金火火	×	水火火	×
木火土	○	火火土	×	土火土	○	金火土	×	水火土	×
木火金	×	火火金	×	土火金	×	金火金	×	水火金	×
木火水	×	火火水	×	土火水	∧	金火水	×	水火水	×
木土木	×	火土木	∧	土土木	∧	金土木	∧	水土木	∧
木土火	△	火土火	○	土土火	○	金土火	△	水土火	∧
木土土	∧	火土土	○	土土土	○	金土土	○	水土土	×
木土金	×	火土金	∧	土土金	○	金土金	○	水土金	∧
木土水	∧	火土水	×	土土水	×	金土水	∧	水土水	∧
木金木	∧	火金木	×	土金木	×	金金木	∧	水金木	×
木金火	×	火金火	×	土金火	∧	金金火	×	水金火	×
木金土	∧	火金土	×	土金土	○	金金土	○	水金土	○
木金金	×	火金金	×	土金金	○	金金金	×	水金金	×
木金水	×	火金水	×	土金水	×	金金水	∧	水金水	×
木水木	△	火水木	×	土水木	×	金水木	×	水水木	∧
木水火	∧	火水火	×	土水火	×	金水火	∧	水水火	×
木水土	×	火水土	×	土水土	∧	金水土	∧	水水土	∧
木水金	△	火水金	∧	土水金	×	金水金	○	水水金	×
木水水	△	火水水	×	土水水	∧	金水水	∧	水水水	∧

5. 수리(數理)

수리(數理)는 글자의 획수에 따라 생기는 것인데 모든 숫자에는 고유의 영력과 유도암시력이 있어 그 숫자가 발산하는 고유의 영향을 받는다.

수(數)는 우주의 본질이며 원소이기도 하다. 삼라만상은 모두 음양(靈體)원소의 결합에 의해 생기고, 그 음양 배합수의 여하에 따라 형체·소질·능력이 다를 뿐인데, 그들 원소의 결합·교류와 관련을 가짐으로서 의의가 있는 것이므로 성명의 수리 역시 각 성명자의 합수로 그 수리의 영향력을 갈음할 수 있다.

수리의 구성은 개인의 운로에 영향을 크게 미치는 것인바, 선천명(先天命), 즉 사주 선천기국(先天器局)에 합당한 수리를 배치해야 함은 물론이다. 선천적 능력의 대소 즉 주로 재운(財運)의 강약과 관운(官運)의 왕쇠를 참작하여 강대한 운명의 소유자인지 아니면 약한 사람인가에 따라 각각 알맞은 수리와 자의(字意)의 작명을 해야 한다는 것이다.

대체로 형격(亨格), 즉 주운(主運)과 인격(人格) 수리가 길해야 좋다. 형격(亨格)이 흉하고 정격(貞格)이 길하면 명성을 크게 떨치더라도 파란이 심하거나 전반생이 흉하면 후반생이 길하고 전반생이 길하면 후반생이 부진하다.

• 원형이정(元亨利貞)의 오행 구성

1字姓1字名	1字姓 2字名	1字姓 3字名
金 8 —8(天利) 13(人亨) 玉 5 —5(地元) 總13 貞格	天(利)25 姜 9 ⎤ 16(人亨) 冏 7 ⎤ 23(地元) 導16 總32 貞格	天(利)18 李 7 ⎤ 18(人亨) 梧11 ⎤ 竹 6 28(地元) 堂11 總35 貞格
2字姓1字名	**2字姓 2字名**	**2字姓 3字名**
諸16 31(天利) 葛15 39(人亨) 明 8 —8 地(元) 總39 貞格	乙 1 ⎤ 5 5 支 4 天(利)20 9(人亨) 文 4 19(地元) 德15 總24 貞格	19 南 9 宮10 27(人亨) 天(利)34 松 8 雪11 34(地元) 15 德15 總36 貞格

• 81수 길흉표

획수	남자	여자	획수	남자	여자	획수	남자	여자
1	○	○	28	×	×	55	×	×
2	×	×	29	○	△	56	×	×
3	○	○	30	×	×	57	○	○
4	×	×	31	○	○	58	△	△
5	○	○	32	○	○	59	×	×
6	○	○	33	○	△	60	×	×
7	○	○	34	×	×	61	○	○
8	○	○	35	○	○	62	×	×
9	×	×	36	×	×	63	○	○
10	×	×	37	○	○	64	×	×
11	○	○	38	○	○	65	○	○
12	×	×	39	○	△	66	×	×
13	○	○	40	×	×	67	○	○
14	×	×	41	○	○	68	○	○
15	○	○	42	×	×	69	×	×
16	○	○	43	×	×	70	×	×
17	○	○	44	×	×	71	△	△
18	○	○	45	○	○	72	×	×
19	×	×	46	×	×	73	△	△
20	×	×	47	○	○	74	×	×
21	○	△	48	○	○	75	△	△
22	×	×	49	△	△	76	×	×
23	○	△	50	×	×	77	△	△
24	○	○	51	×	×	78	△	△
25	○	○	52	○	○	79	×	×
26	△	△	53	×	×	80	×	×
27	×	×	54	×	×	81	○	○

※81수는 하도낙서에서 파생된 이치로 길흉을 추론하는데 사용한다.

1) 곤명(坤命)

곤명(坤命)은 여자의 명을 말한다. 19·26·27·28·34·40수는 고독파괴운으로 처음부터 나쁘고, 21·23·29·33·39수는 자체적으로는 길한 수이나 두령운(頭領運) 특히 주운(主運)으로 남성적인 강정과 권위의 성격이 있다고 보며, 생리사별 즉 과부·독신·독수공방하거나 자신이 사망하거나 단명한다고 하여 매우 흉한 것으로 본다.

그리고 32수는 다른 수와 조화를 이루지 못하면 색난의 우려가 있고, 28·29수는 준과부수, 9·19·20수는 고독수라 하여 개명해야 한다고 하는 사람들도 있다. 그러나 요즘은 교육과 교양에 따라 사교적이며 활동적으로 보기도 하니 해석을 달리할 필요가 있다고 생각한다. 그럼에도 대개 외향적이며 억척스런 여장부로 비춰지는 경향이 있다.그리고 23·33·39수는 남녀를 불문하고 중복을 피해야 한다고 하니 유념할 필요가 있다.

그 외에 8·15·17수는 다소 강한 작용을 한다 하고, 5·6·13·15·16·25 35수는 현모양처가 되고, 31·48수는 배필운이 좋다 하고, 15·19·24·25수는 사교적이며 애교가 있고, 4·10·12·14·20·22수는 외모가 좋고, 6·15·16·35수는 여자에게 좋은 수라 한다.

요즘 가임 여성들의 출산기피로 몇년 후에는 인구가 더 줄어든다고 하는데 만혼은 9·10·12·14·17·22· 27·28·34·43수와 관계가 있다고 한다. 실제 현장에서 작명을 하다보면 이런 수리해석

때문에 남자의 이름보다 여자의 이름을 짓기가 더 어렵다.

2) 81획의 길흉(○길, △보통, ×흉)

1획: 출발권위(出發權威) 태초격(太初格) ○

2획: 분리파괴(分離破壞) 이별격(離別格) ×

3획: 지도적인물(指導的人物)명예격(名譽格)○

4획: 제사불성(諸事不成) 부정격(不定格) ×

5획: 부귀봉록(富貴奉錄) 성공격(成功格) ○

6획: 계승발전(繼承發展) 지성격(志成格) ○

7획: 맹호출림(猛虎出林) 달성격(達成格) ○

8획: 수복겸전(壽福兼全) 발달격(發達格) ○

9획: 대재무용(大材無用) 분산격(分散格) △

10획: 만사허망(萬事虛妄) 공허격(空虛格) ×

11획: 중인신망(衆人信望) 신성격(新成格) ○

12획: 박약박복(薄弱薄福) 쇠약격(衰弱格) ×

13획: 총명지모(聰明智謀) 지달격(智達格) ○

14획: 이산파멸(離散破滅) 파산격(破散格) ×

15획: 군계일학(群鷄一鶴) 영도격(領導格) ○

16획: 덕망유부(德望裕福) 재부격(財富格) ○

17획: 명망사해(名望四海) 건창격(健暢格) ○

18획: 부키명달(富貴榮達) 융창격(隆昌格) ○

19획: 고독비참(孤獨悲慘) 고난격(苦難格) ×

20획: 백사실패(百事失敗) 허망격(虛妄格) ×

21획: 두령운(頭領運) 견실격(堅實格) ○

22획: 중도좌절(中途挫折) 야당운(野黨運) 파란격(波瀾格) ×

23획: 일흥충천(日興衝天) 명진격(名振格) ○

24획: 부귀영화(富貴榮華) 재물풍부(財物豊富) 입신격(立身格) ○

25획: 지모순조(智謀順調) 안락격(安樂格) ○

26획: 영웅풍파(英雄風波) 변괴격(變怪格) △

27획: 대인격(大人格) 중절격(中折格) ×

28획: 파란풍파(波瀾風波) 조난격(遭難格) ×

29획: 권력재물(勸力財物) 풍재격(豊財格) ○

30획: 길흉상반(吉凶相半) 부침격(浮沈格) ×

31획: 자수성가(自手成家), 개화만발(開花滿發) 흥가격(興家格) ○

32획: 의외득재(意外得財) 순흥격(順興格) ○

33획: 권위충천(權威衝天) 왕성격(旺盛格) ○

34획: 재화연속(災禍連續) 파멸격(破滅格) ×

35획: 온유화순(溫柔和順) 태평격(太平格) ○

36획: 영걸시비(英傑是非) 의협격(義俠格) △

37획: 권위인덕(權威人德) 출세격(出世格) ○

38획: 문예기예(文藝技藝) 문예격(文藝格) ○

39획: 위세관중(威勢冠衆) 장성격(將星格) ○

40획: 변화공허(變化空虛) 무상격격(無常格) ×

41획: 선견고명(先見告明) 고명격(高格名) ○

42획: 파란자초(波瀾自招) 고행격(苦行格) ×

43획: 패가망신(敗家亡身) 무존격(無存格) ×

44획: 백전백패(百戰百敗) 패전격(敗戰格) ×

45획: 통달사해(通達四海) 대지격(大智格) ○

46획: 곤궁신고(困窮辛苦) 불성격(不成格) ×

47획: 일확천금(一穫千金) 성취격(成就格) ○

48획: 배후조종(背後操縱) 관철격(貫徹格) ○

49획: 선가은퇴(仙家隱退) 은퇴격(隱退格) △

50획: 공허실의(空虛失意) 부몽격(浮夢格) ×

51획: 파란변동(波蘭變動) 성패격(盛敗格) △

52획: 비룡승천(飛龍昇天) 약진격(躍進格) ○

53획: 외화내빈(外華內賓) 장해격(障害格) △

54획: 절망불구(絶望不具) 무공격(無功格) ×

55획: 극성극쇠(極盛極衰) 미달격(未達格) △

56획: 변전무상(變轉無常) 패망격(敗亡格) ×

57획: 고진감래(苦盡甘來) 시래격(時來格) ○

58획: 선흉후길(先凶後吉) 후복격(後福格) △

59획: 의지박약(意志薄弱) 실의격(失意格) ×

60획: 복록자실(復祿自失) 동요운(動搖運) ×

61획: 영달격(榮達格) 부귀운(富貴運) ○

62획: 쇠멸격(衰滅格) 고립운(孤立運) ×

63획: 길상격(吉祥格) 순성운(順成運) ○

64획: 고행격(苦行格) 쇠퇴운(衰退運) ×

65획: 유덕격(有德格) 행복운(幸福運) ○

66획: 쇠망격(衰亡格) 재액운(災厄運) ×

67획: 형통격(亨通格) 영달운(榮達運) ○

68획: 공명격(功名格) 흥왕운(興旺運) ○

69획: 재난격(災難格) 정지운(停止運) ×

70획: 적막격(寂寞格) 공허운(空虛運) ×

71획: 발전격(發展格) 만달운(晩達運) △

72획: 평상격(平常格) 상반운(相半運) ×

73획: 노력격(努力格) 평길운(平吉運) △

74획: 불우격(不遇格) 파탄운(破綻運) ×

75획: 수분격(守分格) 평화운(平和運) ○

76획: 선곤격(先困格) 후길운(後吉運) △

77획: 희비격(喜悲格) 불안운(不安運) △

78획: 만고격(萬苦格) 평길운(平吉運) ○

79획: 궁극격(窮極格) 불신운(不信運) ×

80획: 은둔격(隱遁格) 종말운(終末運) ×

81획: 환원격(還元格) 대성운(大盛運) ○

5. 일반 작명법 예시

일반적인 작명에는 음양(陰陽), 음령오행(音靈五行), 수리(數理) 그리고 삼원오행(三元五行) 또는 삼재오행(三才五行)만을 활용한다. 삼재오행(三才五行)은 같은 부류이기는 하나 내용이 매우 복잡하다.

건명(乾命), 계미생(癸未生)

			음양	음령오행	수리		삼원오행	삼재오행	자원오행
임	林	8	○	火	8		金	水	木
					亨 11	21 利			
삼	三	3	●	金			木	木	火
					元 16				
업	業	13	●	土 <24>			土	土	木

吉凶	○	△	수리길흉	△	○

※ 수리길흉

元格16:德望格　亨格11:興家格

利格21:頭領格　貞格24:蓄財格

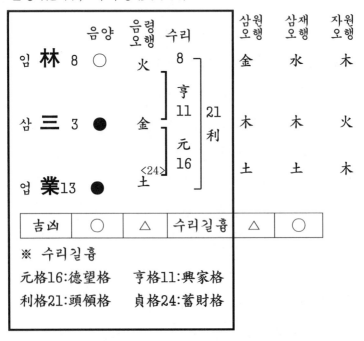

※ 기본 작명법을 근간으로 하는 사람들은 다른 방법들은 무시하면서 자신의 방법이 통계적으로도 적중율이 높다고 자부하는 경우가 많다.

2. 일반 역상법(易象法)

역상(易象)은 주역(周易)의 괘상(卦象)을 말하는데 성명학에서 활용할 때는 대개 성명 3자의 총획수를 8로 나누어 나머지 수로 상괘(上卦)를 삼고, 성자를 제외한 이름 2자의 합수를 8로 나누어 나머지 수로 하괘(下卦)를 삼는다.

1. 선천복희8괘(先天伏羲八卦)

1	2	3	4	5	6	7	8
天	澤	火	雷	風	水	山	地
乾	兌	離	震	巽	坎	艮	坤
☰	☱	☲	☳	☴	☵	☶	☷
건	태	리	진	손	감	간	곤

예를 들어 박정희 전 대통령의 경우 박(朴, 6획) 정(正, 5획) 희(熙, 13획)를 총획수 24를 8로 나누면 상괘(上卦)는 8이 되고, 이름자의 합수 18을 8로 나누면 하괘(下卦)는 2가 된다. 따라서 82가 되어 지택림괘(地澤臨卦)에 해당한다. 이처럼 괘상(卦象)은 성자가 6획(朴·安·朱·印·吉·牟 등), 14획(趙·裵·愼·連 ·

西門 등), 22획(權·蘇·邊 등)인 경우와 같이 6에 순차적으로 8괘의 8을 가산한 성자와 같음을 알 수 있다.

伏羲先天八卦

天地定位　山澤通氣　雷風相薄　水火不相射　八卦相錯　數往者順 知來者逆(說卦傳第3章)

文王后天八卦

帝出乎震 齊乎巽 相見乎離 致役乎坤 說言乎兌 戰乎乾 勞乎坎 成言乎艮(說卦傳第5章)

• 64괘 괘번괘명(卦番卦名) 조견표

상괘 하괘	1	2	3	4	5	6	7	8
1	11 重天乾 중천건	21 澤天夬 택천쾌	31 火天大有 화천대유	41 雷天大壯 뇌천대장	51 風天小畜 풍천소축	61 水天需 수천수	71 山天大畜 산천대축	81 地天泰 지천태
2	12 天澤履 천택리	22 重澤兌 중택태	32 火澤睽 화택규	42 雷澤歸妹 뇌택귀매	52 風澤中孚 풍택중부	62 水澤節 수택절	72 山澤損 산택손	82 地澤臨 지택림
3	13 天火同人 천화동인	23 澤火革 택화혁	33 重火離 중화리	43 雷火豊 뇌화풍	53 風火家人 풍화가인	63 水火旣濟 수화기제	73 山火賁 산화비	83 地火明夷 지화명이
4	14 天雷无妄 천뢰무망	24 澤雷隨 택뢰수	34 火雷噬嗑 화뢰서합	44 重雷震 중뢰진	54 風雷益 풍뢰익	64 水雷屯 수뢰둔	74 山雷頤 산뢰이	84 地雷復 지뢰복
5	15 天風姤 천풍구	25 澤風大過 택풍대과	35 火風鼎 화풍정	45 雷風恒 뇌풍항	55 重風巽 중풍손	65 水風井 수풍정	75 山風蠱 산풍고	85 地風升 지풍승
6	16 天水訟 천수송	26 澤水困 택수곤	36 火水未濟 화수미제	46 雷水解 뇌수해	56 風水渙 풍수환	66 重水坎 중수감	76 山水蒙 산수몽	86 地水師 지수사
7	17 天山遯 천산돈	27 澤山咸 택산함	37 火山旅 화산여	47 雷山小過 뇌산소과	57 風山漸 풍산점	67 水山蹇 수산건	77 重山艮 중산간	87 地山謙 지산겸
8	18 天地否 천지비	28 澤地萃 택지취	38 火地晋 화지진	48 雷地豫 뇌지예	58 風地觀 풍지관	68 水地比 수지비	78 山地剝 산지박	88 重地坤 중지곤

2. 64괘의 상의(象意)와 괘의(卦意)

1) 건(乾): 천(天)

11 중천건(重天乾): 하늘, 강건하다.

12 천택리(天澤履): 밟는다, 실천한다, 처하지 않는다.

13 천화동인(天火同人): 남과 같이 한다, 남의 도움을 받는다.

14 천뢰무망(天雷无妄): 재앙, 자연의 법칙에 순응한다.

15 천풍구(天風姤): 우연히 만난다, 뜻밖의 사건이 생긴다.

16 천수송(天水訟): 송사가 생긴다, 친하지 않다, 시비를 가릴 일이 생긴다.

17 천산돈(天山遯): 달아난다, 멀리한다, 피한다, 물러난다.

18 천지비(天地否): 막힌다, 비색하다, 천지상교.

2) 택(澤): 태(兌)

21 택천쾌(澤天夬): 결단한다, 단안을 내린다.

22 중택태(重澤兌): 못, 기쁘다. 나타난다, 말조심 해야 한다.

23 택화혁(澤火革): 옛것을 버린다, 개혁, 변혁, 혁명.

24 택뢰수(澤雷隨): 남의 의견을 따른다, 본 받는다.

25 택풍대과(澤風大過): 지나치다, 너무하다, 심하다, 전도된다.

26 택수곤(澤水困): 만난다. 곤고하다, 따분하다, 가로막힌다. 4대난괘(四大難卦).

27 택산함(澤山咸): 느낀다, 깨닫다, 감상적이다, 빠르다.

28 택지취(澤地萃): 모여든다, 무성하다, 많다.

3) 리(離): 화(火)

31 화천대유(火天大有): 많이 갖는다, 대중적이다.

32 화택규(火澤睽): 밖, 불화, 뜻이 맞지 않는다.

33 중화리(重火離): 불, 불꽃, 타오르는 태양, 정열, 오른다.

34 화뢰서합(火雷噬嗑): 씹는다, 소화를 잘 시킨다, 먹는 것.

35 화풍정(火風鼎): 솥, 안정, 협력, 기초가 튼튼하다, 새로운 것을 얻는다.

36 화수미제(火水未濟): 남자의 궁극, 아직 이루어지지 않는다, 부족하다.

37 화산려(火山旅): 나그네, 안정하지 못하고 허둥댄다.

38 화지진(火地晋): 낮, 나아간다, 발전한다.

4) 진(震): 뇌(雷)

41 뇌천대장(雷天大壯): 건강하다, 장하다, 왕성하다, 그친다.

42 뇌택귀매(雷澤歸妹): 여자의 끝, 중매한다, 시집간다, 절차 없이 결혼한 여자

43 뇌화풍(雷火豊): 풍만, 풍족, 풍년, 만월, 연고가 많다.

44 중뢰진(重雷震): 우뢰, 울린다, 일어난다, 공포, 실속없이 소리만 크다.

45 뇌풍항(雷風恒): 한결같다, 오래간다.

46 뇌수해(雷水解): 모든 일이 잘 풀린다, 원만하다.

47 뇌산소과(雷山小過): 과실, 조금 지나치다, 정도를 약간 벗어난다.

48 뇌지예(雷地豫): 미리 한다, 사전에 방지한다, 게으르다.

5) 손(巽): 풍(風)

51 풍천소축(風天小畜): 조금 망설인다, 적다, 조금 저축한다.

52 풍택중부(風澤中孚): 성실, 신의, 매사에 충실히 하다.

53 풍화가인(風火家人): 가족, 사소한 일에도 조심한다.

54 풍뢰익(風雷益): 이익, 공적인 이익.

55 중풍손(重風巽): 바람, 바람처럼 흔들리기 쉽다, 엎어진다, 안정되지 못한다.

56 풍수환(風水渙): 바뀐다, 떠난다, 밖으로 발산한다.

57 풍산점(風山漸): 시집가는 것, 앞으로 나아간다.

58 풍지관(風地觀): 밝게 비친다, 살핀다, 탐색, 주거나 구한다.

6) 감(坎): 수(水)

61 수천수(水天需): 아직 이르다, 기다린다, 연고가 없다, 기쁘다.

62 수택절(水澤節): 절제, 절도, 절약, 그친다.

63 수화기제(水火旣濟): 이미 만사가 이루어졌다, 정하다, 앞으로 어둠이 올 기미가 보인다.

64 수뢰둔(水雷屯): 나타나다, 막히다, 장애가 많다.4대난괘(四大難卦)

65 수풍정(水風井): 우물, 통한다, 남한테 혜택을 입히는 일에 대길.

66 중수감(重水坎): 물, 거듭 빠진다, 내린다, 4대난괘(四大難卦)

67 수산건(水山蹇): 절름발이, 어렵다, 험한 산과 깊은 물이 앞을 가린다. 4대난괘(四大難卦).

68 수지비(水地比): 친근하다, 즐겁다, 인화단결해야 한다.

7) 간(艮): 산(山)

71 산천대축(山天大畜): 때, 많이 저축한다, 앞날을 대비한다.

72 산택손(山澤損): 희사, 봉사, 투자, 나중에 이익이 된다.

73 산화비(山火賁): 아름답다, 장식하다, 무색이다, 겉치레.

74 산뢰이(山雷頤): 올바름을 기른다, 말과 음식을 조심하라.

75 산풍고(山風蠱): 썩은 음식, 병들다, 벌레먹다, 낡는다, 일.

76 산수몽(山水蒙): 어리다, 어둡다, 잡되다, 장래를 위해 덕을 기른다.

77 중산간(重山艮): 산, 그친다, 동요하지 않고 진지하게 일을 처리한다.

78 산지박(山地剝): 벗긴다, 깎는다, 갉아먹는다, 떨어진다, 실패하기 직전.

8) 곤(坤): 지(地)

81 지천태(地天泰): 태평하다, 안정되고 편안하다, 천지불교.

82 지택림(地澤臨): 군림, 임기응변, 주거나 구한다.

83 지화명이(地火明夷): 밝음을 깨뜨린다, 상한다, 거짓이 참된 것을 어지럽힌다.

84 지뢰복(地雷復): 다시 되돌아 본다, 회복한다.

85 지풍승(地風升): 올라간다, 정진한다, 오지 않는다.

86 지수사(地水師): 집단, 군대 지휘자, 윗사람의 고충, 근심.

87 지산겸(地山謙): 겸손, 양보, 자중해야 한다.

88 중지곤(重坤地): 땅, 유순, 인내, 순리에 따르면 대성한다.

• 작명역상(作名易象) 조견표

성명총수 \ 성획수	1,9,17	2,10,18	3,11,19	4,12,20
1,9,17,25,33,41,49,57	× 天地否	× 天山遯	△ 天水訟	△ 天風姤
2,10,18,26,34,42,50,58	□ 澤天夬	□ 澤地萃	□ 澤山咸	× 澤水困
3,11,19,27,35,43,51,59	× 火澤睽	○ 火天大有	□ 火地晋	× 火山旅
4,12,20,28,36,44,52,60	□ 雷火豊	△ 雷澤歸妹	□ 雷天大壯	○ 雷地豫
5,13,21,29,37,45,53,61	○ 風雷益	□ 風火家人	□ 風澤中孚	△ 風天小畜
6,14,22,30,38,46,54,62	□ 水風井	△ 水雷屯	□ 水火既濟	□ 水澤節
7,15,23,31,39,47,55,63	△ 山水蒙	△ 山風蠱	□ 山雷頤	□ 山火賁
8,16,24,32,40,48,56,64	○ 地山謙	□ 地水師	○ 地風升	□ 地雷復
성명총수 \ 성획수	5,13,21	6,14,22	7,15,23	8,16,24
1,9,17,25,33,41,49,57	△ 天雷无妄	○ 天火同人	□ 天澤履	□ 重天乾
2,10,18,26,34,42,50,58	△ 澤風大過	□ 澤雷隨	□ 澤火革	○ 重澤兌
3,11,19,27,35,43,51,59	□ 火水未濟	○ 火風鼎	△ 火雷噬嗑	△ 重火離
4,12,20,28,36,44,52,60	△ 雷山小過	○ 雷水解	□ 雷風恒	△ 重雷震
5,13,21,29,37,45,53,61	□ 風地觀	□ 風山漸	△ 風水渙	□ 重風巽
6,14,22,30,38,46,54,62	□ 水天需	○ 水地比	× 水山蹇	× 重水坎
7,15,23,31,39,47,55,63	□ 山澤損	□ 山天大畜	× 山地剝	□ 重山艮
8,16,24,32,40,48,56,64	△ 地火明夷	□ 地澤臨	○ 地天泰	□ 重地坤

3. 주역작명법(周易作名法)

성명을 주역팔괘(周易八卦)에 맞춰야 정확한 판단을 할 수 있고, 이러한 주역의 괘상을 활용한 귀중한 이름으로 행복한 일생을 살아가길 바란다고 하였다.

1) 작괘(作卦)

정격(貞格) 88 제지(除之) 상괘(上卦)→24÷ 8=8

원격(元格) 88 제지(除之) 하괘(下卦)→18÷ 8=2

반드시 필획을 사용해야 하고, 무엇보다 사주의 주체인 일진(日辰)은 육효(六爻)를 주재하므로 일진(日辰)에 맞는 괘를 먼저 뽑는 것이 중요하다, 수십 년 동안 현장에서 수만 명의 사주와 궁합을 본 결과 성명에서 수리나 오행은 극히 미미한 작용을 하고(10%) 나머지(90%)는 획수를 계산할 때 원획(原劃: 本部首劃)에 의하나 주역작명법에서는 반드시 실획(實劃)을 사용한다.

앞에서 예를 든 박朴(6) 정正(5) 희熙(13)의 경우 총획수 24를 8로 나누어 나머지 8을 상괘(上卦)로 하고, 이름만의 합수 18을 8로 나누어 나머지 2를 (下卦)로 하여 82(숫자로 표시한

괘) 지택림괘(地澤臨卦)로 일반 역상법(易象法)과 동일하게 나온다. 그러나 삼수변(氵)과 손수변(扌) 4획은 원획(原劃)이지만 실획(實劃)은 3획이라는 것을 명심해야 한다.

2) 작명 예

건명(乾名), 1917년생(丁巳生)

박 朴 8
정 正 5) 18÷8…②하괘(下卦) 태택(兌澤
희 熙13

82지택림괘(地澤臨卦)>○

합 24÷ 8…⑧ 상괘(上卦) 곤지(坤地)

孫 酉 財 亥 兄 丑	☷	應	앞의 주역작명조견표를 보면 지택림괘(地澤臨卦)는 고딕체로 길괘(○)이다. ① 갑진순(甲辰旬) × 60갑자 갑진순의 갑진 을사 병오 정미 무신 기유 경술 신해 임자 계축생에 들어 있으면 쓰지 않고, ② 갑일생(甲日生) × 갑일(갑자 갑술 갑신 갑오 갑진 갑인)의 묘卯(2爻, 세世)의 양인(羊刃)이 되어 형벌·살상·재난· 장애 등으로 쓰지 않는다.
兄 丑 官 卯 父 巳	☱	世	

※ 이 외의 겁살(劫煞)도 재난이나 단명 등으로 쓰지 않는다.

위 지택림괘(地澤臨卦)에서 박정희는 정사생(丁巳生)으로 해당하지 않는다. 필자가 이러한 내용을 망라하여 만든 조견표를 활용하면 편리할 것이다. 공망(空亡), 겁살(劫煞), 양인(羊刃)의 6갑순(甲旬) 일천간(日天干)으로 표시하였다.

3) 제살(諸煞)

● 순별공망(旬別空亡)

갑자순(甲子旬): 갑자(甲子)~계유(癸酉) 술해공망(戌亥空亡)
갑술순(甲戌旬): 갑술(甲戌)~계미(癸未) 신유공망(申酉空亡)
갑신순(甲申旬): 갑신(甲申)~계사(癸巳) 오미공망(午未空亡)
갑오순(甲午旬): 갑오(甲午)~계묘(癸卯) 진사공망(辰巳空亡)
갑진순(甲辰旬): 갑진(甲辰)~계축(癸丑) 인묘공망(寅卯空亡)
갑인순(甲寅旬): 갑인(甲寅)~계해(癸亥) 자축공망(子丑空亡)

● 겁살(劫煞): 급변·사고·손해·횡액·단명·조실부모·상부상처 등

신자진(申子辰) - 사(巳)　　사유축(巳酉丑) - 인(寅)
인오술(寅午戌) - 해(亥)　　해묘미(亥卯未) - 신(申)

● 양인(羊刃)

지도자·주동자·열사·직업군인·경찰·형무관 등은 길하다.

甲	乙	丙	丁	戊	己	庚	辛	壬	癸
卯	辰	午	未	午	未	酉	戌	子	丑

• 주역작명(周易作名) 조견표

1,9,17획성	2,10,18획성	3,11,19획성	4,12,20획성
天地否	天山遯	天水訟	天風姤
○ 澤 天 夬 甲戌旬, 庚日生×	○ 澤 地 萃 甲午旬, 申子辰日생×	澤山咸	澤水困
火澤睽	○ 火 天 大 有 甲午旬, 乙日生×	○ 火 地 晋 甲申旬日生×	火山旅
○ 雷 火 豊 甲戌旬, 亥卯未日生×	雷澤歸妹	○ 雷 天 大 壯 甲申旬, 丙日生×	○ 雷 地 豫 甲申旬日生×
○ 風 雷 益 甲午旬,乙日生×	風火家人	風澤中孚	風天小畜
水風井	水雷屯	水火既濟	水澤節
山水蒙	山風蠱	山雷頤	山火賁
地山謙	地水師	○ 地 風 升 甲寅旬日生×	○ 地 雷 復 甲寅旬 壬日生×
5,13,21	6,14,22	7,15,23	8,16,24
○ 天 雷 无 妄 甲申旬, 丙戌日生×	○ 天 火 同 人 甲子旬, 寅午戌日生×	天澤履	重天乾
澤風大過	澤雷隨	澤火革	○ 重 澤 兌 甲申旬日生×
火水未濟	○ 火 風 鼎 甲子旬, 寅午戌日生×	○ 火 雷 噬 嗑 甲申旬日生×	○ 重 火 離 甲午旬, 申子辰日生×
雷山小過	○ 雷 水 解 甲午旬, 壬乙日生×	○ 雷 風 恒 甲戌旬, 庚日生×	重雷震
風地觀	○ 風 山 漸 甲戌旬日生×	風水渙	○ 重 風 巽 甲辰旬, 甲日生×
○ 水 天 需 甲戌旬, 亥卯未日生×	○ 水 地 比 甲辰旬, 甲日生×	水山蹇	重水坎
山澤損	○ 山 天 大 畜 甲辰旬日生×	山地剝	重山艮
地火明夷	○ 地 澤 臨 甲辰旬, 甲日生×	○ 地 天 泰 甲午旬, 乙日生×	○ 重 地 坤 甲戌旬, 庚日生×

※ 고딕체는 길괘(○표)이나 일진(日辰 : 六甲旬으로 본다) 겁살(劫殺)이나 양인(羊刃)에 해당하면 단명·형벌·질병·사고·실패 등을 암시하므로 쓰지 않는다는 표시(×)이다.

4. 주자식해명법(朱子式解名法)

주자식해명법(朱子式解名法)은 이름 첫자의 획수를 88로 제지하여 상괘(上卦)로 삼고, 이름 다음자를 같은 방법으로 해서 하괘(下卦)로 삼아 길흉을 4자성어로 간단히 풀이한 것을 말한다.

• 주자식해명(朱子式解名) 길흉표

一 一	始見貧困 終賴榮貴 △	一 二	枯木逢春 終見開花 ○	一 三	天顔好聲 英雄優遊 ○
一 四	木馬行時 終成財利 ○	一 五	身退九級 花落空房 ×	一 六	愁心不解 爭訟不利 ×
一 七	寂寞空山 逶迤高臥 ×	一 八	愁見春夢 終無風景 ×	二 一	暗裏衣冠 身成名利 ○
二 二	碧玉琅玕 舟行江亭 ○	二 三	二十年光 有似飄風 ×	二 四	安身守義 名譽新風 ○
二 五	雎鳩獨鳴 日食五粥 ×	二 六	有求逢折 霜緣漸潤 ×	二 七	脣缺調談 左漏右蹇 ×
二 八	有君寵保 賞賜無雙 ○	三 一	日更月新 壽福綿綿 ○	三 二	木火無緣 血深如塵 ×
三 三	枝動不靜 謹身之務 △	三 四	修竹榮長 香蓮開新 ○	三 五	聰明文章 風雲有光 ○
三 六	十年臥病 終身不差 ×	三 七	二十光景 風雲淡蕩 ×	三 八	第一金榜 俊夫餘慶 ○
四 一	風雲新來 雪氣騰天 △	四 二	糊口城門 低頭心事 ×	四 三	一振金聲 陰谷暖氣 ○
四 四	雍容自得 優遊度日 ○	四 五	有財無功 終得不亨 △	四 六	長秩千人 仁聲自聞 ○

四七	五鬼滿林 向人弔問 ×	四八	才超貌美 事事生新 ○	五一	含脣切齒 千恨未伸 ×
五二	太行大路 三月奄行 △	五三	琴瑟淸音 一家爭春 ○	五四	家門千里 刑到便留 ×
五五	不願事事 老物興降 △	五六	花落無實 狂風更放 ×	五七	右脚已折 左目亦盲 ×
五八	大成千人 仁吉四海 ○	六一	枯木逢春 千里有光 ○	六二	薰風吹軒 子孫縉紳 ○
六三	風生保位 巨川舟楫 ○	六四	若非英雄 壽福不期 △	六五	身安保居 風塵不侵 ○
六六	重遭險坂 魂魄驚散 ×	六七	有魚無鱗 有財無功 △	六八	紫府背依 天恩自得 ○
七一	老龍得雲 食前方丈 ○	七二	老龍無聲 江邊垂淚 ×	七三	靑鳥無春 花盖無風 ×
七四	柳枝街道 山月徘徊 ×	七五	身有疾病 墻有寇賊 ×	七六	射之眉間 賣少空房 ×
七七	朝后折桂 零落飄風 △	七八	一入刑門 有何壽福 ×	八一	多高榜籍 紫府文章 ○
八二	鳳雛麟閣 光被日月 ○	八三	江上起樓 心適自閑 ○	八四	飄零東西 暮年得病 ×
八五	才學一枝 道德文章 ○	八六	初稼平地 山頭與齊 ○	八七	立身揚名 文章變換 ○
八八	淸香滿堂 帝傍揚名 ○				

※ 한자를 아는 사람은 오히려 쉽게 활용할 수 있을 것이다. 일반적으로 길한 괘인데도 흉한 경우가 있는데 이 방법의 특성으로 보면 될 것 같다.

1. 64괘 운세 풀이

1. 1. 중건천(重乾天)

시견빈곤 종뢰영귀(始見貧困 終賴榮貴)

초년에는 빈곤해도 차츰 발전해 마침내는 영귀하리라.

1. 2. 천택리(天澤履)

고목봉춘 종견개화(枯木逢春 終見開花)

마른 나무가 봄을 만났으니 꽃을 피우리라.

1. 3. 천화동인(天火同人)

천안호성 영웅우유(天顔好聲 英雄優遊)

임금의 얼굴에 좋은 말씀이니 영웅이 여유롭게 세월을 즐기리라.

1. 4. 천뢰무망(天雷无妄)

목마행시 종성재리(木馬行時 終成財利)

목마가 때때로 다니는 격이니 재물과 이익을 이루리라.

1. 5. 천풍구(天風姤)

신퇴구급 화락공방(身退九級 花落空房)

직위나 관직에서 떨어지고 부부간에 이별수가 있으리라.

1. 6. 천수송(天水訟)

수심불해 쟁송불리(愁心不解 爭訟不利)

근심이 떠나지 않고 송사가 일어나며 남과 가족간에 불화하리라.

1. 7. 천산돈(天山遯)

적막공산 위이고와(寂寞空山 逶迤高臥)

적막한 산 중에서 할 일없이 누워 엎치락 뒤치락하리라.

1. 8. 천지비(天地否)

수견춘몽 종무풍경(愁見春夢 終無風景)

봄 꿈에 근심하는 격이니 끝까지 좋은 일이 없으리라.

2. 1. 택천쾌(澤天夬)

암리의관 신성명리(暗裏衣冠 身成名利)

남모르게 출세하여 공명을 떨치리라.

2. 2. 중택태(重澤兌)

벽옥랑간 주행강정(碧玉琅玕 舟行江亭)

좋은 정자에 앉아 즐기고 경치 좋은 강물에 배를 띄우며 한가롭게 보내리라.

2. 3. 택화혁(澤火革)

이십년광 유사표풍(二十年光 有似飄風)

20여 성상을 헛되이 아까운 세월만 보내리라.

2. 4. 택뢰수(澤雷隨)

안신수의 명예신풍(安身守義 名譽新風)

분수를 알고 의로운 일을 지키니 명예를 새롭게 떨치리라.

2. 5. 택풍대과(澤風大過)

저구독명 일식오죽(雎鳩獨鳴 日食五粥)

원앙새가 홀로 우니 날마다 다섯 가지 죽을 먹는 격으로 빈궁하다는 뜻이다.

2. 6. 택수곤(澤水困)

유구봉절 상연점윤(有求逢折 霜緣漸潤)

구하려다 실패하니 서릿발 같은 고통이 점점 더하리라.

2. 7. 택산함(澤山咸)

순결조담 좌루우건(脣缺調談 左漏右蹇)

언청이가 말을 제대로 하려고 하나 뜻대로 되지 않는 격이로다.

2. 8. 택지취(澤地萃)

유군총보 상사무쌍(有君寵保 賞賜無雙)

임금의 총애와 보호가 있으니 상 받는 일이 무궁하리라.

3. 1. 화천대유(火天大有)

일경월신 수복면면(日更月新 壽福綿綿)

날로 새롭고 달로 발전하니 수복이 무궁하리라.

3. 2. 화택규(火澤睽)

목화무연 혈심여진(木火無緣 血深如塵)

좋은 인연과 때를 만나지 못하니 피맺힌 한을 풀지 못하리라.

3. 3. 중화리(重火離)

지동부정 근신지무(枝動不靜 謹身之務)

나뭇가지가 흔들리니 몸을 조심하고 부지런히 노력하라.

3. 4. 화뢰서합(火雷噬嗑)

수죽영장 향연개신(修竹榮長 香蓮開新)

대를 가꾸어 영화롭게 자라니 향기로운 연꽃도 새롭게 피우리라.

3. 5. 화풍정(火風鼎)

총명문장 풍운유광(聰明文章 風雲有光)

총명하며 문장이 뛰어나니 과거에 급제하여 영화를 누리리라.

3. 6. 화수미제(火水未濟)

십년와병 종신불차(十年臥病 終身不差)

10년이나 병으로 누워 있으니 평생 차도를 보지 못하는 격이로다.

3. 7. 화산여(火山旅)

이십광경 풍운담탕(二十光景 風雲淡蕩)

나이 스물에 이곳 저곳을 방랑하며 풍상을 겪으리라.

3. 8. 화지진(火地晋)

제일금방 준부여경(第一金榜 俊夫餘慶)

제일 높은 시험에 장원하니 준수한 대장부의 앞날에 경사뿐이로다.

4. 1. 뇌천대장(雷天大壯)

풍운신래 설기등천(風雲新來 雪氣騰天)

풍운이 새롭게 이르니 눈발의 기운이 하늘에 사무치리라.

4. 2. **뇌택귀매(雷澤歸妹)**

호구성문 저두심사(糊口城門 低頭心事)

성문을 다니며 입에 풀칠하니 머리를 굽실거리며 사는 신세로다.

4. 3. **뇌화풍(雷火風)**

일진금성 음곡난기(一振金聲 陰谷暖氣)

한 번 쇳소리를 떨치니 그늘진 골짜기에도 따뜻한 기운이 감도리라.

4. 4. **중뢰진(重雷震)**

옹용자득 우유도일(雍容自得 優遊度日)

화평한 얼굴로 만족하니 한가롭고 편안하게 보내리라.

4. 5. **뇌풍항(雷風恒)**

유재무공 종득불형(有財無功 終得不亨)

재물은 있으나 공덕이 없으니 늦도록 좋지 않으리라.

4. 6. **뇌수해(雷水解)**

장질천인 인성자문(長秩千人 仁聲自聞)

오래 가는 녹봉 천인 중에 윗사람이 되니 어질다는 덕망의 소리를 자연히 들으리라.

4. 7. **뇌산소과(雷山小過)**

오귀만림 향인조문(五鬼滿林 向人弔問)

숲에 오귀가 득실거리는 격이니 사람이 죽어 조문객을 받으리라.

4. 8. 뇌지예(雷地豫)

재초모미 사사생신(才超貌美 事事生新)

재주가 출중하고 용모가 아름다우니 일마다 좋은 일이 새롭게 생기리라.

5. 1. 풍천소축(風天小畜)

함순절치 천한미신(含脣切齒 千恨未伸)

입술을 물고 이를 갈며 노력해도 한을 풀지 못하리라.

5. 2. 풍택중부(風澤中孚)

태행대로 삼월엄행(太行大路 三月奄行)

태산의 높은 길을 3월에 걸어가는 격이니 힘들고 보람된 일을 시작하리라.

5. 3. 풍화가인(風火家人)

금슬청음 일가쟁춘(琴瑟淸音 一家爭春)

부부금슬이 좋고 좋으니 가정이 화목하리라.

5. 4. 풍뢰익(風雷益)

가문천리 형도편유(家門千里 刑到便留)

집안 곳곳에 형액이 이르러 떠나갈 줄을 모르리라.

5. 5. 중손위풍(重風巽)

불원사사 노물흥강(不願事事 老物興降)

원하지 않는 일이 귀찮게 생겼다 없어졌다 하리라.

5. 6. 풍수환(風水渙)

화락무실 광풍경방(花落無實 狂風更放)

꽃이 떨어지고 열매도 없고 광풍이 다시 몰아치리라.

5. 7. 풍산점(風山漸)

우각이절 좌목역맹(右脚已折 左目亦盲)

이미 오른발이 잘렸는데 왼쪽 눈마저 멀게 되리라.

5. 8. 풍지관(風地觀)

대성천인 인길사해(大成千人 仁吉四海)

천인이 대성하니 사해가 어질고 길하리라.

6. 1. 수천수(水天需)

고목봉춘 천리유광(枯木逢春 千里有光)

고목이 봄을 만난 격이니 천리에 광채가 빛나리라.

6. 2. 수택절(水澤節)

훈풍취헌 자손진신(薰風吹軒 子孫縉紳)

가정에 훈훈한 바람이 불어오니 자손이 모두 벼슬을 하리라.

6. 3. 수화기제(水火旣濟)

풍생보위 거천주즙(風生保位 巨川舟楫)

바람이 불어도 지위를 보전하고 큰 강물에 임하여 돛단배를 얻으리라.

6. 4. 수뢰둔(水雷屯)

약비영웅 수복불기(若非英雄 壽福不期)

만일 영웅이 아니면 수복을 기약하기 어렵도다.

6. 5. 수풍정(水風井)

신안보거 풍진불침(身安保居 風塵不侵)

몸을 편안하게 보전하면 풍진이 침노하지 못하리라.

6. 6. 중수감(重水坎)

중조험판 혼백경산(重遭險坂 魂魄驚散)

거듭 험한 등판길을 만나 혼백마저 놀라 흩어지리라.

6. 7. 수산건(水山蹇)

유어무린 유재무공(有魚無鱗 有財無功)

물고기가 비늘이 없는 격이니 재물은 있으나 공이 없도다.

6. 8. 수지비(水地比)

자부배의 천은자득(紫府背衣 天恩自得)

대궐에서 관복을 입는 격이니 임금의 은혜를 입으리라.

7. 1. 산천대축(山天大畜)

노룡득운 식전방장(老龍得雲 食前方丈)

늙은 용이 구름을 얻는 격이요 식전방장 격이다.

7. 2. 산택손(山澤損)

노룡무성 강변수루(老龍無聲 江邊垂淚)

강가에서 늙은 용이 소리없이 눈물만 흘리는 격이로다.

7. 3. 산화비(山火賁)

청조무춘 화개무풍(青鳥無春 華盖無風)

청조가 봄을 만나지 못해 화개에 바람이 없는 격이니 실속이 없으리라.

7. 4. 산뢰이(山雷頤)

유지가도 산월배회(柳枝街道 山月徘徊)

버들가지 길에 산 달이 지려는 격이니 주색을 좋아하고 나쁜 운이 다가오리라.

7. 5. 산풍고(山風蠱)

신유질병 장유구적(身有疾病 墻有寇賊)

몸에 질병이 따르고 도둑이 담장을 기웃거리는 격이다.

7. 6. 산수몽(山水蒙)

사지미간 매소공방(射之眉間 賣少空房)

눈썹 사이로 쏘아 빈 방에서 젊음을 팔리라.

7. 7. 중산간(重山艮)

조후절계 영락표풍(朝后折桂 零落飄風)

아침 뒤에 계수나무를 꺾으니 바람에 떨어져 나부끼리라.

7. 8. 산지박(山地剝)

일입형문 유하수복(一入刑門 有何壽福)

감옥에 들어가는 격이니 어찌 수복을 누리겠는가.

8. 1. 지천태(地天泰)

다고방적 자부문장(名高榜籍 紫府文章)

과거보는 방에 이름이 높이 붙고 대궐에서 문장으로 종사하리라.

8. 2. 지택림(地澤臨)

봉추린각 광피일월(鳳雛麟閣 光被日月)

봉황이 날아오고 기린이 나오니 광채가 일월처럼 찬란하리라.

8. 3. 지화명이(地火明夷)

강상기루 심적자한(江上起樓 心適自閑)

강상에 누각을 짓고 거처하는 격이니 일이 뜻대로 풀리고 심신이 한가로우리라.

8. 4. 지뢰복(地雷復)

표령동서 모년득병(飄零東西 暮年得病)

동서로 떠돌다가 만년에는 병을 얻으리라.

8. 5. 지풍승(地風升)

재학일지 도덕문장(才學一枝 道德文章)

재주와 학문이 모두 뛰어나고 도덕과 문장을 겸하리라.

8. 6. 지수사(地水師)

초가평지 산두여제(初稼平地 山頭與齊)

평지에 심은 것이 산머리에 가지런하게 되리라.

8. 7. 지산겸(地山謙)

입신양명 문장변환(立身揚名 文章變換)

문장이 뛰어나니 출세하여 이름을 떨치리라.

8. 8. 중지곤(重地坤)

청향만당 제방양명(淸香滿堂 帝傍揚名)

집안에 맑은 향기가 가득하니 임금이 있는 곳까지 이름을 떨치리라.

5. 곡획작명법(曲劃作名法)

곡획작명법(曲劃作名法)이란 생년의 간지(干支)별로 정해진 선천생수(先天生數)에 성명의 필획수와 곡획수를 더한 총수에 따른 길흉을 4언절구로 풀이한 것을 말한다(60~147).

•생년별 선천생수+성명 정획수+성명 곡획수=총합수

• 선천생수(先天生數) 조견표

甲子 42	甲戌 48	甲申 37	甲午 34	甲辰 56	甲寅 38
乙丑 40	乙亥 42	乙酉 33	乙未 46	乙巳 52	乙卯 40
丙寅 46	丙子 44	丙戌 36	丙申 44	丙午 38	丙辰 32
丁卯 32	丁丑 38	丁亥 46	丁酉 42	丁未 46	丁巳 41
戊辰 34	戊寅 36	戊子 48	戊戌 55	戊申 44	戊午 30
己巳 37	己卯 34	己丑 55	己亥 30	己酉 41	己未 32
庚午 48	庚辰 43	庚寅 57	庚子 44	庚戌 32	庚申 46
辛未 43	辛巳 41	辛卯 59	辛丑 38	辛亥 30	辛酉 35
壬申 51	壬午 30	壬辰 52	壬寅 41	壬子 59	壬戌 37
癸酉 53	癸未 35	癸巳 32	癸卯 35	癸丑 44	癸亥 40

작수(作數) 예

	현(玄)	철(哲)	
필획수	5	10 =	15
곡획수	7	12 =	19

30+15+19=64 64 → 일생다복(○○○)

(壬午生 = 선천생수 30)

생년의 간지(干支)에 따른 선천생수(先天生數: 예를 들어 갑甲子生은 42)에 성명의 필획수(正劃數)와 곡획수(曲劃數)를 합한 총수를 아래의 곡획작명 길흉표에서 찾아 길흉을 본다. 그리고 성명이 같아도 생년이 다르면 길흉도 다르다. 이러한 구별성과 개별성이 곡획작명법(曲劃作名法)의 특장점이다.

• 곡획작명(曲劃作名) 길흉표

곡획법(曲劃法)=선천생수(先天生數)+필획수(筆劃數)+곡획수(曲劃數)

吉凶 / 數	吉凶		吉凶 / 數	吉凶		吉凶 / 數	吉凶	
	略言	初中末		略言	初中末		略言	初中末
60	富至石崇	○○○	71	一生辛苦	×××	82	早晚財旺	○○○
61	一身無依	○××	72	壽官可期	○○○	83	冠在末年	××○
62	先困後達	×○○	73	去去高山	×××	84	寶劍出匣	○○○
63	前程有害	×××	74	一生多福	○○○	85	去去高山	×××
64	一生多福	○○○	75	終身多苦	×××	86	福祿綿綿	○○○
65	愁深家庭	××○	76	終身多福	○○○	87	前程險惡	×××
66	貴中兼富	○○○	77	累見風霜	×××	88	手握四海	○○○
67	外無人助	×××	78	自手成家	×○○	89	富貴兼全	○○○
68	貴中兼富	○○○	79	一生孤單	×××	90	一身辛苦	×××
69	外實內虛	○××	80	名振四方	○○○	91	名振四海	○○○
70	祿福綿綿	○○○	81	去去高山	×××	92	去去高山	○××

吉凶 數	吉凶		吉凶 數	吉凶		吉凶 數	吉凶	
	略言	初中末		略言	初中末		略言	初中末
93	自手成家	○○○	112	一生享吉	○○○	131	一身孤獨	×××
94	一生辛苦	○××	113	終身無亨	×××	132	先困後達	×○○
95	貴中兼富	○○○	114	中末多福	×○○	133	一身無依	×××
96	去去高山	×××	115	風霜重重	×××	134	內實外虛	○○○
97	名振一世	○○○	116	一生多福	○○○	135	前程無望	×××
98	一生辛苦	×××	117	一生孤單	×××	136	一生安樂	○○○
99	一生亨吉	○○○	118	仁聲四海	○○○	137	前程無望	×××
100	去去高山	×××	119	前程無望	×××	138	晩年多福	×○○
101	先困後達	×○○	120	子孫盛大	○○○	139	晩無依身	×××
102	去去高山	×××	121	東西丐乞	○××	140	壽福可知	○○○
103	安過一生	○○○	122	貴中兼富	○○○	141	先吉後凶	○××
104	外無人助	×××	123	去去高山	×××	142	晩年多福	×○○
105	安過一生	○○○	124	文章可知	○○○	143	一身孤獨	××○
106	壽福綿綿	○○○	125	風霜何多	×××	144	一生多福	○○○
107	一身無依	×××	126	多智多辯	○○○	145	晩無依身	×××
108	揚名後世	○○○	127	有何壽福	×××	146	貴中兼富	○○○
109	一生辛苦	×××	128	富至千石	○○○	147	去去高山	×××
110	文章可知	○○○	129	去去高山	×××			
111	一身孤獨	×××	130	富貴兼全	○○○			

※ 이 표는 활용하기 쉽도록 성명 획수별 해설을 필자가 대표문구로 요약하고, 초·중·말년의 운세를 ○·△·× 로 표시한 것이다.

6. 대수론(代數論)

- 전운(前運): 명상자 획수 → 대(代) 명하자 획수 → 수
  ⇒30세까지 운
- 후운(後運): 성자 획수 → 대(代) 이름자 총획수 → 수
  ⇒31세 이후 운

유년기에는 부모 밑에서 이름 2자만을 사용하다가 자립하면서 성명 3자를 사용하므로 이런 간명법이 되었다고 한다.

예) 8대 ← 金 8

17수 { 容 10→10대 / 佑 7→7수 }

- 전운(前運): 10대의 7수를 본다. 재물운·수명운·아내운·자손운이 모두 길하나 결혼은 늦게 하는 것이 좋다.
- 후운(後運): 8대 17수를 본다. 재물운·수명운·아내운·자손운이 모두 길하다.

- **대수별 운의 구분**

재물운: 거부, 대부, 부, 보통, 빈, 흉 6단계로 구분.

수명운: 장수, 수, 보통, 단, 흉 5단계로 구분.

아내운: 대길, 길, 양(兩), 만혼, 상처, 흉 6단계로 구분.

자손운: 호, 보통, 다자, 1·2자, 흉 6단계로 구분.

다음의 대수운표(代數運表)는 빨리 찾아 활용할 수 있도록 필자가 만든 것이다.

• 대수운(代數運) 조견표

재물운, 수명운, 아내운, 자손운, 비고 순

1代		2代		3代	
1	普 壽 吉 好	1	富 壽 吉 多子	1	普 平吉 吉 一,二子 政治吉
2	普 壽 晚 大好	2	普 短 凶 一,二子	2	富 短 喪 好
3	富 短 晚 好	3	富 壽 吉 好 半官半民職	3	富 平吉 吉 好
4	普 壽 吉 一子 官職吉	4	富 壽 吉 好	4	富 平吉 吉 好
5	富 長壽 凶 大好	5	富 短 凶 一子	5	富 平吉 吉 好
6	富 壽 晚 好	6	富 壽 吉 好	6	普 短 凶 凶
7	富 壽 晚 好	7	富 壽 凶 好	7	貧 短 凶 凶
8	富 短 兩 好	8	普 壽 吉 二,三子	8	富 平吉 吉 好
9	普 壽 晚 好	9	富 壽 吉 好	9	普 平吉 吉 一,二子
10	富 壽 凶 好	10	普 短 凶 二子	10	普 平吉 凶 二,三子
11	普 短 晚 好	11	普 壽 吉 好	11	普 短 晚 好
12	富 壽 吉 二子	12	富 壽 吉 好 陰陽不交凶	12	富 平吉 吉 好
13	貧 壽 凶 無子	13	凶 普 凶 一,二子	13	富 平吉 吉 好
14	巨富 壽 晚 大好	14	富 壽 吉 好 陰陽不交凶	14	普 短 吉 一,二子
15	富 壽 晚 二,三子	15	巨富 壽 吉 多子	15	普 短 凶 凶
16	富 壽 兩 多子	16	富 壽 吉 好	16	普 平吉 凶 凶
17	富 壽 吉 好	17	凶 壽 晚 多子	17	普 平吉 吉 一,二子
18	貧 短 凶 凶	18	凶 短 凶 一無子	18	普 短 凶 多子
19	貧 短 晚 好	19	凶 壽 晚 好 官職吉	19	普 短 吉 多子
20	富 壽 吉 好	20	富 壽 吉 好	20	富 壽 兩 三子
21	凶 短 吉 多子	21	富 壽 吉 好 官職吉	21	普 壽 吉 二,三子
22	富 壽 晚 好	22	凶 短 凶 一無子 農業吉	22	普 短 吉 好
23	富 壽 晚 好	23	富 壽 吉 多子 事業吉	23	貧 凶 凶 凶 政治吉
24	富 壽 晚 好	24	普 壽 吉 二,三子	24	普 短 吉 好
25	凶 短 凶 凶	25	普 短 吉 好	25	普 壽 吉 一,二子 軍人政治
26	普 短 吉 好 官職發展	26	凶 凶 凶 凶 政治家吉	26	普 壽 吉 好 官職出世
		27	普 壽 吉 好	27	普 壽 吉 好 官職大吉
		28	富 壽 吉 好	28	普 壽 吉 好 事業好
		29	富 壽 吉 二,三子 軍職吉	29	富 平吉 吉 一,二子
		30	富 壽 吉 好 陰陽不交凶	30	普 壽 吉 好 軍大成
		31	富 平吉 吉 好 事業吉	31	貧 凶 凶 凶
		32	普 平吉 吉 好	32	富 壽 吉 好
		33	普 平吉 吉 好 三遷大吉	33	富 壽 吉 一,二子
		34	普 平吉 兩 一,二子	34	普 壽 兩 二,三子
		35	普 平吉 吉 好	35	普 壽 吉 好
		36	富 平吉 吉 好	36	富 壽 吉 多子
		37	普 平吉 吉 好		
		38	普 短 吉 好		
		39	普 平吉 吉 多子 事業吉		

4代		5代		6代	
1	富 壽 吉 二,三子 軍政治	1	富 長壽 晩 好 官職	1	富 長壽 吉 好 事業大成
2	富 壽 吉 好	2	普 長壽 晩 一,二子	2	富 壽 吉 好
3	富 壽 吉 好	3	巨富 長壽 吉 多子	3	富 壽 吉 好
4	富 長壽 吉 多子	4	貧 短 凶 凶 官職外不吉	4	貧 短 凶 凶 數理好吉
5	富 長壽 吉 多子	5	普 壽 吉 好	5	普 壽 凶 凶
6	普 普 凶 好	6	普 壽 兩 好 陰陽不交凶	6	貧 短 凶 凶
7	普 壽 晩 二子	7	貧 凶 凶 凶	7	富 壽 吉 好
8	普 短 凶 二子	8	巨富 壽 吉 多 官職名振	8	普 壽 凶 好
9	富 長壽 吉 好	9	普 壽 晩 二,三子	9	富 壽 吉 好
10	普 普 晩 一,二子	10	普 壽 晩 二子 他鄉利財吉	10	富壽 吉 好 凶
11	富 壽 吉 二子	11	富 壽 吉 多子 事業大吉	11	富壽 吉 好好 事業大成
12	富 壽 吉 好	12	普 壽 凶 一,二子	12	巨富 壽 兩 好 有才無功
13	富 長壽 吉 多子	13	富 壽 吉 多子	13	普 凶 凶 一子
14	富 壽 兩 多子	14	貧 短 凶 凶 不意災難	14	貧 短 凶 凶
15	貧 短 吉 凶	15	貧 短 凶 凶	15	富 壽 吉 好
16	普 壽 兩 二子	16	巨富 長壽 吉 大好 名振四海	16	普 凶 凶 好 夫婦離別
17	普 壽 吉 一,二子	17	普 壽 晩 好 數理凶不吉	17	巨富 壽 吉 好 事業大成
18	普 短 吉 凶	18	普 壽 吉 二子	18	富 壽 吉 好
19	富 長壽 吉 好	19	富 長壽 吉 好 事業大成	19	富 壽 吉 好
20	富 長壽 吉 好	20	普 壽 吉 二子	20	貧 短 兩 凶 軍人出世
21	富 壽 吉 多子	21	普 壽 吉 好	21	貧 短 凶 凶 官職成功
22	普 短 兩凶 好	22	普 短 凶 凶	22	普 短 兩 一,二子
23	普 短 吉 二子	23	貧 凶 兩 一子 軍人出世	23	富 壽 吉 好
24	普 短 兩 二子	24	巨富 長壽 吉 好 官職名振	24	普 短 兩 好
25	富 壽 吉 好	25	普 普 吉 好 三遷大吉	25	大富 壽 吉 好
26	普 壽 吉 一,二子 官職吉	26	普 壽 吉 好	26	富 壽 吉 好
27	富 壽 吉 好 官職吉	27	普 壽 吉 好 事業大成	27	大富 壽 吉 好
28	富 壽 吉 多子 事業吉	28	富 短 兩 一子 早子難養	28	普 短 兩 好
29	富 壽 吉 多子	29	普 壽 吉 好	29	普 凶 凶 凶
30	普 短 兩 好 軍人大吉	30	富 壽 吉 好	30	貧 凶 凶 凶
31	普 短 吉 一,二子	31	普 短 凶 凶 軍人政治	31	富 壽 吉 好
32	富 壽 吉 好	32	富 長壽 吉 好	32	普 壽 兩 好
33	富 壽 吉 好	33	富 壽 吉 大好	33	富 長壽 吉 好
34	富 長壽 吉 好	34	普 壽 吉 二子	34	普 壽 吉 好
35	普 短 吉 好	35	富 壽 吉 好 陰陽不交凶	35	富 長壽 吉 好
		36	普 壽 吉 好	36	凶 短 凶 凶
		37	普 壽 吉 好	37	凶 短 凶 凶 官職大吉
		38	普 短 兩 凶 財上風波	38	普 短 吉 一,二子
		39	普 凶 兩 凶 〃	39	富 長壽 吉 好
		40	富 壽 吉 多 事業成市	40	普 壽 吉 好

7代		8代		9代	
1	富 長壽 吉 二子 事業大吉	1	富 長壽 吉 好	1	普 壽 晚 好
2	富 壽 晚 好 離別短命	2	富 壽 吉 二子	2	普 壽 凶 好 官職大吉
3	貧 壽 吉 好 官職外不利	3	貧 短 凶 二子 一時吉後凶	3	普 短 晚 凶 有才
4	富 壽 吉 一,二子 官職大吉	4	普 病苦 晚 一,二子	4	普 壽 吉 一,二子
5	普 壽 晚 好	5	普 壽 吉 二子 官職名振	5	富 短 凶 凶 農商業吉
6	普 壽 吉 二子	6	普 短 凶 一子	6	普 壽 晚 多子
7	普 長壽 晚 好	7	富 壽 晚 好	7	富 短 晚 二,三子 陰陽不交凶
8	普 短 凶 凶 官職外不利	8	富 壽 吉 多子	8	貧 壽 凶 多子 離別短命
9	大富 壽 吉 好 事業大吉	9	富 壽 凶 多子 官職大吉	9	富 壽 吉 好
10	大富 壽 晚 好 離別短命	10	富 長壽 吉 好	10	貧 凶 凶 凶 官職不吉
11	普 短 凶 凶 官職外不利	11	普 短 凶 凶	11	普 短 晚 二子
12	普 壽 晚 一,二子 官職吉	12	普 短 吉 一,二子	12	富 壽 吉 好
13	普 短 晚 一,二子	13	普 壽 吉 多子	13	貧 短 凶 凶 官職大吉
14	普 壽 吉 一,二子	14	普 壽 凶 凶 事業大吉	14	富 壽 凶 多子
15	富 長壽 吉 好	15	富 壽 吉 二子	15	富 壽 晚 好
16	貧 凶 凶 凶 ·	16	大富 壽 兩 多子 事業大成	16	富 壽 晚 好
17	富 壽 吉 好 事業大吉	17	富 壽 吉 好	17	普 壽 凶 好 軍人大吉
18	富 壽 兩 多子	18	普 壽 吉 二,三子	18	貧 短 凶 好 離別短命
19	富 壽 凶 凶 軍人,政治	19	普 短 凶 一子 先天半吉	19	貧 壽 晚 好
20	普 短 凶 一,二子	20	普 壽 吉 二子	20	富 壽 吉 好
21	普 短 兩 好	21	富 長壽 吉 多子 官職大吉	21	富 長壽 凶 多子 官職大吉
22	普 壽 吉 二子	22	富 壽 凶 三子 先天不吉無孫	22	富 壽 兩 多子
23	富 壽 吉 好	23	巨富 長壽 凶 好 事業大吉	23	普 短 吉 凶 陰陽不交不利
24	普 壽 吉 好 先天不吉	24	富 壽 兩 多子 事業대길	24	巨富 壽 吉 多子 事業官職
25	富 長壽 吉 好	25	普 壽 吉 一,二子 官職吉	25	普 壽 吉 好
26	富 長壽 吉 好	26	普 壽 吉 好 軍人,政治	26	普 壽 吉 好
27	普 短 兩 凶 官職外不利	27	富 長壽 吉 好	27	普 短 兩 好 官職外不利
28	富 壽 吉 好	28	普 短 吉 一,二子	28	富 壽 吉 一,二子 官職吉
29	大富 壽 吉 好 軍人,政治	29	富 壽 吉 凶	29	富 壽 吉 大好 官職吉
30	富 壽 吉 好	30	富 壽 吉 一,二子	30	富 長壽 吉 好 事業大吉
31	富 壽 吉 好	31	大富 壽 吉 好 事業大吉	31	普 短 凶 凶
32	普 壽 吉 凶 陰陽不交凶	32	富 壽 吉 多子	32	富 壽 吉 多子 事業不利
33	富 長壽 吉 二子	33	富 壽 吉 好	33	普 壽 吉 大好
34	富 長壽 吉 好	34	普 壽 吉 好	34	普 壽 吉 多好 官職外不利
35	普 短 凶 二子	35	普 短 凶 二子	35	普 壽 吉 好 人德無事業不利
36	富 長壽 吉 好	36	普 短 吉 二子	36	富 壽 吉 一,二子
37	普 壽 吉 好	37	富 壽 吉 好	37	富 長壽 吉 大好
38	富 壽 吉 二子	38	普 壽 吉 凶	38	富 壽 吉 多子
39	富 壽 吉 好 事業大吉	39	大富 壽 吉 二子	39	普 壽 吉 一,二子
40	普 壽 吉 好	40	富 壽 吉 多子	40	富 長壽 吉 好 財에 風波

10代		11代		12代	
1	富 壽 吉 多子	1	富 長壽 吉 好	1	富 長壽 吉 好
2	普 短 凶 一,二子 水厄有	2	普 壽 凶 好 官職大吉	2	普 普 晩 一,二子
3	普 壽 吉 三子 技術職官職	3	普 短 晩 多子 東奔西走	3	富 長壽 吉 好 官職大吉
4	富 壽 吉 二,三子 陰陽不交凶	4	富 壽 吉 二,三子	4	富 長壽 吉 好 事業大吉
5	富 壽 喪 二子 官職吉有才	5	富 壽 晩 凶 官職吉	5	富 壽 吉 多子
6	普 壽 吉 好	6	普 壽 晩 二子	6	富 壽 兩 好 軍人,政治
7	大富 壽 晩 多子 事業大吉	7	貧 凶 凶 凶	7	普 凶 凶 凶
8	富 長壽 吉 好	8	普 壽 吉 二子	8	普 短 凶 二子
9	富 壽 吉 好 奇蹟數回	9	富 壽 吉 多子 軍人,政治	9	普 壽 吉 好
10	普 短 凶 二子 官職吉有才	10	富 長壽 凶 好	10	普 短 兩 二子
11	富 壽 晩 二,三子 官職吉有才	11	普 短 晩 多子	11	富 壽 晩 好 官職外不利
12	富 長壽 吉 好	12	富 壽 吉 多子 官職吉	12	大富 壽 吉 好
13	富 短 喪 二子 官職吉	13	富 壽 吉 一,二子	13	富 壽 吉 二子 後天運大吉
14	富 壽 吉 好 事業吉	14	普 短 凶 好	14	普 普 凶 好 軍人大吉
15	巨富 壽 晩 多子 事業吉	15	貧 凶 凶 凶 官職外不成	15	貧 短 凶 凶
16	富 長壽 兩 好 軍人,政治	16	普 壽 吉 好 陰陽不交不吉	16	普 短 兩 二子 農業,政治
17	富 壽 吉 凶	17	富 壽 晩 一,二子	17	富 壽 吉 好
18	貧 短 凶 二子	18	普 壽 凶 二,三子	18	普 壽 兩 一,二子 官職吉
19	富 壽 晩 好	19	普 壽 吉 多子	19	富 長壽 吉 二子 官職名振
20	富 長壽 吉 好 官運大吉	20	富 長壽 吉 大好	20	富 壽 兩 好
21	大富 壽 吉 好	21	普 短 凶 凶 官職外不利	21	富 壽 吉 多子
22	富 長壽 吉 好 陰陽不交凶	22	普 短 吉 二,三子	22	普 普 兩 好 軍人,政治
23	富 壽 吉 大好	23	貧 凶 凶 凶 官職外不成	23	普 短 凶 好 痛苦愁心
24	富 長壽 吉 好	24	富 長壽 吉 好	24	普 短 凶 二子 陰陽相交吉
25	富 壽 吉 多子 奇蹟數回	25	富 壽 吉 多子 軍人,政治	25	富 壽 吉 普
26	普 短 凶 二子 水厄不吉	26	普 壽 吉 好	26	富 壽 吉 好
27	普 壽 吉 好 官職外不吉	27	普 長壽 吉 多子 東奔西走	27	富 長壽 吉 好 官職名振
28	富 長壽 吉 好 事業大吉	28	富 壽 吉 多子	28	大富 壽 吉 大好
29	普 壽 吉 多子 官職大成	29	普 短 晩 二子	29	富 壽 吉 好
30	貧 短 吉 好	30	普 短 吉 好	30	普 壽 兩 好 軍人,政治
31	富 長壽 吉 好 商事業大吉	31	貧 凶 凶 凶 母事不成	31	貧 短 凶 凶
32	普 壽 吉 好	32	普 壽 吉 好	32	普 短 凶 凶
33	富 壽 吉 多子	33	富 長壽 吉 一,二子	33	富 普 吉 好
34	富 短 凶 二子 水厄不吉	34	富 壽 吉 大好	34	普 壽 吉 好
35	富 壽 吉 好 官職大吉	35	富 壽 吉 好 多難多苦	35	富 壽 吉 好
36	巨富 壽 吉 好	36	富 壽 吉 好	36	富 長壽 吉 好
37	富 長壽 吉 好 軍人,政治	37	普 長壽 吉 一,二子	37	普 壽 吉 好
38	普 壽 吉 好	38	普 短 吉 凶	38	普 短 兩 好
39	富 壽 吉 好	39	貧 短 吉 好	39	貧 短 凶 凶
40	普 短 凶 好	40	富 長壽 吉 好 事業大吉	40	普 普 兩 二子

13代		14代		15代	
1	普 壽 晩 好	1	富 壽 吉 好 事業大吉	1	大富 壽 吉 好
2	富 壽 晩 一,二子 利在他鄉	2	富 長壽 吉 好	2	富 壽 凶 好 妻離別吉
3	富 長壽 吉 多子	3	富 壽 吉 好	3	普 短 凶 凶
4	普 壽 晩 二,三子 姓字七劃大吉	4	普 壽 兩 凶	4	普 短 晩 凶 陰陽相交吉
5	富 普 吉 多子 農商業吉	5	貧 凶 凶 凶 每事不成	5	普 短 凶 好
6	貧 短 凶 凶	6	貧 短 凶 凶	6	普 壽 吉 一,二子
7	貧 凶 凶 凶	7	普 壽 吉 凶	7	富 壽 吉 好
8	富 壽 吉 多子 官職大吉	8	普 短 凶 普	8	貧 短 凶 凶 刑官職外不
9	普 短 凶 二,三子	9	普 壽 吉 好 每事大吉	9	富 壽 吉 好 事業大吉
10	富 壽 晩 一,二子	10	大富 壽 吉 大好	10	富 壽 晩 好 官職不利
11	富 壽 吉 多子 事業	11	富 壽 吉 好	11	普 短 凶 凶 軍人,政治
12	普 短 凶 好 陰陽相合吉	12	貧 短 凶 凶 陰陽相交不吉	12	普 短 晩 一,二子 中折運
13	普 短 晩 普 政治外不利	13	貧 短 晩 二子 官職吉	13	普 壽 晩 好 英雄之象
14	富 短 兩 凶 事業風波	14	貧 短 凶 凶 軍人,政治	14	富 壽吉 吉 好
15	貧 短 凶 凶	15	富 壽 吉 好	15	富 長壽 吉 好
16	巨富 長壽 吉 好 官職事業吉	16	普 短 凶 好 官職大吉	16	普 短 凶 凶 後天大吉
17	普 壽 晩 好 官職吉	17	富 壽 吉 大好	17	富 壽 吉 好 陰陽不交不利
18	普 壽 吉 好 利在他鄉	18	富 長壽 吉 好 陰陽不交不吉	18	富 壽 兩 一,二子
19	富 壽 吉 多子 名振四海	19	富 壽 吉 好	19	貧 短 凶 凶
20	普 壽 吉 二子	20	普 短 凶 凶	20	富 壽 吉 一,二子
21	普 壽 吉 好	21	普 短 凶 一,二子 官職後母同居	21	普 普 吉 好
22	富 短 兩 多子	22	普 短 兩 二子 軍人,政治	22	普 壽 吉 大好
23	普 凶 凶 凶 陰陽相交不吉	23	富 壽 吉 好	23	大富 壽 吉 好
24	富 長壽 吉 多子 事業,官職	24	普 短 兩 好	24	富 壽 吉 好
25	普 壽 吉 好	25	富 壽 吉 一子	25	普 壽 吉 好
26	普 壽 吉 大好 奇蹟有	26	富 壽 吉 大好	26	富 長壽 兩 二子
27	大富 壽 吉 好 事業大吉	27	普 短 兩 普	27	貧 凶 凶 凶 官職外不利
28	普 壽 兩 凶	28	貧 短 兩 凶	28	普 壽 吉 一,二子
29	普 壽 大吉 好	29	貧 短 凶 凶 每事不成	29	普 短 吉 好 陰陽不交不利
30	貧 短 凶 凶	30	貧 短 凶 凶	30	普 壽 吉 好
31	貧 凶 凶 凶 手足不具不吉	31	富 壽 吉 好	31	富 長壽 吉 好
32	巨富 長壽 吉 好 名振四海	32	富 壽 兩 好	32	普 壽 吉 好
33	普 短 吉 好 官職外不利	33	富 長壽 吉 好 事業大吉	33	富 壽 大吉 好
34	普 壽 吉 二子	34	富 壽 吉 好	34	普 普 兩 一,二子
35	富 壽 大吉 好 陰陽不交不吉	35	富 壽 吉 好		
36	普 壽 兩 一,二子 財産風波	36	普 短 凶 凶		
37	普 壽 吉 好	37	普 短 凶 二子 官外不利		
38	富 短 兩 好	38	富 長壽 吉 二子 蹇足		
39	富 壽 吉 好 事業大吉	39	富 壽 吉 二子		
40	普 壽 大吉 好	40	普 短 兩 好		

16代		17代		18代	
1	富 壽 凶 多子	1	富 長壽 吉 好 六龍御天格	1	富 壽 吉 好
2	富 壽 吉 好	2	貧 短 凶 凶 官職外不利	2	普 短 凶 一,二子 水厄不吉
3	普 短 凶 二子	3	普 凶 凶 二,三子 有才	3	普 壽 晩 好 官,機械職
4	普 短 吉 二子	4	富 壽 晩 二子 官職大吉	4	富 壽 吉 好
5	普 壽 吉 好 官職名振	5	普 短 凶 凶 官職名振	5	普 短 喪 一,二子 喪妻無時短命
6	普 短 兩 一子	6	富 壽 晩 多	6	富 壽 吉 好
7	大富壽 吉 好 事業大吉	7	富 壽 晩 一,二子 平數不吉	7	大富壽 吉 好
8	大富壽 兩 好 事業大吉	8	富 壽 兩 多子 財物風波	8	富 壽 晩 好
9	富 壽 晩 好 官職大吉	9	普 短 凶 好 政治外不利	9	普 壽 吉 多子 奇蹟三遷
10	普 壽 吉 好	10	普 短 凶 凶 官職外不利	10	普 短 凶 一,二子 軍,政治不利
11	普 短 凶 一,二子	11	普 短 兩 好 軍人,政治	11	富 壽 晩 好 官職大吉
12	普 短 凶 二子 政治人病苦愁心	12	富 壽 吉 二子	12	富 壽 吉 好
13	富 壽 吉 多子 官職吉	13	貧 短 喪 凶	13	普 短 喪 一,二子
14	普 壽 凶 凶	14	富 壽 晩 好	14	富 壽 吉 好
15	富 壽 吉 好 晩婚大吉	15	富 長壽 吉 好	15	大富 長壽 吉 多子
16	大富壽 兩 多 事業大吉	16	富 壽 兩 好	16	普 壽 吉 好
17	富 壽 吉 好 官職名振	17	大富壽 兩 多子	17	富 壽 吉 多子 大振名利
18	普 壽 吉 好	18	富 壽 普 好	18	普 短 兩 一,二子 軍,政治不利
19	富 壽 普 好	19	普 壽 凶 好	19	普 普 吉 好
20	普 壽 吉 好 官職之象	20	富 壽 吉 好	20	富 壽 吉 好
21	富 壽 吉 凶	21	貧 短 喪 凶 官職名振	21	富 壽 吉 好 名振四海
22	富 壽 兩 普	22	富 壽 兩 好	22	普 壽 吉 二子
23	大富壽 吉 好	23	普 短 兩 凶	23	富 長壽 大吉 好 事業大吉
24	富 短 兩 多子	24	富 壽 兩 多子 妻無離別不利	24	普 壽 吉 二子
25	富 壽 吉 好 官職大吉	25	普 壽 吉 好	25	普 長壽 吉 好 奇蹟三遷
26	富 壽 吉 好	26	普 短 兩 好	26	普 壽 兩 一,二子
27	貧 短 凶 凶	27	普 短 吉 二子	27	普 壽 吉 好 官職大吉
28	普 短 吉 二子	28	富 壽 吉 二子 官職吉	28	大富壽 吉 好 事業大吉
29	普 壽 吉 多子	29	富 壽 吉 多子 官職名振	29	普 壽 大吉 好 軍人,政治
30	富 壽 吉 凶 陰陽不交不利	30	富 普 普 好 陰陽不交不利	30	富 壽 吉 好
31	大富壽 吉 好 事業大吉	31	普 短 吉 凶	31	富 壽 吉 好
32	富壽 吉 多子	32	普 短 兩 多子	32	普 壽 吉 一,二子
33	富 長壽 吉 好	33	普 壽 吉 好	33	富 長壽 大吉 多子
34	富 壽 吉 二子	34	富 壽 吉 好	34	普 壽 吉 一,二子
35	富 壽 大吉 好	35	富 壽 吉 好 官職吉人德無	35	普 壽 吉 好
36	富 壽 吉 二子				
37	富 短 吉 好				
38	富 長壽 吉 好				
39	大富壽 吉 好				

19代		20代		21代	
1	富 壽 晩一,二子陰陽不交凶	1	富 壽 吉 好	1	普 短 晩二,三子 官職吉
2	富 壽 凶 好 官職技術	2	貧 壽 晩 二子	2	普 壽 吉 二子
3	普 短 吉 好	3	富 壽 吉 好 官職大吉	3	大富壽吉 二子 名振四海
4	富 壽 吉 普 官職大吉	4	大富普吉 好	4	富 壽 兩 好 姓字七書吉
5	富長壽吉 一,二子	5	富 壽 吉 多子 萬事快意誠	5	富 壽 吉 多子
6	普 壽 晩 好	6	富 壽 吉 好	6	普 短 凶 凶 蜂蝶大路
7	普 壽 凶 凶	7	貧長壽凶 凶	7	貧 短 凶 凶
8	普 壽 吉 多子 財物風波	8	貧長壽兩 二子	8	富 壽 吉 好
9	富 壽 吉 好	9	富 壽 吉 好	9	普 壽 吉 好
10	普 壽 凶 好	10	富 壽 晩二,三子 官職吉	10	普 壽 吉 二子
11	凶 壽 吉 好	11	富 壽 吉 好 官職大吉	11	大富壽吉 好
12	富 壽 吉 好	12	富長壽吉 好 陰陽不交吉	12	富 壽 吉 好
13	富 壽 吉 大好	13	大富壽吉 好	13	普 壽 吉 好
14	富長壽大吉好	14	富 壽 兩 好	14	普長壽兩 好 財物風波
15	貧 壽 吉 好	15	富長壽兩大好	15	凶 短 喪 凶
16	貧 短 凶 凶	16	富 壽 兩 好	16	大富長壽吉多子 名振四海
17	富 壽 吉 好	17	貧 壽 吉 好	17	富 壽 吉 好 有才
18	大富壽吉 好	18	富 壽 吉 好	18	富 壽 吉 二子
19	富 壽 吉 好 東奔西走	19	普 壽 吉 好	19	大富壽吉大好
20	富 壽 吉 好 官職大吉	20	富 壽 吉 好	20	貧 壽 吉 好
21	普 短 吉 凶 有才	21	大富壽吉 好	21	貧 普 晩一,二子 利在他鄕
22	普 壽大吉好 不成嘆息	22	富 壽 兩 好	22	貧 普 兩 凶 財産波亂
23	貧 短 凶 凶 官職不成	23	貧 短 兩 二子	23	凶 短 凶 凶 每年不成
24	富 壽 吉 好	24	貧長壽兩 二子	24	大富壽吉多子 名振四海
25	富 壽 吉 一,二子	25	富 壽 吉 好	25	貧 壽 兩晩好
26	富長壽吉 好 官職大吉	26	普 壽 吉 二子	26	富 壽 吉 好 利在他鄕
27	大富壽吉多子	27	富 壽 吉 好	27	大富長壽吉多子
28	富 壽 吉 好	28	富 壽 吉 好	28	貧 普 凶 凶 千里有光
29	富 壽 吉 好	29	富 壽 吉 多子		
30	富 凶 普 凶	30	貧 壽 兩 好		
31	貧 凶 凶 凶 事業不利	31	貧長壽兩 凶		
32	富 壽 吉 好	32	貧 壽 兩 二子		
33	富 壽 吉 好	33	普 壽 吉 好		
34	凶 短 吉 凶	34	貧長壽兩 好		
35	富 壽 凶 好	35	富 壽 吉 好		
		36	大富壽吉 好		

22代		23代			
1	巨富 壽 吉 好 事業大成	1	大富 壽 吉 好 諸事業大興		
2	富 壽 吉 好	2	大富 壽 晩 好		
3	富 壽 吉 好	3	貧 長壽 凶 凶 軍政治不利		
4	普 短 兩 多子 英雄格	4	貧 長壽 晩 凶 官職大吉		
5	貧 凶 凶 凶	5	貧 普 吉 好 病苦愁心		
6	普 短 凶 二子	6	富 壽 吉 二子 官職大吉		
7	富 壽 吉 好	7	富 壽 吉 好		
8	普 壽 吉 好 陰陽不交不利	8	貧 長壽 凶 凶 刑厄不吉		
9	富 壽 吉 好	9	富 壽 吉 好 事業大吉		
10	富 壽 吉 好	10	大富 壽 晩 好 每事不吉		
11	富 壽 吉 好	11	貧 短 凶 凶		
12	富 短 兩 好	12	富 壽 吉 好 官職大吉		
13	普 短 凶 二子 官職外不利	13	富 壽 吉 好 有始無終		
14	普 短 凶 二子	14	貧 壽 吉 好		
15	普 壽 吉 好	15	大富 壽 吉 好 事業大吉		
16	普 壽 凶 好 陰陽不交不利	16	貧 長壽 凶 凶 不吉		
17	大富 壽 吉 好	17	貧 壽 吉 好		
18	富 壽 吉 好	18	富 壽 兩晩 好		
19	大富 壽 吉 好 事業大吉	19	貧 長壽 凶 凶		
20	普 長壽 兩 好	20	貧 長壽 晩 凶		
21	貧 壽 凶 凶	21	富 壽 兩 好		
22	貧 壽 凶 凶				
23	富 壽 吉 好				
24	富 壽 兩 好				
25	富 壽 吉 好 事業發展				
26	富 壽 吉 好				
27	富 壽 吉 好				
28	貧 壽 吉 好				
29	貧 長壽 凶 一子				
30	貧 普 兩 一,二子				
31	富 壽 吉 好				
32	富 壽 吉 好				
33	富 壽 吉 好				
34	大富 壽 吉 好				
35	富 壽 吉 好				
36	貧 長壽 凶 一,二子				

7. 황극책수법(皇極策數法)

예) 지천태괘(地天泰卦)

양효(陽爻)의 1爻는 36策　　36× 3=108
음효(陰爻)의 1爻는 24策　　24× 3=72
) 180

• 64괘별 착종수(錯綜數)

乾216	履204	同人204	无妄192	姤204	訟192	遯192	否180	夬204	兌192
革192	隨180	大過192	困180	咸180	萃168	大有204	睽192	離192	
噬嗑180	鼎192	未濟180	旅180	晋168	大壯192	歸妹180	豊180	震168	
恒180	解168	小過168	豫156	小畜204	中孚192	家人192	益180	巽180	
渙180	漸180	觀168	需192	節180	旣濟180	屯168	井180	坎168	蹇168
比156	大畜192	損180	賁180	頤168	蠱180	蒙168	艮168	剝156	泰180
臨168	明夷168	復156	升168	師156	謙156	坤144			

1) 작괘(作卦)

성자+명상자 합수 88제지 상괘(上卦)

성명자 합수 88제지 하괘(下卦),

성명자 합수 66제지 동효(動爻)

金 8
化 6
七 3

17 ÷ 8 = 1 하괘

14÷8=6 감수(坎水) 상괘(上卦)
본괘(本卦) 수천수괘(水天需卦)
17÷6=5효동(爻動)
지괘(之卦) 지천태괘(地天泰卦)

※ 글자획은 반드시 곡획(曲劃)에 의한다.

2) 황극책수(皇極策數)

착종수(錯綜數) - 원수(原數: 被乘數)
내괘(內卦) 동시 괘수(卦數) 10위 동효수 단單
상괘수(上卦數)+하괘수(下卦數)+효수(爻數)=
□□□□(원회운세元會運世)
외괘(外卦) 동시 효수(爻數) 10위 괘수 단單
※ 5위 수시(數時) 기위(基位) 감(減, 만 단위 제외)
384괘효의 원문 원회운세표(4언절구)를 종합하여 부호로 길흉 표시(필자 견해).

예1) 지천태(地天泰) 3효동(爻動)인 경우
태괘(泰卦) 착종수 180 3효동(爻動)-내괘동(內卦動)
천괘(天卦) 10위 효수(爻數)3=13 180× 13=2340
2340+180(착종수)+8(상괘지上卦地)+1(하괘천下卦天)+3(동효수)=2532 황극책수(원회운세元會運世)

예2) 지천태(地天泰) 5효동(爻動)인 경우
180× 58(5효동수 10위 지괘수地卦數 8)=10440
10440+180+8+1+5(동효수動爻數)=10634 → 0634

- 공수(空數: 천 단위 숫자 4개 중에서 0이 되는 것)
원수(元數: 천 단위)-일생 두서가 없고 가산 패괴.
회수(會數: 백 단위)-형제가 분리하여 고독무의지상.
운수(運數: 십 단위) - 자신이 매우 불길함.
세수(世數: 단 단위) - 자손의 부가 있는 상.

운(運)은 자기이고 세(世)는 본인에 해당하니 세(世)가 운(運)을 생하면 설기(洩氣)되고, 세(世)가 운(運)을 극(剋)하면 평길한데 비화되어도 평길하다. 원회운세(元會運世)는 성명자의 길흉풀이(4언절구) 외에도 만상의 변화가 나타난다.

● 원회운세(元會運世) 조견표

重天乾(11)		天風姤(15)		天山遯(17)		天地否(18)		風地觀(58)	
111	2595 ○	151	0615 ×	171	3833 △	181	4770 ×	581	3790 ×
112	2812 ○	152	0820 ×	172	4026 ×	182	4951 △	582	3959 ×
113	3029 ×	153	1025 ×	173	4219 ○	183	5132 △	583	4128 △
114	9078 ×	154	8578 △	174	8076 ×	184	7573 ○	584	7745 △
115	1239 ×	155	0619 ×	175	9997 △	185	9374 △	585	9426 ×
116	3400 ×	156	2660 ×	176	1918 ○	186	1175 ×	586	1107 ×
火山旅(37)		山地剝(78)		火地晋(38)		火天大有(31)		重水坎(66)	
371	2972 ×	781	2808 ×	381	3788 ○	311	2453 ×	661	0429 ×
372	3152 △	782	2965 △	382	3957 ○	312	2658 △	662	0598 △
373	3333 △	783	3122 ○	383	4128 ×	313	2863 △	663	0767 ×
374	7934 △	784	7507 ×	384	7407 ×	314	8984 △	664	7912 △
375	9735 ×	785	9068 ×	385	9088 ×	315	1025 ×	665	9593 △
376	1936 ×	786	0629 △	386	0769 ×	316	3066 △	666	1274 ×
水澤節(62)		水雷屯(64)		水火旣濟(63)		澤火革(23)		雷火豊(43)	
621	3969 ○	641	7067 ×	631	5770 ×	231	6150 ×	431	5768 △
622	4150 ×	642	7236 △	632	5951 △	232	6342 ×	432	5949 △
623	4331 ○	643	7405 ×	633	6132 ○	233	6536 ○	433	6130 △
624	8472 △	644	7910 ×	634	0273 ○	234	8265 ×	434	8111 ○
625	0273 △	645	9591 △	635	0274 ×	235	0186 ×	435	9912 ○
626	2074 ×	646	1272 ○	636	2075 ×	236	2107 ×	436	1723 ×
地火明夷(83)		地水師(86)		重山艮(77)		山火賁(73)		山天大畜(71)	
831	5388 ×	861	9687 △	771	2111 ×	731	5771 △	711	2313 ×
832	5557 ×	862	9844 △	772	2280 ×	732	5952 ○	712	2506 ×
833	5726 ×	863	0001 ×	773	2449 ○	733	6133 ○	713	2699 ○
834	8247 △	864	7662 △	774	8082 ×	734	8654 ×	714	9228 ○
835	9928 △	865	9223 △	775	9763 △	735	0455 △	715	1149 ○
836	1609 ×	866	0784 △	776	1444 ○	736	2256 ○	716	3070 ×

山澤損(72)		火澤睽(32)		天澤履(12)		風澤中孚(52)		風山漸(57)	
721	3970 ×	321	4230 ×	121	4492 ○	521	4232 △	571	2973 ○
722	4151 ×	322	4423 ○	122	4697 △	522	4452 △	572	3154 △
723	4332 △	323	4616 △	123	4902 ×	523	4618 △	573	3335 ×
724	8653 ×	324	8457 △	124	8575 △	524	8843 △	574	8296 ×
725	0454 ×	325	0378 ×	125	0616 △	525	0764 ×	575	0097 ×
726	4255 ×	326	2299 ○	126	2657 ○	526	2685 ×	576	1898 ×
重雷震(44)		雷地豫(48)		雷水解(46)		雷風恒(45)		地風升(85)	
441	7065 ×	481	2805 ×	461	0427 ×	451	9370 ×	851	8750 △
442	7234 ×	482	2962 ○	462	0596 △	452	9551 ○	852	8919 ○
443	7403 ×	483	3119 ○	463	0765 ×	453	9732 ×	853	9088 ×
444	7572 △	484	7036 ×	464	7574 ○	454	8113 ×	854	8249 ○
445	9253 ×	485	8597 △	465	9255 △	455	9914 ○	855	9930 ×
446	2934 ×	486	0158 △	466	0936 △	456	1715 ×	856	1611 △
水風井(65)		澤風大過(25)		澤雷隨(24)		重風巽(55)		風天小畜(51)	
651	9372 ○	251	9992 ○	241	1367 △	551	9995 ○	511	2455 ○
652	9553 ○	252	0185 △	242	7548 ×	552	0188 △	512	2662 △
653	9734 ×	253	0378 △	243	9729 △	553	0431 △	513	2865 △
654	8475 △	254	8267 ×	244	7750 △	554	8846 △	514	9534 ×
655	0276 △	255	0188 ×	245	9551 ○	555	0767 ×	515	1615 ×
656	2077 ×	256	2109 ×	246	1352 ○	556	2688 ○	516	3656 △
風火家人(53)		風雷益(54)		天雷无妄(14)		火雷噬嗑(34)		山雷頤(74)	
531	6153 ×	541	7570 △	141	8070 △	341	7568 △	741	7068 ×
532	6346 ×	542	7751 ○	142	8178 △	342	7749 △	742	7237 ×
533	6539 ×	543	7932 △	143	8456 ○	343	7930 △	743	7406 ×
534	8844 ×	544	8253 △	144	8073 △	344	7931 △	744	8079 ×
535	0765 ×	545	0094 ×	145	9994 △	345	9731 ×	745	9760 ×
536	2686 △	546	1895 ○	146	1915 △	346	1533 ×	746	1441 ○

山風蠱(75)		重火離(33)		火風鼎(35)		火水未濟(36)		山水蒙(76)	
751	9373 ○	331	6151 ×	351	9993 ×	361	1170 ×	761	0430 ×
752	9554 ×	332	6344 ×	352	0186 △	362	1351 ×	762	0599 ×
753	9735 ×	333	6537 ×	353	0379 ×	363	1532 ×	763	0768 ×
754	8656 ×	334	8456 ×	354	8463 ×	364	7933 ×	764	8081 ○
755	0457 ○	335	0379 △	355	0381 △	365	9734 △	765	9762 △
756	2258 ×	336	2300 ×	356	2302 ×	366	1535 △	766	1443 ○
風水渙(56)		**天水訟(16)**		**天火同人(13)**		**重地坤(88)**		**地雷復(84)**	
561	1172 ×	161	1912 ○	131	6533 △	881	1825 ○	841	6565 ×
562	1353 ×	162	2105 ×	132	6738 ○	882	1970 ×	842	7722 △
563	1534 ×	163	2298 ×	133	6943 △	883	2165 ×	843	6879 ○
564	8295 ○	164	8075 ×	134	8576 ×	884	7126 ×	844	7660 ×
565	0096 ×	165	9996 △	135	0617 ×	885	8517 ×	845	9653 ×
566	1897 ×	h166	1917 ○	136	2658 ×	886	9958 ○	846	0777 △
地澤臨(82)		**地天泰(81)**		**雷天大壯(41)**		**澤天夬(21)**		**水天需(61)**	
821	3707 ×	811	2170 ×	411	2309 ×	211	2452 ○	611	2312 ×
822	3876 ○	812	2351 ×	412	2503 ×	212	2657 ○	612	2505 ×
823	4045 ×	813	2532 ×	413	2696 ×	213	2862 ×	613	2698 ×
824	8246 △	814	8833 ×	414	8649 ○	214	8779 △	614	9035 ×
825	9927 △	815	0634 △	415	0570 ×	215	0820 ×	615	0956 △
826	1608 ×	816	2435 △	416	2491 ○	216	2861 ○	616	2877 △
水地比(68)		**重澤兌(22)**		**澤水困(26)**		**澤地萃(28)**		**澤山咸(27)**	
681	2807 ×	221	4229 △	261	1169 ○	281	3787 ○	271	2970 ×
682	2964 ○	222	4422 ×	262	2350 ×	282	3956 △	272	3151 △
683	3121 ×	223	4615 ×	263	1531 △	283	4125 ×	273	3332 ○
684	3750 △	224	8264 ○	264	7752 ○	284	7283 ○	274	7753 △
685	8911 △	225	0185 △	265	9553 ×	285	8919 ○	275	9554 △
686	0472 ×	226	2106 ×	266	1354 ×	286	0600 ×	276	1355 ×

水山蹇(67)		地山謙(87)		雷山小過(47)		雷澤歸妹(42)			
671	2110 ×	871	1248 △	471	2108 ×	421	3967 △		
672	2279 ×	872	1405 ×	472	2277 ×	422	4148 ×		
673	2448 ×	873	1562 ×	473	2446 ○	423	4329 ×		
674	7913 ○	874	7663 ×	474	7575 ×	424	8110 ×		
675	9594 ○	875	9224 ×	475	9256 △	425	9911 ○		
676	1275 ×	876	0785 ×	476	0937 ×	426	1712 ×		

8. 선후천역상법(先後天易作象法)

역상(易象)으로 작명하는 방법은 여러 가지가 있으나 선후천역상법(先後天易象法)은 중요하다. 앞에서 언급한 일반역상법 등은 일본식 4자 성명에 쓰던 것으로 우리의 일반적인 3자 성명에 그대로 적용하는 것은 적당하지 않다거나 작명역상속견표에서도 알 수 있듯이 성씨별로 64괘 중 8괘에 국한되는 것을 모순으로 지적하는 사람도 있다.

선후천역상법(先後天易象法)은 선천수(先天數: 實劃)와 후천수(後天數: 曲劃)를 한자 획수로 함께 사용하는데 아직은 세상에 알려지지 않은 비법으로 강호제현의 활용을 기대한다.

선후천역상법(先後天易象法)은 지관(知冠) 송충석(宋忠錫) 선생이 연구 창안하여 40여 년 검증한 특유의 비법으로 몇몇 제자들만 알고 있다가 처음으로 세상에 공개하는 것이다.

1. 작괘법(作卦法)

선천수 先天數 (정획 正劃)		후천수 後天數 (곡획 曲劃)
7	송 宋	8
8	충 忠	10
16	석 錫	19
31		37

(이름자 선천수 합 : 24)

성명 선천수(正劃) 합수 8除 -상괘
성명 후천수(曲劃) 합수 8除 -하괘
이름자 선천수 합수 6除 -동효
※ 외자 이름은 성명 선천수의 합

성명 선천합수 31÷8=3…7 간산(艮山: 상괘)
성명 후천합수 37÷8=4…5 손풍(巽風 : 하괘)
평생괘 - 산풍고괘(山風蠱卦)
이름자 선천합수 24÷6=4…6爻動(동효)
본괘(本卦) - 산풍고괘(山風蠱卦)
지괘(之卦) - 지풍승괘(地風升卦)

• 대상(大象)

- 선·후천괘 및 양효(陽爻) 9년 음효(陰爻) 6년

예) 先天 산택손(山澤損) 後天 수산건(水山蹇)

先天		後天	
—	37~45세	--	61~66세
--	31~36세	—	52~60세
--	25~30세	• --	46~51세
--	19~24세	—	79~87세
—	10~18세	--	73~78세
• —	1~9세	--	67~72세

※ •는 동효(元堂) 표시이고, 최고 나이의 경우는 선천순양괘

(先天純陽卦: 9× 6=54)와 후천 일음오양괘一(陰五陽卦: 9× 5+6)의 경우와 같이 105세가 된다.

위에서 양효(陽爻: —)일 때 9년을 주기로 하고, 음효(陰爻: --)일 때 6년을 주기로 하여 대상(大象)이라 하는데 사주의 대운과 같다. 선천괘(平生卦) 산택손(山澤損)의 초효 1세부터 시작하여 상효에서 45세로 끝나면 46세부터는 후천괘 수산건(水山蹇)의 4효에서 시작하며 87세까지 소관함을 알 수 있다.

선천에서 후천으로 바뀔 때 상괘가 하괘로 하괘가 상괘로 이동하는 것을 착종괘(錯綜卦)라 하는데 선천의 초효 왼쪽 원당(元堂: 主爻로 인식) •은 음양이 바뀜을 알 수 있다. 선후천 모두 원당(元堂)부터 시작하고, 선천괘(平生卦)수의 연한이 끝난 뒤에 후천괘로 넘어간다.

2. 괘상(卦象)의 활용

1) 괘의(卦意)의 정위

상효	– 국사(國師)	음陰	--
5효	– 군(君)	양陽	
4효	– 대신(大臣)	음陰	--
3효	– 대부(大夫)	양陽	
2효	– 사(士)	음陰	--
초효	– 민(民)	양陽	

※ 보통 위길(位吉)이라 하면 2효 5효를 얻는 경우를 말한다.10점으로 환산하면 상효 초효 2점, 5효 2효 10점, 4효 8점, 3효 6점으로 본다.

2) 정대(正對)와 반대(反對)

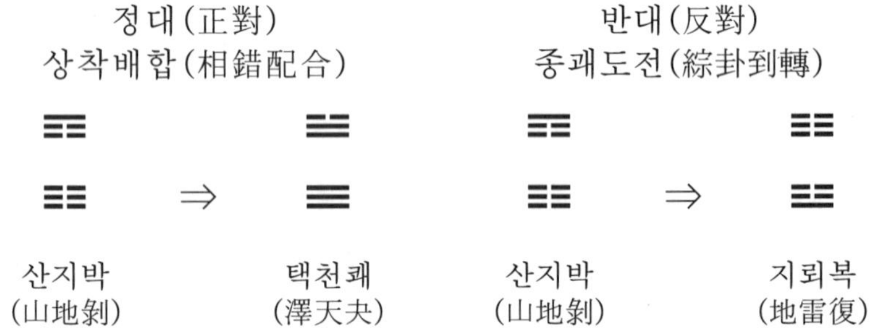

※ 원괘(元卦: 平生卦) 및 후천괘(後天卦)가 정대 또는 반대괘가 되면 불길하다 하나 무엇보다 큰 변화가 생겨 길흉이 크게 작동한다고 보아야 한다.

3) 다른 변괘(變卦)

기본괘(元卦): 산지박(山地剝)

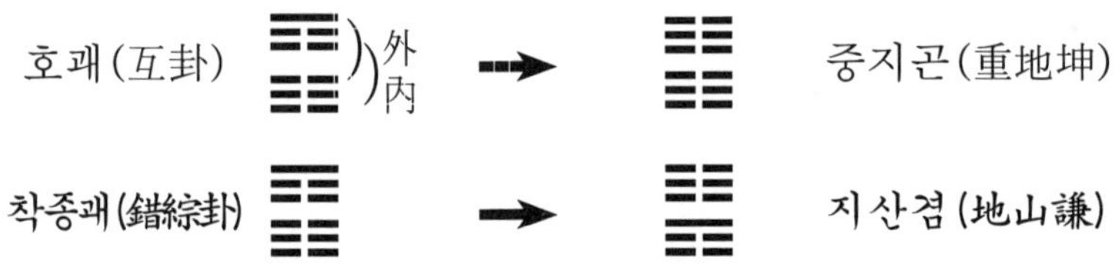

※ 위의 괘상(卦象)들은 본괘의 내용을 들어내는 형상이다. 특히 호괘(互卦)의 활용이 크며 중요하다.

3. 원기(元氣)

원기(元氣)란 주역을 상수화(象數化)한 하락이수(河洛理數)에 의하여 인간사의 길흉을 판단할 때 신비스러움을 더해주는 고차원적인 분야이다. 원기(元氣)는 선천적인 기운으로 나를 돕는 상서로운 기운을 말하는데 관록성(官祿星), 고명성(誥命星), 귀인성(貴人星)을 말한다.

원기(元氣)는 선천적인 기운이므로 주로 부모를 비롯해 윗사람이나 선배나 직장상사가 도와주는 것이다, 천간(天干)으로 얻은 천원기(天元氣)는 아버지 계통이나 남자의 도움을 받고, 지지(地支)로 얻은 지원기(地元氣)는 어머니 계통이나 여자의 도움을 받는다고 한다.

화공(化工) 역시 원기(元氣)와 더불어 나를 돕는 기운이라고 이해하면 된다. 다만 원기(元氣)가 윗사람의 도움이라면 화공(化工)은 동등하거나 아랫사람의 도움이란 것이 다르다. 예를 들어 원기(元氣)인 진(震: ☳)이 하나 있는데 반원기(反元氣)인 손(巽: ☴)이 있으면 손(巽) 기운의 방해가 있지만 진(震)의 기운으로 버틴다고 보면 된다.

• 팔괘(八卦)의 원기(元氣)

卦名	乾	兌	離	震	巽	坎	艮	坤
元氣 化工	☰	☱	☲	☳	☴	☵	☶	☷
卦名	坤	艮	坎	巽	震	離	兌	乾
反元氣 反化工	☷	☶	☵	☴	☳	☲	☱	☰

天干	甲壬	乙癸	丙	丁	戊	己	庚	辛
地支	戌亥	未申	丑寅	酉	子	午	卯	辰巳
元氣(卦)	乾☰	坤☷	艮☶	兌☱	坎☵	離☲	震☳	巽☴

生年干支	元氣		反元氣	
	八卦	吉凶	八卦	吉凶
甲壬 戌亥	乾	富貴 名譽 官祿	坤	貧賤, 剋父母 妻子
乙癸 未申	坤		乾	貧, 短命, 喜中在憂
丙 丑寅	艮		兌	종기, 암, 暗昧
丁 酉	兌		艮	순치有欠, 更加反對死
戊 子	坎		離	눈병, 봉사
己 午	離		坎	啞, 聾耳
庚 卯	震		巽	痼疾, 손과 팔뚝病
辛 辰巳	巽		震	跛(절름발이)

• 생년(生年)의 원기(元氣)

甲子 乾,坎	乙丑 坤,艮	丙寅 艮	丁卯 兌,震	戊辰 坎,巽	己巳 離,巽	庚午 震,離	辛未 巽,坤	壬申 乾,坤	癸酉 坤,兌
甲戌 乾	乙亥 坤,乾	丙子 艮,坎	丁丑 兌,艮	戊寅 坎,艮	己卯 離,震	庚辰 震,巽	辛巳 巽	壬午 乾,離	癸未 坤
甲申 乾,坤	乙酉 坤,兌	丙戌 艮,乾	丁亥 兌,乾	戊子 坎	己丑 離,艮	庚寅 震,艮	辛卯 巽,震	壬辰 乾,巽	癸巳 坤,巽
甲午 乾,離	乙未 坤	丙申 艮,坤	丁酉 兌	戊戌 坎,乾	己亥 離,乾	庚子 震,坎	辛丑 巽,艮	壬寅 乾,艮	癸卯 坤,震
甲辰 乾,巽	乙巳 坤,巽	丙午 艮,離	丁未 兌,坤	戊申 坎,坤	己酉 離,兌	庚戌 震,乾	辛亥 巽,乾	壬子 乾,坎	癸丑 坤,艮
甲寅 乾,艮	乙卯 坤,震	丙辰 艮,巽	丁巳 兌,巽	戊午 坎,離	己未 離,坤	庚申 震,坤	辛酉 巽,兌	壬戌 乾	癸亥 坤,乾

※ 생년 간지의 원기를 출생 간지별로 정리한 것임.

※ 원기(元氣)에 납음(納音)까지 얻으면 더 좋다고 한다. 예를 들어 천화동인괘(天火同人卦)를 얻은 경오생(庚午生)의 납음오행(納音五行) 노방토(路傍土)는 동인(同人) 하괘의 리(離)가 노방토(路傍土)의 토(土)를 화생토(火生土)로 생하기 때문이다.

4. 선후천괘(先後天卦) 연령 변화

일, 십, 백 단위로 표시했는데 백 자리수는 상괘, 십 자리수는 하괘, 일 자리수는 원당효(元堂爻)이다.

先天卦	後天卦	변경나이	先天卦	後天卦	변경나이	先天卦	後天卦	변경나이	先天卦	後天卦	변경나이
111	514	55세	146	423	49세	185	832	46세	244	461	46세
112	315	55세	151	114	52세	186	823	46세	245	442	46세
113	216	55세	152	715	52세	211	524	52세	246	413	46세
114	151	55세	153	616	52세	212	325	52세	251	124	49세
115	132	55세	154	551	52세	213	226	52세	252	725	49세
116	123	55세	155	532	52세	214	161	52세	253	626	49세
121	614	52세	156	523	52세	215	142	52세	254	561	49세
122	415	52세	161	214	49세	216	113	52세	255	542	49세
123	116	52세	162	815	49세	221	624	49세	256	513	49세
124	251	52세	163	516	49세	222	425	49세	261	224	46세
125	232	52세	164	651	49세	223	126	49세	262	825	46세
126	223	52세	165	632	49세	224	261	49세	263	526	46세
131	714	52세	166	623	49세	225	242	49세	264	661	46세
132	115	52세	171	314	49세	226	213	49세	265	642	46세
133	416	52세	172	515	49세	231	724	49세	266	613	46세
134	351	52세	173	816	49세	232	125	49세	271	324	46세
135	332	52세	174	751	49세	233	426	49세	272	525	46세
136	323	52세	175	732	49세	234	361	49세	273	826	46세
141	841	49세	176	723	49세	235	342	49세	274	761	46세
142	215	49세	181	414	46세	236	313	49세	275	742	46세
143	316	49세	182	615	46세	241	824	46세	276	713	46세
144	451	49세	183	716	46세	242	225	46세	281	424	43세
145	432	49세	184	851	46세	243	326	46세	282	625	43세

先天卦	後天卦	변경나이	先天卦	後天卦	변경나이	先天卦	後天卦	변경나이	先天卦	後天卦	변경나이
283	736	43세	371	334	46세	455	522	46세	543	356	46세
284	861	43세	372	535	46세	456	533	46세	544	411	46세
285	842	43세	373	836	46세	461	244	43세	545	472	46세
286	813	43세	374	771	46세	462	845	43세	546	463	46세
311	534	52세	375	712	46세	463	546	43세	551	154	49세
312	335	52세	376	743	46세	464	681	43세	552	735	49세
313	236	52세	381	434	43세	465	622	43세	553	656	49세
314	171	52세	382	635	43세	466	633	43세	554	511	49세
315	112	52세	383	736	43세	471	344	43세	555	572	49세
316	143	52세	384	871	43세	472	545	43세	556	563	49세
321	634	49세	385	812	43세	473	846	43세	561	254	46세
322	435	49세	386	843	43세	474	781	43세	562	855	46세
323	136	49세	411	544	49세	475	722	43세	563	556	46세
324	271	49세	412	345	49세	476	733	43세	564	611	46세
325	212	49세	413	246	49세	481	444	40세	565	672	46세
326	242	49세	414	181	49세	482	645	40세	566	663	46세
331	734	49세	415	122	49세	483	746	40세	571	354	46세
332	135	49세	416	133	49세	484	881	40세	572	555	46세
333	436	49세	421	644	46세	485	822	40세	573	856	46세
334	371	49세	422	445	46세	486	833	40세	574	711	46세
335	312	49세	423	145	46세	511	554	52세	575	772	46세
336	343	49세	424	281	46세	512	355	52세	576	763	46세
341	834	46세	425	222	46세	513	256	52세	581	454	43세
342	235	46세	426	233	46세	514	111	52세	582	655	43세
343	336	46세	431	744	46세	515	172	52세	583	756	43세
344	471	46세	432	145	46세	516	163	52세	584	811	43세
345	412	46세	433	446	46세	521	654	49세	585	872	43세
346	443	46세	434	381	46세	522	455	49세	586	863	43세
351	134	49세	435	322	46세	523	156	49세	611	564	49세
352	735	49세	436	333	46세	524	211	49세	612	365	49세
353	636	49세	441	844	43세	525	272	49세	613	266	49세
354	571	49세	442	245	43세	526	263	49세	614	121	49세
355	512	49세	443	346	43세	531	754	49세	615	182	49세
356	543	49세	444	481	43세	532	155	49세	616	153	49세
361	234	46세	445	422	43세	533	456	49세	621	664	46세
362	835	46세	446	433	43세	534	311	49세	622	465	46세
363	536	46세	451	144	46세	535	372	49세	623	166	46세
364	671	46세	452	745	46세	536	363	49세	624	221	46세
365	612	46세	453	646	46세	541	854	46세	625	282	46세
366	643	46세	454	581	46세	542	255	46세	626	253	46세

先天卦	後天卦	변경나이	先天卦	後天卦	변경나이	先天卦	後天卦	변경나이	先天卦	後天卦	변경나이
631	764	46세	684	821	40세	761	274	43세	834	341	43세
632	165	46세	685	882	40세	762	875	43세	835	362	43세
633	466	46세	686	853	40세	763	576	43세	836	373	43세
634	321	46세	711	574	49세	764	631	43세	841	884	40세
635	382	46세	712	375	49세	765	872	43세	842	285	40세
636	353	46세	713	276	49세	766	683	43세	843	386	40세
641	864	43세	714	131	49세	771	374	43세	844	441	40세
642	265	43세	715	152	49세	772	575	43세	845	462	40세
643	366	43세	716	183	49세	773	876	43세	846	473	40세
644	421	43세	721	674	46세	774	731	43세	851	184	43세
645	482	43세	722	475	46세	775	752	43세	852	785	43세
646	453	43세	723	176	46세	776	783	43세	853	686	43세
651	164	46세	724	231	46세	781	474	40세	854	541	43세
652	765	46세	725	252	46세	782	675	40세	855	562	43세
653	666	46세	726	283	46세	783	776	40세	856	573	43세
654	521	46세	731	774	46세	784	831	40세	861	284	40세
655	582	46세	732	175	46세	785	852	40세	862	885	40세
656	553	46세	733	476	46세	786	883	40세	863	586	40세
661	264	43세	734	331	46세	811	584	46세	864	641	40세
662	865	43세	735	352	46세	812	385	46세	865	662	40세
663	566	43세	736	383	46세	813	286	46세	866	673	40세
664	621	43세	741	874	43세	814	141	46세	871	384	40세
665	682	43세	742	275	43세	815	162	46세	872	585	40세
666	653	43세	743	376	43세	816	173	46세	873	886	40세
671	364	43세	744	431	43세	821	684	43세	874	741	40세
672	565	43세	745	452	43세	822	485	43세	875	762	40세
673	966	43세	746	483	43세	823	186	43세	876	773	40세
674	721	43세	751	174	46세	824	241	43세	881	484	37세
675	782	43세	752	775	46세	825	262	43세	882	685	37세
676	753	43세	753	676	46세	826	273	43세	883	786	37세
681	464	40세	754	531	46세	831	784	43세	884	841	37세
682	665	40세	755	552	46세	832	185	43세	885	862	37세
683	766	40세	756	583	46세	833	486	43세	886	873	37세

※ 앞 예의 선후천괘 및 대상에서 선천괘 산택손의 초효동은 숫자로 721인데 후천괘는 수산건괘 4효동으로 674이며 46세부터 시작했음을 위표 굵은 줄의 721, 674, 46세와 같이 본다. 괘의 변화와 대상을 확정하기 전에 착오를 발견할 수 있다.

5. 64괘의 상(象)과 길흉

Ⓑ 1. 중천건(重天乾): 천행건(天行健), 하늘의 흐름이 건장함.

Ⓐ 2. 중지곤(重地坤): 지세(地勢), 땅의 형세.

Ⓓ 3. 수뢰둔(水雷屯): 우뢰(震雷), 구름과 우뢰.

Ⓔ 4. 산수몽(山水蒙): 산하출천(山下出泉), 산 아래서 나오는 샘.

Ⓒ 5. 수천수(水天需): 운상여천(雲上於天), 하늘로 오르는 구름.

Ⓔ 6. 천수송(天水訟): 천여수원행(天與水違行), 하늘과 물이 어긋남.

Ⓒ 7. 지수사(地水師): 지중유수(地中有水), 땅 가운데 있는 물.

Ⓑ 8. 수지비(水地比): 지상유수(地上有水), 땅 위에 있는 물.

Ⓓ 9. 풍천소축(風天小畜): 풍행천상(風行天上), 천상에 흐르는 바람.

Ⓓ 10. 천택리(天澤履): 상천하택(上天下澤), 위는 하늘 아래는 연못.

Ⓐ 11. 지천태(地天泰): 천지교(天地交), 하늘과 땅이 통함.

Ⓕ 12. 천지비(天地否): 천지부교(天地不交), 하늘과 땅이 통하지 않음.

Ⓐ 13. 천화동인(天火同人): 천여화(天與火), 하늘과 불이 함께함.

Ⓐ 14. 화천대유(火天大有): 화재천상(火在天上), 중천에 오르는 태양.

Ⓑ 15. 지산겸(地山謙): 지중유산(地中有山), 땅에 있는 산.

Ⓑ 16. 뇌지예(雷地豫): 뇌출지분(雷出地奮), 땅에서 나오는 우뢰.

Ⓒ 17. 택뇌수(澤雷隨): 택중유뢰(澤中有雷), 못 속에 있는 우뢰.

Ⓔ 18. 산풍고(山風蠱): 산하유풍(山下有風), 산 아래 있는 바람.

Ⓑ 19. 지택림(地澤臨): 택상유지(澤上有地), 못 위에 있는 땅.

Ⓑ 20. 풍지관(風地觀): 풍행지상(風行地上), 땅 위에 바람이 흐름.

Ⓒ 21. 화뢰서합(火雷噬嗑): 뇌전(雷電), 우뢰와 번개

Ⓑ 22. 산화비(山火賁): 산하유화(山下有火), 산 아래 있는 불.

Ⓕ 23. 산지박(山地剝): 산부여지(山附於地), 땅에 붙은 산.

Ⓐ 24. 지뢰복(地雷復): 뇌재지중(雷在地中), 땅에 있는 우뢰.

Ⓒ 25. 천뢰무망(天雷无妄): 천하뇌행물여(天下雷行物與), 사물이 없음.

Ⓐ 26. 산천대축(山天大畜): 천재산중(天在山中), 하늘에 있는 산.

Ⓓ 27. 산뢰이(山雷頤): 산하유뢰(山下有雷), 산 아래 있는 우뢰.

Ⓒ 28. 택풍대과(澤風大過): 택멸목(澤滅木), 못이 나무를 멸함.

Ⓕ 29. 중수감(重水坎): 수천지습(水洊至習), 물이 거듭 이름.

Ⓓ 30. 중화리(重火離): 명우작(明雨作), 밝은 것이 비를 만듦.

Ⓑ 31. 택산함(澤山咸): 산상유택(山上有澤), 산 위에 있는 못.

Ⓑ 32. 뇌풍항(雷風恒): 뇌풍(雷風), 우뢰와 바람.

Ⓕ 33. 천산돈(天山遯): 천하유산(天下有山), 하늘 아래 있는 산.

Ⓒ 34. 뇌천대장(雷天大壯): 뇌재천상(雷在天上), 하늘 위에 있는 우뢰.

Ⓑ 35. 화지진(火地晋): 명출지상(明出地上), 땅 위로 밝은 것이 나옴.

Ⓓ 36. 지화명이(地火明夷): 명입지중(明入地中), 땅 속으로 밝은 것이 들어감.

Ⓒ 37. 풍화가인(風火家人): 풍자화출(風自火出), 불에서 나오는 바람.

Ⓔ 38. 화택규(火澤睽): 상화하택(上火下澤), 위에는 불 아래는 물.

Ⓕ 39, 수산건(水山蹇): 산상유수(山上有水), 산 위에 있는 물.

Ⓐ 40. 뇌수해(雷水解): 뇌우작(雷雨作), 우뢰와 비가 일어남.

Ⓑ 41. 산택손(山澤損): 산하유택(山下有澤), 산 아래 있는 못.

Ⓐ 42. 풍뇌익(風雷益): 풍뇌(風雷), 바람과 우뢰.

Ⓒ 43. 택천쾌(澤天夬): 택상여천(澤上於天), 연못이 하늘로 오름.

Ⓔ 44. 천풍구(天風姤): 천하유풍(天下有風), 천하에 바람이 있음.

Ⓐ 45. 택지취(澤地萃): 택상여지(澤上於地), 땅 위에 있는 연못.

Ⓐ 46. 지풍승(地風升): 지중생목(地中生木), 땅 속에서 나오는 나무.

Ⓕ 47. 택수곤(澤水困): 택무수(澤无水), 못에 물이 없음.

Ⓑ 48. 수풍정(水風井): 목상유수(木上有水), 나무 위에 있는 물.

Ⓑ 49. 택화혁(澤火革): 택중유화(澤中有火), 못에 있는 불.

Ⓐ 50. 화풍정(火風鼎): 목상유화(木上有火), 나무 위에 있는 불.

Ⓓ 51. 중뇌진(重雷震): 천뇌(洊雷), 우뢰가 거듭함.

Ⓓ 52. 중산간(重山艮): 겸산(兼山), 산이 겹침.

Ⓑ 53. 풍산점(風山漸): 산상유목(山上有木), 산 위에 있는 나무.

Ⓔ 54. 뇌택귀매(雷澤歸昧): 택상유뢰(澤上有雷), 연못 위에 있는 우뢰.

Ⓑ 55. 뇌화풍(雷火豊): 뇌전개지(雷電皆至), 우뢰와 번개가 모두 이름.

Ⓔ 56. 화산여(火山旅): 산상유화(山上有火), 산 위에 불이 있음.

Ⓑ 57. 중풍손(重風巽): 수풍(隨風), 바람이 바람을 따름.

Ⓐ 58. 중택태(重澤兌): 여택(麗澤), 걸린 못.

Ⓔ 59. 풍수환(風水渙): 풍행수상(風行水上), 물 위로 바람이 흐름.

Ⓓ 60. 수택절(水澤節): 택상유수(澤上有水), 못 위에 물이 있음.

Ⓓ 61. 풍택중부(風澤中孚): 택상유풍(澤上有風), 못 위에 바람이 있음.

Ⓓ 62. 뇌산소과(雷山小過): 산상유뇌(山上有雷), 산 위에 우뢰가 있음.

Ⓒ 63. 수화기제(水火旣濟): 수재화상(水在火上), 불 위에 물이 있음.

Ⓐ 64. 화수미제(火水未濟): 화재수상(火在水上), 물 위에 불이 있음.

각 괘 앞의 숫자는 괘의 순서로 공자가 『십익(十翼)』중 「서괘전(序卦傳)」에서 배열과 이유를 설명한 것을 인용한 것이고, 숫자 앞의 Ⓐ~Ⓕ는 64괘의 길흉을 필자가 상념적으로 나마 제시한 것으로 괘마다 그 뜻을 이해하는데 도움이 될 것이다.

그리고 대길 13, 중길 16, 평길 10, 반길 11, 소길 8, 불길 6개로 64괘를 6가지로 구분해본 것일뿐 어느 누구도 정형적인 분류는 불가능하니 양해해주기 바란다. 괘의 길흉은 그렇다 치고 효의 길흉은 간단하나마 다음의 주역효사(周易爻辭) 길흉표에 의할 수 있다.

• 주역효사(周易爻辭) 길흉표

하락이수(河洛理數) CD에 의함, 20점 중 평가점수

卦	初爻	二爻	三爻	四爻	五爻	上爻	卦	初爻	二爻	三爻	四爻	五爻	上爻
乾	11104	11218	11312	11416	11520	11604	遯	17108	17216	17312	17410	17520	17616
坤	88106	88220	88312	88408	88520	88608	大壯	41104	41216	41306	41420	41512	41606
屯	64120	64212	64308	64416	64512	64604	晋	38108	38216	38316	38406	38520	38614
蒙	76112	76216	76304	76404	76516	76614	明夷	83112	83216	83312	83416	83512	83602
需	61112	61216	61304	61412	61520	61616	家人	53116	53218	53312	53412	53520	53620
訟	16112	16212	16312	16414	16520	16606	睽	32114	32216	32312	32416	32520	32614
師	86112	86220	86304	86412	86516	86618	蹇	67112	67210	67312	67416	67516	67616
比	68116	68220	68302	68416	68520	68604	解	46116	46220	46304	46408	46516	46620
小畜	51116	51220	51304	51412	51520	51604	損	72116	72212	72316	72416	72520	72620
履	12116	12212	12304	12412	12512	12620	益	54118	54220	54314	54420	54520	54604
泰	81116	81220	81312	81408	81520	81604	夬	21104	21212	21308	21404	21516	21604
否	18112	18208	18308	18416	18520	18616	姤	15112	15216	15306	15408	15520	15612
同人	13112	13212	13304	13412	13516	13612	萃	28108	28220	28308	28416	28514	28604
大有	31112	31220	31314	31412	31516	31620	升	85120	85218	85320	85416	85520	85608
謙	87116	87216	87320	87416	87520	87614	困	26104	26214	26308	26412	26516	26604
豫	48108	48216	48304	48420	48512	48604	井	65108	65212	65312	65416	65520	65620
隨	24116	24208	24316	24412	24514	24610	革	23112	23216	23312	23406	23520	23616
蠱	75112	75218	75312	75408	75520	75612	鼎	35118	35214	35314	35406	35520	35620
臨	82120	82220	82308	82416	82520	82618	震	44116	44212	44308	44408	44512	44604
觀	58108	58212	58312	58420	58520	58614	艮	77104	77210	77314	77414	77518	77620
噬嗑	34108	34208	34308	34418	34518	34618	漸	57112	57216	57304	57412	57518	57620
賁	73110	73214	73316	73404	73520	73616	歸妹	42118	42212	42308	42412	42520	42604
剝	78104	78204	78310	78404	78516	78616	豊	43116	43212	43306	43414	43520	43604
復	84120	84218	84312	84416	84520	84608	旅	37108	37216	37304	37412	37520	37604
无妄	14118	14218	14312	14414	14520	14608	巽	55112	55216	55308	55416	55508	55614
大畜	71108	71208	71316	71420	71520	71620	兌	22116	22220	22308	22416	22508	22614
頤	74106	74204	74304	74416	74516	74620	渙	56116	56216	56316	56420	56520	56616
大過	25116	25220	25304	25416	25512	25604	節	62112	62204	62308	62420	62520	62608
坎	66104	66212	66304	66414	66516	66604	中孚	52116	52220	52312	52414	52520	52612
離	33106	33220	33306	33404	33510	33616	小過	47112	47216	47304	47412	47512	47604
咸	27112	27208	27312	27412	27512	27612	旣濟	63108	63214	63312	63414	63512	63608
恒	45104	45214	45304	45408	45512	45608	未濟	36108	36214	36312	36406	36520	36616

※ 5개 숫자 중 1·2번은 괘 이름, 3번은 효 번호, 4·5번은 점수 배열임

7. 선후천역상법(先後天易象法)으로 풀어본 대통령들의 이름

만물의 영장인 사람으로 태어나 처음 받는 선물은 이름이다. 이름은 한평생을 반복해서 부르는 지구상에서 가장 짧은 영혼의 소리라고 한다.

좋은 이름은 선천적인 운명인 사주팔자를 보완 중화시켜 피흉추길(避凶趨吉)하고 개조 개척하여 좋은 운세로 개운하고, 나쁜 이름은 일생을 암담한 불행의 길로 유도하는 암시력을 지닌다. 타고난 숙명은 어느 누구도 피하거나 바꾸지 못하나 오직 유일하게 이름으로만 운명을 바꿀 가능성이 있다. 우리가 알만한 인물들의 이름을 보면 개명한 경우가 많다.

이스라엘 ← 야곱(창 32:28)

베드로 ← 시몬(요한 1:42)

나폴레옹 보나 파르트 ← 나플레오네 부오나 파르트

이승만(李承晩) ← 이승용(李承龍)

김대중(金大中) ← 김대중(金大仲)

다음은 박정희, 전두환, 김대중, 노무현, 이명박 대통령의 성명을 주역의 작명비법인 선후천역상법(先後天易象法)으로 검증을 겸하여 풀어보기로 한다.

1. 박정희(朴正熙) 전 대통령

• 건명(乾命), 1917(丁巳)년 9월 30일 인(寅)시생-음력

先天數 (正劃)			後天數 (曲劃)	
土	6	朴	6	水
木	5	正	5	金
金	13	熙	19	土
(삼원)24			30(발음)	

作卦法	上卦	선천수 24÷8=8坤地
	下卦	후천수 30÷8=6坎水
	動爻	이름 선천수 합 18÷6=6爻動
卦 象	本卦	地水師卦
	之卦	山水蒙卦
	互卦	地雷復卦

先天卦(地水師卦 上爻動) 866

1才 •	⚋	6才	地 (坤三絶)
34	⚋	39	
28	⚋	33	
22	⚋	27	水 (坎中連)
13	⚊	21	
7	⚋	12	

後天卦(水山蹇卦 3爻動) 673

64	⚋	69	水 (坎中連)
55	⚊	63	
49	⚋	54	
40 •	⚊	48	山 (艮上連)
76	⚋	81	
70	⚋	75	

먼저 평생괘(선천괘)인 지수사괘(地水師卦)는 군통술 장수의 뜻이 있는데 고인은 대장까지 지낸 군인이며 지도자였으니 전적으로 부합된다.

지수사괘(地水師卦) 상효(上爻: 動爻)에 대한 효사(爻辭)를 보면 "대군(大君)이 유명(有名)이니 개국승가(開國承家)에 소인물용(小人物用)"이라고 되어 있다.

이는 대군(大君)이 명령을 둠이니 나라를 열고 집을 이으메 소인은 쓰지 말라는 뜻이다. 여기서 대군(大君) 유명(有名)은 임금의 명령이며 승전 후에 논공행상(論功行賞)을 한다는 뜻이고, 개국승가(開國承家)에 소인물용(小人物用)은 개국공신은 제후에 봉하고 경대부는 승가(承家)도 하되 소인은 정치에 무능하니 쓰지 말라는 뜻이다.

이에 대해 공자는 "대군유명(大君有名)은 이정공야(以正功也)요, 소인물용(小人物用)은 필란방야(必亂邦也)"라고 하였다. 대군의 명령이 있다는 것은 공을 바르게 한다는 뜻이고, 소인을 정치에 등용말라는 것은 소인은 반드시 나라를 어지럽힌다는 뜻이다. 한마디로 쿠테타를 일으켜 나라를 세우고 공로가 많은 소인 측근들을 중용했다가 나라가 거덜나고 배신까지 당했으니 이보다 더 정확하게 적중할 수는 없는 일이다.

연령대별로 보면 49~54세의 대상(大象: 사주의 대운과 비슷)은 택산함괘(澤山咸卦)로 정사생(丁巳生)인 고인에게는 원기(元氣)에 해당하는 태(兌)와 손(巽)이 들어 있어 일생일대의 호운이라고 볼 수 있으나 다음 55~63세의 대상은 지산겸괘(地山謙卦)로 좋은 괘이나 반원기(反元氣)인 간(艮)이 들어 있는 등 결코 길운이라 보기 어려운데 결국 63세인 1979년 10월 29일인 병인일(丙寅日)에 운명했다.

2. 전두환(全斗煥) 전 대통령

• 건명(乾命) 1931(辛未)년 1월 18일생-음력

先天數 (正劃)			後天數 (曲劃)	
土	6	全	6	金
水	4	斗	4	火
金	13	煥	16	土
(삼원)23			26(발음)	

作卦法	上卦	선천수 23÷8=7艮山
	下卦	후천수 26÷8=2兌澤
	動爻	이름 선천수 17÷6=5爻動
卦 象	本本卦	山澤損卦
	之卦	風澤中孚卦
	互卦	地雷復卦

선천괘(山澤損 5효동) 725

7	15	山 (艮上連)
1才 •	6	
40	45	
34	39	澤 (兌上絶)
25	33	
16	24	

후천괘(澤風大過 2효동) 252

82	87	澤 (兌上絶)
73	81	
64	72	
55	63	風 (巽下絶)
46 •	54	
88	93	

하락이수(河洛理數)에서 신미생(辛未生)의 천지원기(天地元氣)는 손(巽)과 곤(坤)인데 길한 것이고, 반원기(反元氣)는 진(震)와 건(乾)인데 흉한 것이다.여기서 원기(元氣)는 선천적으로 나를 돕는 기운인 귀인(貴人)인데 천원기(天元氣)는 윗사람‥선배‥상사 등의 도움을 말하고, 지원기(地元氣)는 아랫사람 여자‥후배‥부하 등의 도움을 말하는데 적용도가 높다.

그리고 출생 계절에 따른 화공(化工)이 있는데 이 역시 나를 돕는 기운으로 주로 동료나 아랫사람의 도움을 말한다. 요즘 같으면 인덕이 있고 친화적인 인간형을 말한다.이 분의 경우 선천괘(先天卦)와 상호괘(上互卦)에 곤(坤)의 지원기(地元氣)가 있고, 후천괘(後天卦)의 하괘(下卦)에 손(巽)의 천원기(天元氣)가 보인다.

대상(大象: 사주의 대운과 비슷한데 연령대별로 구분하되 양효는 9년 음효는 6년) 중에서 1979년 박정희 대통령 서거부터 2012년 현재까지 해당 대상(大象)을 살펴본다.

나이	46~54세 (76~84년) 택산함괘 2효	55~63세 (85~93년) 택수곤괘 3효	64~72세 (94~02년) 수풍정괘 4효	73~81세 (03~11년) 뇌풍항괘 5효	82~87세 (12~17년) 천풍구괘 상효
상괘					
하괘					
원기	內互卦	外互卦	下卦	下卦	下卦
주요 사건	•대통령 경호실 차장 •합동수사본부장 •5.18민주항쟁 •11대 대통령 •86아시안게임 유치 •12대 대통령 •88하계올림픽 유치 •아웅산 폭탄테러	•호헌조치발표 •6월 민주항쟁 •6.29선언 •7년 단임제 퇴임 •광주민주화 운동과 5공 비리 추궁 •대국민사과 •백담사 은둔	•구속수감 •사형구형 •12.12 및 •5.18과 비자금 사건 사법처리 •대법원 무기 징역 •추징금 2,205억원 •김영삼 정부 특별사면 •김대중 정부 복권	•서훈 취소 (훈장 미반납) ※ 반원기: 상괘, 내호괘	장래 ※ 반원기: 상괘, 호괘
평가	전성시대	곤경처지	구사일생 과거회개	종부지흉 (從婦之凶)	항극궁색 (亢極窮嗇)

먼저 선천괘(平生卦) 산택손괘(山澤損卦)는 나(하괘 2양, 내실)의 많은 것을 조금 덜어 남(상괘 1양, 외허)을 도와준다. 또 나의 나쁜 것을 덜어낸다는 것이다.

손(損)이란 손하익상(損下益上) 또한 기도상행(其道上行)이다. 이는 아래에서 덜어 위에 더한다는 뜻으로 잘 사는 백성의 것을 조금 덜어 군주에게 상납한다 하였다.

손(損)은 주역하경 함(咸)에서 10번째 괘로(10괘, 10개월) 함괘(咸卦)의 교합왕래로서 수태한 뒤에 10개월 만에 아이를 낳는 것을 말한다. 그리고 삼인행(三人行)엔 즉손일인(則損一人)은 부부가 아이를 잉태하여 출산하는 것으로 나머지는 2인이라 했으며, 일인행(一人行)엔 즉득유우(則得有友)는 낳은 자식이 성장하여 배우자를 만나 가정을 이룬다했으니 결국에는 2인이라고 하였다. 모두가 상대적인 음양(陰陽) 즉 남자와 여자를 말한다.

손괘(損卦) 5효사(爻辭)의 해설은 “육오는 부정위(不正位)이기는 하나 득중(得中)하고 구이가 중정지덕(中正之德)으로 잘 보필하여 모든 백성들이 따르고 도우며 귀신도 한마음이니 크게 길하다” 이다.

소상(小象)의 해설은 “육오는 천명에 순응하니 자연 위로(상천上天)부터의 도움이 있다. 천지신명이 돕는다” 이다.

연령대별 대상(大象)의 주역 해당 효사(爻辭) 해설만을 적는다. 나머지는 괘효별 형상과 원기(元氣) 그리고 대상(大象)별

주요 사건을 조망하여 생각하기 바란다. 그리고 나이별 괘효의 변화는 생략하고, 첨가하여 활용했던 하락이수(河洛理數) 부분도 생략하고 대상(大象)으로서의 검증뿐이지만 독자들의 이해로 가름합니다.

•46~54세(1976~1984년)
대상(大象) 택산함괘(澤山咸卦) 2효동(괘효번호 272)

•효사(爻辭) 해설 : 육이는 득중득위했으나 장단지는 발을 따라 움직이므로 자신의 능력으로 움직일 수 없다. 정응(正應)인 구오의 구함을 기다려 순응하면 길하고 그렇지 않으면 흉하다는 경계사(警戒辭)이다.
•소상(小象) 해설 : 비록 흉하나 유순중정(柔順中正)한 부덕(婦德)을 쌓은 사람으로 구오 정응(正應)에게 순응하면 해롭지 않다.

군인으로 권좌에 오를 수 없는 지위였으나 군사정부의 후광과 하나회 등 군부조직의 힘을 빌어 정변을 일으켜 11대와 12대 대통령이 되었다. 구오(하늘과 주권자 백성)에 순응하지 않아 부마사태, 5.18민주항쟁, 아웅산폭탄테러 등 국가적인 비극이 일어났다.

•55~56세(1985~1993년)

대상(大象) 택수곤괘(澤水困卦) 3효동(괘효번호 263)

•효사(爻辭) 해설 : 육삼은 부정위(不正位)한 자리로서 상육과는 정응(正應)이 못되는데 더구나 감중련(坎中連)의 험한 윗자리에 있고, 반석과 같은 양강(陽剛)한 돌(石)인 구사로 인하여 가시덩굴과 같은 양강(陽剛)한 구이에 처해 있다. 음 때문에 양이 가려진 것이 곤(困)인데 그 중에서도 아주 깊이 양효(陽爻) 사이에 끼어 있으니 더욱 곤란한 상이라 집에 들어가도 그 처를 보지 못하니 흉하도다.

•소상(小象) 해설 : 육삼인 음유(陰柔)가 구이 양강(陽剛)을 탔음이요, 집에 들어가도 그 처를 보지 못함은 상서롭지 못할 세라.

강권정치에 따른 언론과 인권 탄압은 물론 정경유착 등 병폐가 누적되고 국민의 민주화 욕구가 심화되어 정치 사회적으로 곤경에 빠졌다. 결국 호헌의지를 거두고 6.29선언을 수용하고, 퇴임 후 자연인으로 법적인 추궁을 받는 곤란을 겪었다. 백담사에서 2년 정도 은둔생활을 했다.

•64~72세(1994~2002년)

대상(大象) 수풍정괘(水風井掛) 4효동(괘효번호 654)

•효사(爻辭) 해설 : 육사는 대신위(大臣位)로서 정위(正位)이니 구오의 강건중정한 군주를 보필하여 구이를 등용하기 위해 우물을 수선하여 깨끗이 하면 허물이 없느니라.

•소상(小象) 해설 : 우물을 깨끗이 하면 허물이 없다했음은 샘을 수리했기 때문이다.

재기의 희망과 구상도 잠시 구속수감되어 사형이 구형되었고, 12.12사건과 5.18사건 그리고 비자금사건으로 사법처리되었다. 대법원에서 최종적으로 무기징역으로 감형되고 추징금 2,205억 원이 확정되었다. 김영삼 정부의 특별사면과 김대중 정부의 복권을 거쳤다. 권좌에 있었던 사람으로 우물을 깨끗하게 친 셈이다. 많은 허물을 남긴채.

•73~81세(2003~2011년)

대상(大象) 뇌풍항괘(雷風恒卦) 5효동(괘효번호 455)

•효사(爻辭) 해설 : 육오 군주는 득중(得中)은 했으나 득위得位를 못하여 유약하다. 육오는 그 덕이 항상이면 바르니 부인은 길하고 남편은 흉하니라" 이다.

•소상(小象) 해설 : 부인도 정조를 일관해야 길함이니 한 남편을 쫓아서 마칠세요, 남편은 자손을 중하게 여기거늘 부인을 따르면 흉하다.

군주를 지낸 사람이 이제라도 항심을 갖고 바르게 처신해야 한다. 전사모 등 극우세력들이 재임시 물가안정과 무역흑자 등을 앞세워 추켜세우고 따르는 것은 자신에게 흉한 일이다. 2006년 3월 21일 서훈이 취소되었으나 지금까지 훈장을 반환하지 않고 있다. 그리고 추징금 중 600억 원을 납부하고 10년이 되기 전에 300만 원을 추가로 납부했으나 전재산이 29만원 뿐이라니 하늘의 떠다니는 구름도 웃을 일이다.

• 82~87세(2012 ~2017년)
  대상(大象) 천풍구괘(天風姤卦) 상효동(괘효번호 156)

•효사(爻辭) 해설 : 상구는 맨 위에 올라와서 못 만나는 상으로 건체(乾体)의 위에 있으니 과강(過剛)한 사람이다. 그러므로 그 뿔(머리꼭대기)에 만나니 인색한 상이며 자신의 항극(亢極) 으로 온 것이니 누구를 허물할데가 없느니라.
•소상(小象) 해설 : 뿔에 만남이라 한 것은 상 위에 있으면서, 초육을 생각하는 것은 궁한 일이니 인색한 것이다.

앞으로의 일인데 군이 함께 붙여야 한다면 모든 것이 자신의 항극(亢極)으로 온 것이니 탓할 데가 없다. 나이 들어 늙은이가 되어서도 옛 영화를 생각하고 미련을 버리지 못하는 것은 참으로 궁색한 일이다. 역사와 민족 앞에 회개하고 사실에 의한 회고록이 나와야 한다.끝으로 군과 군사정권의 재탄생에 이르는 과정을 그 분의 군경력으로 요약하여 대신한다.

1961: 5.16쿠테타 직후 박정희가 발탁,
국가재건최고회의 의장실 민원비서관
1963: 중앙정보부 인사과장
1969: 육군본부 수석부관
1970: 백마부대(베트남) 29연대장
1971: 제1공수특전단장
1976: 대통령경호실 차장보
1978: 제1사단장(제3 땅굴 발견)
1979: 박정희 서거 후 육군보안사령관
계엄사령부 합동수사본부장
1980: 중앙정보부장서리 국가보위비상대책위원회 상임위원장
1985: 대장승진, 8월 22일 예편

3. 김대중(金大中) 전 대통령

- **건명(乾命) 1923(癸亥)년 12월 1일생-음력**

先天數(正劃)				後天數(曲劃)
金	8	金	8	木
木	3	大	3	火
金	4	中	5	金
(삼원)15				16(발음)

作卦法	上卦	선천수 15÷8=7艮山
	下卦	후천수 16÷8=8坤地
	동動爻	이름 선천수 7÷6=1爻動
卦 象	本卦	山地剝卦
	之卦	山雷頤卦
	互卦	重地坤卦

선천괘(山地剝 1효동) 781

31	39	山 (艮上連)
25	30	
19	24	
13	18	地 (坤三絶)
7	12	
1才 •	6	

후천괘(雷山小過 4효동) 474

55	60	雷 (震下連)
49	54	
40 •	48	
73	81	山 (艮上連)
67	72	
61	66	

나이별 괘효(卦爻) 변화는 82세부터 다시 선천괘(先天卦)로 돌아가(82~87세, 1~6세)한다.

82세(2004) 산뢰이괘 741	83세(2005) 산택손괘 722	84세(2006) 산천대축괘 713	85세(2007) 화천대유괘 314	86세(2008) 중천건괘 115	87세(2009) 택천쾌괘 216

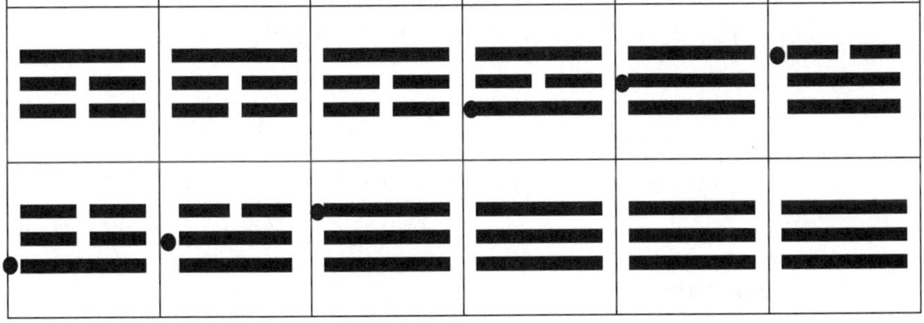

이 분은 1925년 을축생(乙丑生)으로 알려져 있으나 대통령 출마 당시 기자클럽 프레스센터에서 1923년생이라고 밝힌 바 있고, 국장 때 고인의 약력소개에서도 양력 1924년 1월 6일생이라고 했으니 음력으로는 1923년인 계해년(癸亥年) 12월생이 맞다. 생일이 섣달인 12월인데다 호적상으로는 음력 1925년 12월 3일이라 혼란을 준 것이다.주역의 응용측면에서 사람이 태어난 해인 대세(大歲)는 살아서도 죽어서도 절대적으로 중요하다는 것을 여러 군데에서 보아왔다.

원괘(原卦) 산지박괘(山地剝卦)에는 소인은 많고 군자는 하나로 깍이고(1양 5음) 떨어지다, 상하다, 다치다, 반복소멸의 의미가 있으므로 어려움이 많은데 후천괘(後天卦)마저 뇌산소과(雷山小過)가 되었다. 이는 대감(大坎 ☵)으로 감(坎)은 험난,함정,구덩이이라는 뜻이 있어 일생 평탄하지 못할 이름이다. 더욱 소과괘(小過卦)는 생사의 고비를 수없이 지난다는 괘이니 그 분의 생애와 일치하는 측면이 있다.

계해생(癸亥生)의 천원기(天元氣)는 곤(坤)인데 선천괘(先天卦)의 하괘(下卦)와 내외호괘(內外互卦)에 3개나 있어 윗사람,상사,선배 등의 도움을 많이 받을 명이다.

64괘 納甲
重地坤卦

孫	▬▬ ▬▬	癸酉
財	▬▬ ▬▬	癸亥
兄	▬▬ ▬▬	癸丑
官	▬▬ ▬▬	乙卯
父	▬▬ ▬▬	乙巳
兄	▬▬ ▬▬	乙未

64괘 납갑에서 중지곤괘의 계해는 5효에 해당하니 군왕의 자리요, 후천괘 대감大坎으로 화공化工이 되니 (출생일이 동지 후 춘분 전으로 감坎) 명예롭다 하였다.
선천괘 산지박괘의 상효 "석과불식(碩果不食)"과 같아 큰 과일이며 종자로 삼을 인물인 것이다.

그런데 87세인 2009년(己丑年)의 괘가 택천쾌괘(澤天夬卦) 상효(上爻)로 원괘(原卦)와 정반대인 반원기(反元氣) 건(乾)이 되었다. 택천쾌괘(澤天夬卦) 상효(上爻)의 효사(爻辭)는 무호(无號)니 종유흉(終有凶하니라이니 호소할 데가 없으니 마침내 흉함이 있을 것이라는 뜻이다.

상육은 소인이 혼자 있어 호소할 데가 없으니 마침내 흉하다. 음(陰)이 세도를 부리다가 마지막 상육까지 몰려서 5양(陽)들의 지탄을 받고 심판을 받는 양우왕정(楊于王定)의 처지가 된 것이다.

또 상(象)에는 무호지흉(无號之凶)은 종불가장야(終不可長也)이라고 하였다. 이는 양(陽)이 음(陰)을 결단하는 과정이니 곧 순양(純陽)인 중천건(重天乾)이 되기 직전에 있으니 오래가지 않는다는 뜻이다.

그리고 하락이수(河洛理數) 연운(年運)에서는 이효(괘효 번호 216)를 만나면 벼슬한 사람은 소임에 오래 있기 어려우므로 용감하게 물러나는 것이 좋고, 선비는 진취가 어려우므로 숨어서 더욱 수련해야 하고, 보통 사람은 경영이 어렵게 되니 안정하여 옛것을 지키는 것이 좋다. 심하면 골육간에 이별과 재난이 따르며 시비가 요란하고, 노인은 수壽를 보존하기 어렵다고 하였다.이 또한 성명풀이의 적중률에 감탄하고 점증하는 신뢰감을 감당하기 어려울 지경이다.

4. 노무현(盧武鉉) 전 대통령

- **건명(乾命) 1946년(丙戌) 9월 1일생**

先天數 (正劃)			後天數 (曲劃)	
土	16	盧	20	火
火	8	武	9	水
木	13	鉉	15	土
(삼원)37			44(발음)	

作卦法	上卦	선천수 37÷8=5巽風
	下卦	후천수 44÷8=4震雷
	動爻	이름 선천수 21÷6=3爻動
卦 象	本卦	風雷益卦
	之卦	風火家人卦
	互卦	山地剝卦

선천괘(風雷益 3효동) 543 　　　　　　후천괘(火風鼎 6효동) 356

22		30			46 ●		54	
13		21	風		88		93	火
7		12	(巽下節))		79		87	(離虛中)

1才 ●		6			70		78	
40		45	雷		61		69	風
31		39	(震下連)		55		60	(巽下節)

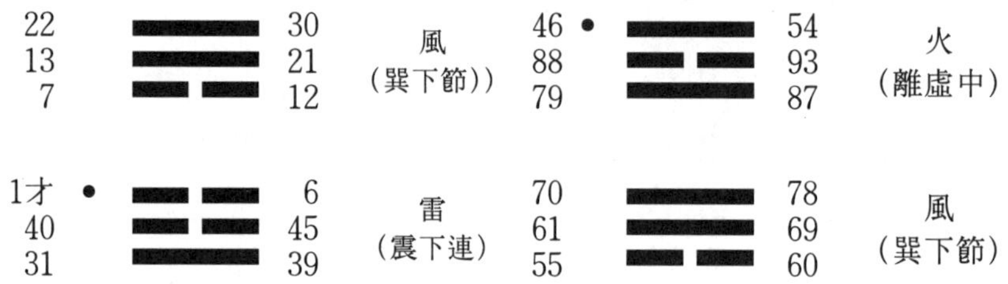

나이별 괘효(卦爻) 변화

61세(2006년) 화풍정괘 252	62세(2007년) 천풍구괘 155	63세(2008년) 천산돈괘 172	64세(2009년) 천지비괘 183

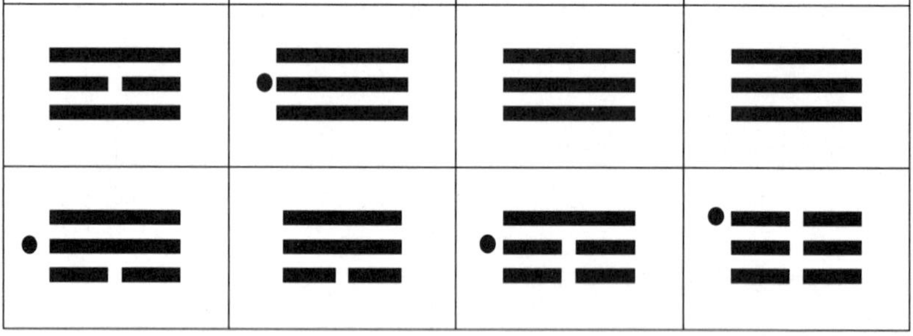

　병술생(丙戌生)의 천지원기(天地元氣)는 간괘(艮卦)와 건괘(乾卦)이고, 원기상반(元氣相反)은 태괘(兌卦)와 곤괘(坤卦)이다. 후천괘(後天卦) 화풍정(火風鼎)은 아주 좋은 괘이고, 호괘(互卦)에 지원기(地元氣) 건(乾)이 들어 있다.

　연령대별로 보면 55~60세는 대상(大象)이 화천대유괘(火天大有卦)이니 괘도 최고로 좋을 뿐 아니라 병(丙)이 이화(離火)와 같으니 일생 중에서 가장 좋은 시기로 볼 수 있다.

61~69세는 대상(大象)은 화산여괘(火山旅卦)로 하괘(下卦) 간(艮)은 천원기(天元氣)이나 상호괘(上互卦) 태(兌)는 반원기(反元氣)이다. 화산여괘(火山旅卦)는 나그네,방랑인,길손님 등을 나타낸다.

서괘전(序卦傳)에서는 풍자(豊者)는 대야(大也)니 궁대자(窮大者) 필실기거(必失其居)라, 고로 수지이여(受之以旅)하고라 하였다. 이 말은 지나치게 크면 반드시 거처하는 바를 잃는 때가 있으므로 풍괘(豊卦) 다음에 여괘(旅卦)를 두었다 했고, 전체의 괘로는 64괘 중 56번째가 된다.

사람은 술시(戌時) 반인 22시 30분경에 취침해 인시(寅時) 반인 6시 30분경에 일어나니 술해자축인시(戌亥子丑寅時)까지 대략 8시간 동안 수면을 취한다.

원회운세(元會運世)에도 56절 86,184년이 지난 이후에 잠자는 시간 같은 없어지는 시기가 있다 했는가.2008년인 63세는 천산돈괘(天山遯卦)로 상괘(上卦)와 상호괘(上互卦)에 지원기(地元氣)가 되었던 것이 2009년 64세가 되자 천지비괘(天地否卦)로 하괘(下卦) 곤괘(坤卦)가 되어 원기 건을 반대했고, 63세에서 하괘(下卦) 천원기(天元氣)이던 간괘(艮卦)에서 변동했음은 운로의 큰 변화조짐이라 할 수 있다.

2009년 64세의 천지비괘(天地否卦) 3효동의 효사(爻辭)는 "육삼(六三)은 포수(包壽)로다" 이다. 이는 육삼효는 포장한 것이 부끄러운 일 뿐이라고 풀이한다.

또 소상(小象)에서 포수(包壽)는 위부당야(位不當也)라고 했는데 이는 포수라는 것은 위(位)가 마땅하지 않기 때문이다. 이미 실위(失位)하고 부중(不中)해서 위부당(位不當)함을 말한 것이다.

육삼은 부중부정위한 자리이며 비괘(否卦)의 전성기로 불선(不善)의 극치이다. 내괘(內卦)의 음효들 즉 소인들이 궁중에서 온갖 불선한 짓을 많이 저질렀다. 또한 육삼은 인도상 할 수 없는 것을 하려다가 이루지 못했으니 부끄러움을 알고 있는 비지비인(否之匪人) 인 것이다.

외호괘(外互卦)가 손하절(巽下絶)이니 손(巽)는 입야(入也)라고 했으니 숨어들어 간다는 뜻이 나오고, 내호괘(內互卦)가 간상련(艮上連)이니 간(艮)은 쥐가 되니 소인으로 부끄러운 것을 한 것이 나오며, 육삼이 변하면 천산돈(天山遯)이니 도망가 숨어야 한다는 뜻이 나온다.

그리고 하락이수(河洛理數)에서는 "사주와도 조화되지 않을 때는 능히 도를 지켜가지 못하고 궁극에서 넘치는데 범법자나 죄인이 되기 쉽다" 했고, 또한 년운(年運)에는 "이효(괘효번호 183)를 만나면 벼슬한 사람이면 휴직을 고하게 되고, 선비라면 욕을 방지해야 하며, 보통사람은 시비나 소송이 요란할 것이므로 미리 예방하지 않으면 안 된다" 라고 했다.

그 분의 강직함이 만인이 지켜보는 가운데 검찰에서 상론되는 범법에 대한 수치를 이겨내지 못하고 참담한 비극을 연출하고 말았다. 전두환 전 대통령이 “꿋꿋하게 버티지” 라고 했다는데……. 이름이 운명과 운로에 끼치는 영향력이 이처럼 신비로운 것임을 유념해야 한다.

5. 이명박(李明博) 대통령

• 건명(乾命) 1941년(辛巳) 12월 19일생

先天數 (正劃)			後天數 (曲劃)	
金	7	**李**	9	火
土	8	**明**	11	水
水	12	**博**	14	水
(삼원)27			34(발음)	

作卦法	上卦	선천수 27÷8=3離火
	下卦	후천수 34÷8=2태兌澤
	動爻	이름선천수20÷6=2爻動
卦象	本卦	火澤睽卦
	之卦	火雷噬嗑卦
	互卦	水火旣濟卦

선천괘(火澤睽 2효동) 322

巳	31	▬▬▬	39	
未	25	▬ ▬	30	
酉	18	▬▬▬	24	世
丑	10	▬ ▬	15	
卯	1才	▬▬▬	9	
巳	40	▬▬▬	48	應

후천괘(雷火豊 5효동) 435

未	55	▬ ▬	60	應
酉	49	▬ ▬	54	
亥	85	▬▬▬	93	
申	76	▬▬▬	84	世
午	70	▬ ▬	75	
辰	61	▬▬▬	69	

신사생(辛巳生)의 천지원기(天地元氣)는 손(巽 ☴)이다. 선천괘(先天卦) 화택규(火澤睽)에는 손(巽)이 없으나 후천괘(後天卦) 뇌화풍(雷火豊)에는 내호괘(內互卦)에 나타난다.

연령대 별로 보아도 49~54세의 대상(大象)인 택화혁괘(澤火革卦)와 55~60세의 대상(大象)인 중화리괘(重火離卦)와 61~69세의 대상(大象)인 뇌산소과괘(雷山小過卦)에서도 변함없이 내호괘(內互卦)에 원기 손(巽)이 있다. 이는 5·6·1효의 음양변화에 따른 것으로 이와 관계없는 내호괘(內互卦) 2·3·4효는 불변이다.

그렇다면 49~69세의 대상(大象)이 그 분의 일생에서 제일 운이 좋은 시기로 20년 동안이나 지속한 것으로 보인다. 나이별로 보자면 51세 때 14대 전국구 국회의원이고 , 55세 때 15대 서울종로 국회의원, 61세 때 서울특별시장, 67세 때 우리나라 대통령이 되었다

나이별 괘효(卦爻) 변화

나이	67세(2007) 중택태괘 225	68세(2008) 천택리괘 126	69세(2009) 천수송괘 161	70세(2010) 뇌천대장괘 412	71세(2011) 뇌택귀매괘 423
상괘					
하괘					

원기(손巽)	외호괘○	외호괘○	외호괘○	×	×
주요 사건	•AI 발생 피해 •대통령 선거 •서해 기름 유출	•기름유출 주민방제 •숭례문 화재 •광우병 촛불집회 •AI발생 대피해	•노무현 서거 •김대중 서거	•천안함, 연평도 사건 •세종시 수정안 부결 •EU연합 FTA 조인 •예산 단독표결	•구제역 확산 파동 •삼호쥬얼리호 사건 •동해안 대설 피해 •4대강 사업 착수

아직 현직에 있고 여생으로 보아 대권 전후의 운로를 골라 67~71세인 2007~2011년의 주역 해당 효사(爻辭) 해설만을 적으니 나머지는 위 괘효별 형상과 원기(元氣) 그리고 년도별 주요사건을 조망하기 바란다.

■ 2007년 67세 중택태괘(重澤兌卦) 5효동(괘효번호 225)

• 효사(爻辭) 해설 : 구오는 강건중정한 덕을 가졌으며 기뻐하는 때를 당하여 천하를 잘 다스리는 존위에 있는 자이다. 그러나 기뻐함의 극에 있는 상육과도 가까이 있어 음양의 상비 관계에 처해 있어 상육이 감연이설로 양(陽)을 깍아먹으려고 하니 이에 말려들면 위태하니 경계사(警戒辭)이다.
• 소상(小象) 해설 : 음(陰)인 상육 소인이 구오 양강인 군자를 깍으려함이 미덥게 있으니 경계한 말은 기뻐하는 때에 천하를 잘 다스리게 할 존위이기 때문에 즉 정당한 위이기 때문에 소인에게 말려들지 말라는 경계사이다.

우여곡절이 있었지만 대통령 선거의 승리는 천운이 점쳐진 것이다.

■ 2008년 68세 천택리괘(天澤履卦) 상효동(괘효번호 126)

• 효사(爻辭) 해설 : 상구는 이괘(履卦)의 끝으로 발자취로 봐서 상서러운 것을 상고하되 두루두루 잘 하면 길하리라.

• 소상(小象) 해설 : 대유괘(大有卦)의 상구와 관련이 있는데 대유괘(大有卦) 상구효에 "자천우지(自天佑之) 길무불리(吉无不利)라 했으니 매사에 노력없이는 대가(大家)가 없는 법이다. 힘써 일하여 적선하는 자에게만 길함을 하늘에서 받을 수 있고 받을 권리가 있다는 것인데 원길재상(元吉在上)이 큰 경사가 있음이니라.

쇼킹한 사고가 끊이지 않았으나 두루두루 잘 하려고 노력해 무난하게 대처한 것이다.

■ 2009년 69세 천수송괘(天水訟卦) 초효동(괘효번호 161)

• 효사(爻辭) 해설 : 초육은 음으로 맨 밑에 있어 송사를 밀고나갈 능력이 없다. 초육은 송사를 길게 하지 않으면 조금

말은 있으나 맨 하효로서 본디 생긴대로 가는 것이니 마침내는 무구하고 길하다."

• 소상(小象) 해설 : 불영소사(不永所事)라는 것은 송사를 오래하지 못할 것이니 비록 조금은 말이 있으나 그 분변함이 밝음이다. 이것은 초육이 구사와는 정응(正應) 관계로 구사의 명쾌한 변론으로 초육이 알아듣고 송사를 오래하지 않으니 종길(終吉)이다.

검찰의 노무현 조사에 유능한 참모의 조언을 받아 처리했으나 결국 자살하므로 초육으로 미숙했고 민심도 이반했다.

■ 2010년 70세 뇌천대장괘(雷天大壯卦) 2효동(괘효번호 412)

• 효사(爻辭) 해설 : 구이는 실위(失位)했지만 득중(得中)하여 군위인 육오와 상응하여 신임을 받았음으로 정도로 나가면 길하리라"

• 소상(小象) 해설 : 구이가 동하면 이허중(離虛中 ☲)이니 밝게 처신하는 것이고, 이를 배합하면 감중련(坎中連 ☵)이니 정(貞)의 뜻이 나오는데 구이 정길(貞吉)은 중위(中位)에 있으니 중도로써 하기 때문이다.

천안함 폭침과 연평도 포격사건에 정성을 다해 신뢰가 다소 회복되었으나 부정적 사고와 지역이기주의에도 중도로 대처했지만 중과부적으로 주고받는 소란이 있었다.

■ 2011년 71세 뇌택귀매괘(雷澤歸妹卦) 3효동(괘효번호 423)

• 효사(爻辭) 해설: 육삼은 부중부위(不中不位)한 효로 중덕(中德)을 잃은 자이며 상육과도 같은 음으로서 무응(无應)이 되니 이 과정에서 가장 못난 수여지상(須女之象)이 되었으니 흉하다. 양위(陽位)에 재음(在陰)한 효인데 하괘인 태(兌: 기쁘함)의 체(体) 위에 있으니 예를 취하지 못하고 천한 행동을 일삼는다. 더욱이 구이 양(陽)은 승강(乘剛)한 자로 행실이 불순하다 그래서 귀매(歸妹: 시집가는 것)함을 몸종으로 함이니 도리어 한님으로 대신 시집을 보냄이 옳다.
• 소상(小象) 해설: 귀매함은 추한 몸종으로 대신한다 했음은 위가 마땅치 않을세라.

누적된 밀어붙이기에 국민의 불만이 고조되었으나 마땅한 대항마도 내지 못하고 천재지변마저 빈번하니 난국이다. 국론분열도 여전하다.

재임 중 사건 몇 가지는 이름 이명박(李明博)과 연관지어 생각할 수 있다. 먼저 닭오리 AI(조류인플루엔자)의 전국적 확

산에 대해, 닭오리는 신사생(辛巳生)으로 손괘(巽卦)에 해당하니 손(巽)은 닭이나 날짐승으로 취상되고, 닭 유금(酉金)이 오화(午火)에서 패지(敗地)가 된다. 국보1호 숭례문 화재 전소 사건은 불로 인한 것이니 이와 관련이 있다. 그리고 광우병으로 인한 소고기 수입반대 전국적인 촛불집회는 소고기가 축(丑)이니 오(午)와 축오원진(丑午元嗔)이 된다 할 것이다. 우연이라고 보기 어려운 주역의 신비는 아닌지.

일반적인 수리작명법으로 보면 위의 5분 대통령의 경우는 아래에서 보는 바와 같이 불부합(不附合)이 더 많다.

대통령 성명	數理 (元亨利貞)				대통령 당선 나이와 년운	불부합 여부	불용 문자
	초년운 元 1~18才	중년운 亨 19~37才	장년운 利 38~54才	말년운 貞 55才~			
박정희 6 5 13 朴正熙	18○	11○	19×	14○	47才 利×	불부합	
전두환 6 4 13 全斗煥	17○	10×	19×	23○	50才 利×	불부합	
김대중 8 3 4 金大中	7○	11○	12×	15○	75才 貞○		大
노무현 16 8 13 盧武鉉	21○	24○	29○	37○	58才 貞○		
이명박 7 8 12 李明博	20×	15○	19×	27×	67才 貞×	불부합	明
이승만 7 8 11 李承晩	19×	15○	18○	26△	75才 貞△	불부합	

불부합(不附合)인 박정희와 전두환의 장년운 19수는 흉수에 속하는데 병악격(病惡格), 석상재송상(石上栽松象), 내외불화운수, 고난운, 봉황상익지상(鳳凰傷翼之象) 등이다.

그리고 이명박의 말년운 27수도 나쁜데 중절격(中折格), 암상주마상(岩上走馬象), 권위지모중절운수(權威智謀中折運數), 전진중단운, 낙마실족지상 등이다. 더욱 전두환과 이명박은 앞서 영동(靈動) 시기인 중년 또는 장년도 흉수이다.

노무현의 경우도 운로 전체가 길수로 구성되었는데도 불행한 말로가 실제와 부합하지 않은 것으로 보아 이런 전형적인 수리에 의한 운로 판단은 그 정확성이 많이 벌어지는 것 같다.

필자도 500명 이상의 이름을 이러한 간편한 방법으로 풀어보았더니 평균 5% 미만에서 이와 같은 착오를 경험했다. 위 대통령들의 경우도 소수의 착오 범주에 속할지 모르나 더 적중하며 신뢰할 수 있는 학문이 필요하며 이는 앞으로 인류가 추구해야 할 명제이기도 하다.

그런데 이상하게도 수리의 일반적인 해석과 상반되게 그럴듯한 말을 하는 사람이 있다. 2002년 16대 대통령선거에서 처음부터 노무현 후보가 당선된 것이다. 수리로 보아 가장 유리하다는 것인데 그 말을 들은 신자들이 놀랐다고 한다.

그리고 더욱 2008년 17대 대통령선거 초기부터 이명박 후보의 당선을 단호하게 공언했다고, 제자가 쓴 작명책에 강조했으니 그 진위는 고사하고 그런 말을 한 것은 사실인 것 같다. 말하자면 그 이유는 초대 이승만 대통령과 같이 19수의 봉황상익지상(鳳凰像翼之象)이 들어 있기 때문이라고 하였다. 19수는 전적으로 흉수인데 그 사람의 사주 오행 구성의 배합이 좋으면 최상의 명예를 얻는다는 것이다.

그런데 위의 표에서 보면 문제의 19수가 이승만은 초년운 원(元)에 들어 있고, 박정희와 전두환은 제 시기인 장년운에, 이명박은 대권 앞 시기인 장년운에 들어 있다.

그러한 이론을 주장한 그분을 만났을 때도 그런 말을 앞세우고, 자신의 학술이 최고인 것처럼 말했지만 의구심에 쌓인 경청이었을 뿐이었고…….

하여튼 다섯 분 대통령의 이름 감정에서 적용한 비급(秘笈)인 선후천역상법(先後天易象法)은 잡다한 작명법을 망라한 하나의 강력한 대안이 될 것임을 자신한다.

참고문헌

· 綜合易理 (宋忠錫 編譯)

· 河洛理數 (宋忠錫 編譯)

· 人名用漢字表 (宋忠錫 編譯)

· 五行漢字典 (權勢埈 編譯)

· 周易作名法 (李尙昱 著)

· 四柱와 姓名學 (金于齊 著)

· 作名學大全 (嚴台文 著)

· 좋은 이름과 만족한 성생활 (趙勇學 著)

· 姓名大典 (曺鳳佑 著)

· 姓名學全書 (朴眞永 編著)

쉽게 푼 역학(개정판)

쉽게 배워 적용할 수 있는 생활역학서 !

이 책에서는 좀더 많은 사람들이 역학의 근본인 우주의 오묘한 진리와 법칙을 깨달아 보다 나은 삶을 영위하는데 도움이 될 수 있도록 가장 쉬운 언어와 가장 쉬운 방법으로 풀이했다. 역학계의 대가 김봉준 선생의 역작이다.

신비한 동양철학 71 | 백우 김봉준 저 | 568면 | 30,000원 | 신국판

사주명리학 핵심

맥을 잡아야 모든 것이 보인다

이 책은 잡다한 설명을 배제하고 명리학자에게 도움이 될 비법들만을 모아 엮었기 때문에 초심자가 이해하기에는 다소 어려운 부분도 있겠지만 기초를 튼튼히 한 다음 정독한다면 충분히 이해할 것이다. 신살만 늘어놓으며 감정하는 사이비가 되지말기를 바란다.

신비한 동양철학 19 | 도관 박흥식 저 | 502면 | 20,000원 | 신국판

물상활용비법

물상을 활용하여 오행의 흐름을 파악한다

이 책은 물상을 통하여 오행의 흐름을 파악하고 운명을 감정하는 방법을 연구한 책이다. 추명학의 해법을 연구하고 운명을 추리하여 오행에서 분류되는 물질의 운명 줄거리를 물상의 기물로 나들이 하는 활용법을 주제로 했다. 팔자풀이 및 운명해설에 관한 명리감정법의 체계를 세우는데 목적을 두고 초점을 맞추었다.

신비한 동양철학 31 | 해주 이학성 저 | 446면 | 26,000원 | 신국판

신수대전

흉함을 피하고 길함을 부르는 방법

신수는 대부분 주역과 사주추명학에 근거한다. 수많은 학설 중 몇 가지를 보면 사주명리, 자미두수, 관상, 점성학, 구성학, 육효, 토정비결, 매화역수, 대정수, 초씨역림, 황극책수, 하락리수, 범위수, 월영도, 현무발서, 철판신수, 육임신과, 기문둔갑, 태을신수 등이다. 역학에 정통한 고사가 아니면 추단하기 어려우므로 누구나 신수를 볼 수 있도록 몇 가지를 정리했다.

신비한 동양철학 62 | 도관 박흥식 편저 | 528면 | 36,000원 | 신국판 양장

정법사주

운명판단의 첩경을 이루는 책

이 책은 사주추명학을 연구하고자 하는 분들에게 심오한 주역의 이해를 돕고자 하는 의도에서 시작되었다. 음양오행의 상생상극에서부터 육친법과 신살법을 기초로 하여 격국과 용신 그리고 유년판단법을 활용하여 운명판단에 첩경이 될 수 있도록 했고 추리응용과 운명감정의 실례를 하나하나 들어가면서 독학과 강의용 겸용으로 엮었다.

신비한 동양철학 49 | 원각 김구현 저 | 424면 | 26,000원 | 신국판 양장

내가 보고 내가 바꾸는 DIY사주

내가 보고 내가 바꾸는 사주비결

기존의 책들과는 달리 한 사람의 사주를 체계적으로 도표화시켜 한 눈에 파악할 수 있고, DIY라는 책 제목에서 말하듯이 개운하는 방법을 제시한다. 초심자는 물론 전문가도 자신의 이론을 새롭게 재조명해 볼 수 있는 케이스 스터디 북이다.

신비한 동양철학 39 | 석오 전광 저 | 338면 | 16,000원 | 신국판

인터뷰 사주학

쉽고 재미있는 인터뷰 사주학

얼마전만 해도 사주학을 취급하면 미신을 다루는 부류로 취급되었다. 그러나 지금은 하루가 다르게 이 학문을 공부하는 사람들이 폭증하고 있는 것으로 보인다. 젊은 층에서 사주카페니 사주방이니 사주동아리니 하는 것들이 만들어지고 그 모임이 활발하게 움직이고 있다는 점이 그것을 증명해준다. 그뿐 아니라 대학원에는 역학교수들이 점차로 증가하고 있다.

신비한 동양철학 70 | 글갈 정대엽 편저 | 426면 | 16,000원 | 신국판

사주특강
자평진전과 적천수의 재해석

이 책은 『자평진전』과 『적천수』를 근간으로 명리학의 폭넓은 가치를 인식하고, 실전에서 유용한 기반을 다지는데 중점을 두고 썼다. 일찍이 『자평진전』을 교과서로 삼고, 『적천수』로 보완하라는 서낙오의 말에 깊이 공감한다.

신비한 동양철학 68 | 청월 박상의 편저 | 440면 | 25,000원 | 신국판

참역학은 이렇게 쉬운 것이다
음양오행의 이론으로 이루어진 참역학서

수학공식이 아무리 어렵다고 해도 1, 2, 3, 4, 5, 6, 7, 8, 9, 0의 10개의 숫자로 이루어졌듯이 사주도 음양과 오행으로 이루어졌을 뿐이다. 그러니 용신과 격국이라는 무거운 짐을 벗어버리고 음양오행의 법칙과 진리만 정확하게 파악하면 된다. 사주는 음양오행의 변화일 뿐이고 용신과 격국은 사주를 감정하는 한 가지 방법에 지나지 않는다.

신비한 동양철학 24 | 청암 박재현 저 | 328면 | 16,000원 | 신국판

사주에 모든 길이 있다
사주를 알면 운명이 보인다!

사주를 간명하는데 조금이라도 도움이 됐으면 하는 바람에서 이 책을 썼다. 간명의 근간인 오행의 왕쇠강약을 세분하고, 대운과 세운, 세운과 월운의 연관성과, 십신과 여러 살이 미치는 암시와, 십이운성으로 세운을 판단하는 법을 설명했다.

신비한 동양철학 65 | 정담 선사 편저 | 294면 | 26,000원 | 신국판 양장

왕초보 내 사주
초보 입문용 역학서

이 책은 역학을 너무 어렵게 생각하는 초보자들에게 조금이나마 도움을 주고자 쉽게 엮으려고 노력했다. 이 책을 숙지한 후 역학(易學)의 5대 원서인 『적천수(滴天髓)』, 『궁통보감(窮通寶鑑)』, 『명리정종(命理正宗)』, 『연해자평(淵海子平)』, 『삼명통회(三命通會)』에 접근한다면 훨씬 쉽게 터득할 수 있을 것이다. 이 책들은 저자가 이미 편역하여 삼한출판사에서 출간한 것도 있고, 앞으로 모두 갖출 것이니 많이 활용하기 바란다.

신비한 동양철학 84 | 역산 김찬동 편저 | 278면 | 19,000원 | 신국판

명리학연구
체계적인 명확한 이론

이 책은 명리학 연구에 핵심적인 내용만을 모아 하나의 독립된 장을 만들었다. 명리학은 분야가 넓어 공부를 하다보면 주변에 머무르는 경우가 많아, 주요 내용을 잃고 헤매는 경우가 많다. 그러므로 뼈대를 잡는 것이 중요한데, 여기서는 「17장. 명리대요」에 핵심 내용만을 모아 학문의 체계를 잡는데 용이하게 하였다.

신비한 동양철학 59 | 권중주 저 | 562면 | 29,000원 | 신국판 양장

말하는 역학
신수를 묻는 사람 앞에서 술술 말문이 열린다

그토록 어렵다는 사주통변술을 쉽고 흥미롭게 고담과 덕담을 곁들여 사실적으로 생동감 있게 통변했다. 길흉을 어떻게 표현하느냐에 따라 상담자의 정곡을 찔러 핵심을 끌어내 정답을 내리는 것이 통변술이다.역학계의 대가 김봉준 선생의 역작.

신비한 동양철학 11 | 백우 김봉준 저 | 576면 | 26,000원 | 신국판 양장

통변술해법
가닥가닥 풀어내는 역학의 비법

이 책은 역학과 상대에 대해 머리로는 다 알면서도 밖으로 표출되지 않아 어려움을 겪는 사람들을 위한 실습서다. 특히 실명감정과 이론강의로 나누어 역학의 진리를 설명하여 초보자도 쉽게 이해할 수 있다. 역학계의 대가 김봉준 선생의 역서인 「알기쉬운 해설·말하는 역학」이 나온 후 후편을 써달라는 열화같은 요구에 못이겨 내놓은 바로 그 책이다.

신비한 동양철학 21 | 백우 김봉준 저 | 392면 | 26,000원 | 신국판 양장

술술 읽다보면 통달하는 사주학

술술 읽다보면 나도 어느새 도사

당신은 당신 마음대로 모든 일이 이루어지던가. 지금까지 누구의 명령을 받지 않고 내 맘대로 살아왔다고, 운명 따위는 믿지 않는다고, 운명에 매달리지 않는다고 말하는 사람들이 많다. 그러나 우주법칙을 모르기 때문에 하는 소리다.

신비한 동양철학 28 | 조철현 저 | 368면 | 16,000원 | 신국판

사주학

5대 원서의 핵심과 실용

이 책은 사주학을 체계적으로 공부하려는 학도들을 위해서 꼭 알아두어야 할 내용들과 용어들을 수록하는데 중점을 두었다. 이 학문을 공부하려고 많은 사람들이 필자를 찾아왔을 깨 여러 가지 질문을 던져보면 거의 기초지식이 시원치 않음을 보았다. 따라서 용어를 포함한 제반지식을 골고루 습득해야 빠른 시일 내에 소기의 목적을 달성할 수 있을 것이다.

신비한 동양철학 66 | 글갈 정대엽 저 | 778면 | 46,000원 | 신국판 양장

명인재

신기한 사주판단 비법

이 책은 오행보다는 주로 살을 이용하는 비법을 담았다. 시중에 나온 책들을 보면 살에 대해 설명은 많이 하면서도 실제 응용에서는 무시하고 있다. 이것은 살을 알면서도 응용할 줄 모르기 때문이다. 그러나 이 책에서는 살의 활용방법을 완전히 터득해, 어떤 살과 어떤 살이 합하면 어떻게 작용하는지를 자세하게 설명하였다.

신비한 동양철학 43 | 원공선사 저 | 332면 | 19,000원 | 신국판 양장

명리학 | 재미있는 우리사주

사주 세우는 방법부터 용어해설 까지!!

몇 년 전 『사주에 모든 길이 있다』가 나온 후 선배 제현들께서 알찬 내용의 책다운 책을 접했다는 찬사를 받았다. 그러나 사주의 작성법을 설명하지 않아 독자들에게 많은 질타를 받고 뒤늦게 이 책 을 출판하기로 결심했다. 이 책은 한글만 알면 누구나 역학과 가까워질 수 있도록 사주 세우는 방법부터 실제간명, 용어해설에 이르기까지 분야별로 엮었다.

신비한 동양철학 74 | 정담 선사 편저 | 368면 | 19,000원 | 신국판

사주비기

역학으로 보는 역대 대통령들이 나오는 이치!!

이 책에서는 고서의 이론을 근간으로 하여 근대의 사주들을 임상하여, 적중도에 의구심이 가는 이론들은 과감하게 탈피하고 통용될 수 있는 이론만을 수용했다. 따라서 기존 역학서의 아쉬운 부분들을 충족시키며 일반인도 열정만 있으면 누구나 자신의 운명을 감정하고 피흉취길할 수 있는 생활지침서로 활용할 수 있을 것이다.

신비한 동양철학 79 | 청월 박상의 편저 | 456면 | 19,000원 | 신국판

사주학의 활용법

가장 실질적인 역학서

우리가 생소한 지방을 여행할 때 제대로 된 지도가 있다면 편리하고 큰 도움이 되듯이 역학이란 이와같은 인생의 길잡이다. 예측불허의 인생을 살아가는데 올바른 안내자나 그 무엇이 있다면 그 이상 마음 든든하고 큰 재산은 없을 것이다.

신비한 동양철학 17 | 학선 류래웅 저 | 358면 | 15,000원 | 신국판

명리실무

명리학의 총 정리서

명리학(命理學)은 오랜 세월 많은 철인(哲人)들에 의하여 전승 발전되어 왔고, 지금도 수많은 사람이 임상과 연구에 임하고 있으며, 몇몇 대학에 학과도 개설되어 체계적인 교육을 하고 있다. 그러나 아직도 실무에서 활용할 수 있는 책이 부족한 상황이기 때문에 나름대로 현장에서 필요한 이론들을 정리해 보았다. 초학자는 물론 역학계에 종사하는 사람들에게 큰 도움이 될 것이라고 믿는다.

신비한 동양철학 94 | 박흥식 편저 | 920면 | 39,000원 | 신국판

사주 속으로

역학서의 고전들로 입증하며 쉽고 자세하게 푼 책

십 년 동안 역학계에 종사하면서 나름대로는 실전과 이론에서 최선을 다했다고 자부한다. 역학원의 비좁은 공간에서도 항상 후학을 생각하는 마음으로 역학에 대한 배움의 장을 마련하고자 노력한 것도 사실이다. 이 책을 역학으로 이름을 알리고 역학으로 생활하면서 조금이나마 역학계에 이바지할 것이 없을까라는 고민의 산물이라 생각해주기 바란다.

신비한 동양철학 95 | 김상회 편저 | 429면 | 15,000원 | 신국판

사주학의 방정식

알기 쉽게 풀어놓은 가장 실질적인 역서

이 책은 종전의 어려웠던 사주풀이의 응용과 한문을 쉬운 방법으로 터득하는데 목적을 두었고, 역학이 무엇인가를 알리고자 하는데 있다. 세인들은 역학자를 남의 운명이나 풀이하는 점쟁이로 알지만 잘못된 생각이다. 역학은 우주의 근본이며 기의 학문이기 때문에 역학을 이해하지 못하고서는 우리 인생살이 또한 정확하게 해석할 수 없는 고차원의 학문이다.

신비한 동양철학 18 | 김용오 저 | 192면 | 8,000원 | 신국판

오행상극설과 진화론

인간과 인생을 떠난 천리란 있을 수 없다

과학이 현대를 설정하여 설명하고 있으나 원리는 동양철학에도 있기에 그 양면을 밝히고자 노력했다. 우주에서 일어나는 모든 일을 과학으로 설명될 수는 없다. 비과학적이라고 하기보다는 과학이 따라오지 못한다고 설명하는 것이 더 솔직하고 옳은 표현일 것이다. 특히 과학분야에 종사하는 신의사가 저술했다는데 더 큰 화제가 되고 있다.

신비한 동양철학 5 | 김태진 저 | 222면 | 15,000원 | 신국판

스스로 공부하게 하는 방법과 천부적 적성

내 아이를 성공시키고 싶은 부모들에게

자녀를 성공시키고 싶은 마음은 누구나 같겠지만 가난한 집 아이가 좋은 성적을 내기는 매우 어렵고, 원하는 학교에 들어가기도 어렵다. 그러나 실망하기에는 아직 이르다. 내 아이가 훌륭하게 성장해 아름답고 멋진 삶을 살아가는 방법을 소개한다.

신비한 동양철학 85 | 청암 박재현 지음 | 176면 | 14,000원 | 신국판

진짜부적 가짜부적

부적의 실체와 정확한 제작방법

인쇄부적에서 가짜부적에 이르기까지 많게는 몇백만원에 팔리고 있다는 보도를 종종 듣는다. 그러나 부적은 정확한 제작방법에 따라 자신의 용도에 맞게 스스로 만들어 사용하면 훨씬 더 좋은 효과를 얻을 수 있다. 이 책은 중국에서 정통부적을 연구한 국내유일의 동양오술학자가 밝힌 부적의 실체와 정확한 제작방법을 소개하고 있다.

신비한 동양철학 7 | 오상익 저 | 322면 | 15,000원 | 신국판

수명비결

주민등록번호 13자로 숙명의 정체를 밝힌다

우리는 지금 무수히 많은 숫자의 거미줄에 매달려 허우적거리며 살아가고 있다. 1분 ·1초가 생사를 가름하고, 1등·2등이 인생을 좌우하며, 1급·2급이 신분을 구분하는 세상이다. 이 책은 수명리학으로 13자의 주민등록번호로 명예, 재산, 건강, 수명, 애정, 자녀운 등을 미리 읽어본다.

신비한 동양철학 14 | 장충한 저 | 308면 | 15,000원 | 신국판

진짜궁합 가짜궁합

남녀궁합의 새로운 충격

중국에서 연구한 국내유일의 동양오술학자가 우리나라 역술가들의 궁합법이 잘못되었다는 것을 학술적으로 분석·비평하고, 전적과 사례연구를 통하여 궁합의 실체와 타당성을 분석했다. 합리적인 「자미두수궁합법」과 「남녀궁합」 및 출생시간을 몰라 궁합을 못보는 사람들을 위하여 「지문으로 보는 궁합법」 등을 공개하고 있다.

신비한 동양철학 8 | 오상익 저 | 414면 | 15,000원 | 신국판

주역육효 해설방법(상·하)

한 번만 읽으면 주역을 활용할 수 있는 책

이 책은 주역을 해설한 것으로, 될 수 있는 한 여러 가지 사설을 덧붙이지 않고, 주역을 공부하고 활용하는데 필요한 요건만을 기록했다. 따라서 주역의 근원이나 하도낙서, 음양오행에 대해서도 많은 설명을 자제했다. 다만 누구나 이 책을 한 번 읽어서 주역을 이해하고 활용할 수 있도록 하는데 중점을 두었다.

신비한 동양철학 38 | 원공선사 저 | 상 810면·하 798면 | 각 29,000원 | 신국판

쉽게 푼 주역

귀신도 탄복한다는 주역을 쉽고 재미있게 풀어놓은 책

주역이라는 말 한마디면 귀신도 기겁을 하고 놀라 자빠진다는데, 운수와 일진이 문제가 될까. 8×8=64괘라는 주역을 한 괘에 23개씩의 회답으로 해설하여 1472괘의 신비한 해답을 수록했다. 당신이 당면한 문제라면 무엇이든 해결할 수 있는 열쇠가 이 한 권의 책 속에 있다.

신비한 동양철학 10 | 정도명 저 | 284면 | 16,000원 | 신국판 양장

주역 기본원리

주역의 기본원리를 통달할 수 있는 책

이 책에서는 기본괘와 변화와 기본괘가 어떤 괘로 변했을 경우 일어날 수 있는 내용들을 설명하여 주역의 변화에 대한 이해를 돕는데 주력하였다. 그러나 그런 내용을 구분할 수 있는 방법을 전부 다 설명할 수는 없기에 뒷장에 간단하게설명하였고, 다른 책들과 설명의 차이점도 기록하였으니 참작하여 본다면 조금이나마 도움이 될 것이다.

신비한 동양철학 67 | 원공선사 편저 | 800면 | 39,000원 | 신국판

완성 주역비결 | 주역 토정비결

반쪽으로 전해오는 토정비결을 완전하게 해설

지금 시중에 나와 있는 토정비결에 대한 책들은 옛날부터 내려오는 완전한 비결이 아니라 반쪽의 책이다. 그러나 반쪽이라고 말하는 사람은 없다. 그것은 주역의 원리를 모르기 때문이다. 그래서 늦은 감이 없지 않으나 앞으로 수많은 세월을 생각해서 완전한 해설판을 내놓기로 했다.

신비한 동양철학 92 | 원공선사 편저 | 396면 | 16,000원 | 신국판

육효대전

정확한 해설과 다양한 활용법

동양고전 중에서도 가장 대표적인 것이 주역이다. 주역은 옛사람들이 자연을 거울삼아 생활을 영위해 나가는 처세에 관한 지혜를 무한히 내포하고, 피흉추길하는 얼과 슬기가 함축된 점서인 동시에 수양·과학서요 철학·종교서라고 할 수 있다.

신비한 동양철학 37 | 도관 박흥식 편저 | 608면 | 26,000원 | 신국판

육효점 정론

육효학의 정수

이 책은 주역의 원전소개와 상수역법의 꽃으로 발전한 경방학을 같이 실어 독자들의 호기심을 충족시키는데 중점을 두었습니다. 주역의 원전으로 인화의 처세술을 터득하고, 어떤 사안의 답은 육효법을 탐독하여 찾으시기 바랍니다.

신비한 동양철학 80 | 효명 최인영 편역 | 396면 | 29,000원 | 신국판

육효학 총론

육효학의 핵심만을 정확하고 알기 쉽게 정리

육효는 갑자기 문제가 생겨 난감한 경우에 명쾌한 답을 찾을 수 있는 학문이다. 그러나 시중에 나와 있는 책들이 대부분 원서를 그대로 번역해 놓은 것이라 전문가인 필자가 보기에도 지루하며 어렵다는 느낌이 들었다. 그래서 보다 쉽게 공부할 수 있도록 이 책을 출간하게 되었다.

신비한 동양철학 89 | 김도희 편저 | 174쪽 | 26,000원 | 신국판

기문둔갑 비급대성

기문의 정수

기문둔갑은 천문지리·인사명리·법술병법 등에 영험한 술수로 예로부터 은밀하게 특권층에만 전승되었다. 그러나 아쉽게도 기문을 공부하려는 이들에게 도움이 될만한 책이 거의 없다. 필자는 이 점이 안타까워 천견박식함을 돌아보지 않고 감히 책을 내게 되었다. 한 권에 기문학을 다 표현할 수는 없지만 이 책을 사다리 삼아 저 높은 경지로 올라간다면 제갈공명과 같은 지혜를 발휘할 수 있을 것이다.

신비한 동양철학 86 | 도관 박흥식 편저 | 725면 | 39,000원 | 신국판

기문둔갑옥경

가장 권위있고 우수한 학문

우리나라의 기문역사는 장구하나 상세한 문헌은 전무한 상태라 이 책을 발간하였다. 기문둔갑은 천문지리는 물론 인사명리 등 제반사에 관한 길흉을 판단함에 있어서 가장 우수한 학문이며 병법과 법술방면으로도 특징과 장점이 있다. 초학자는 포국편을 열심히 익혀 설국을 자유자재로 할 수 있도록 하고, 개인의 이익보다는 보국안민에 일조하기 바란다.

신비한 동양철학 32 | 도관 박흥식 저 | 674면 | 39,000원 | 사륙배판

오늘의 토정비결

일년 신수와 죽느냐 사느냐를 알려주는 예언서

역산비결은 일년신수를 보는 역학서이다. 당년의 신수만 본다는 것은 토정비결과 비슷하나 토정비결은 토정 선생께서 사람들에게 용기와 희망을 주기 위함이 목적이어서 다소 허황되고 과장된 부분이 많다. 그러나 역산비결은 재미로 보는 신수가 아니라, 죽느냐 사느냐를 알려주는 예언서이이니 재미로 보는 토정비결과는 차원이 다르다.

신비한 동양철학 72 | 역산 김찬동 편저 | 304면 | 16,000원 | 신국판

國運·나라의 운세

역으로 풀어본 우리나라의 운명과 방향

아무리 서구사상의 파고가 높다하기로 오천 년을 한결같이 가꾸며 살아온 백두의 혼이 와르르 무너지는 지경에 왔어도 누구하나 입을 열어 말하는 사람이 없으니 답답하다. 불확실한 내일에 대한 해답을 이 책은 명쾌하게 제시하고 있다.

신비한 동양철학 22 | 백우 김봉준 저 | 290면 | 9,000원 | 신국판

남사고의 마지막 예언

이 책으로 격암유록에 대한 논란이 끝나기 바란다

감히 이 책을 21세기의 성경이라고 말한다. 〈격암유록〉은 섭리가 우리민족에게 준 위대한 복음서이며, 선물이며, 꿈이며, 인류의 희망이다. 이 책에서는 〈격암유록〉이 전하고자 하는 바를 주제별로 정리하여 문답식으로 풀어갔다. 이 책으로 〈격암유록〉에 대한 논란은 끝나기 바란다.

신비한 동양철학 29 | 석정 박순용 저 | 276면 | 16,000원 | 신국판

원토정비결

반쪽으로만 전해오는 토정비결의 완전한 해설판

지금 시중에 나와 있는 토정비결에 대한 책들을 보면 옛날부터 내려오는 완전한 비결이 아니라 반면의 책이다. 그러나 반면이라고 말하는 사람이 없다. 그것은 주역의 원리를 모르기 때문이다. 따라서 늦은 감이 없지 않으나 앞으로의 수많은 세월을 생각하면서 완전한 해설본을 내놓았다.

신비한 동양철학 53 | 원공선사 저 | 396면 | 24,000원 | 신국판 양장

나의 천운·운세찾기

몽골정통 토정비결

이 책은 역학계의 대가 김봉준 선생이 몽공토정비결을 우리의 인습과 체질에 맞게 엮은 것이다. 운의 흐름을 알리고자 호운과 쇠운을 강조하고, 현재의 나를 조명하고 판단할 수 있도록 했다. 모쪼록 생활서나 안내서로 활용하기 바란다.

신비한 동양철학 12 | 백우 김봉준 저 | 308면 | 11,000원 | 신국판

역점 | 우리나라 전통 행운찾기

쉽게 쓴 64괘 역점 보는 법

주역이 점치는 책에만 불과했다면 벌써 그 존재가 없어졌을 것이다. 그러나 오랫동안 많은 학자가 연구를 계속해왔고, 그 속에서 자연과학과 형이상학적인 우주론과 인생론을 밝혀, 정치·경제·사회 등 여러 방면에서 인간의 생활에 응용해왔고, 삶의 지침서로써 그 역할을 했다. 이 책은 한 번만 읽으면 누구나 역점가가 될 수 있으니 생활에 도움이 되길 바란다.

신비한 동양철학 57 | 문명상 편저 | 382면 | 26,000원 | 신국판 양장

이렇게 하면 좋은 운이 온다

한 가정에 한 권씩 놓아두고 볼만한 책

좋은 운을 부르는 방법은 방위·색상·수리·년운·월운·날짜·시간·궁합·이름·직업·물건·보석·맛·과일·기운·마을·가축·성격 등을 정확하게 파악하여 자신에게 길한 것은 취하고 흉한 것은 피하면 된다. 이 책의 저자는 신학대학을 졸업하고 역학계에 입문했다는 특별한 이력을 갖고 있기 때문에 더 많은 화제가 되고 있다.

신비한 동양철학 27 | 역산 김찬동 저 | 434면 | 16,000원 | 신국판

운을 잡으세요 | 改運秘法

염력강화로 삶의 문제를 해결한다!

행복과 불행은 누가 주는 것이 아니라 자기 자신이 만든다고 할 수 있다. 한 마디로 말해 의지의 힘, 즉 염력이 운명을 바꾸는 것이다. 이 책에서는 이러한 염력을 강화시켜 삶에서 일어나는 문제를 해결하는 방법을 알려준다. 누구나 가벼운 마음으로 읽고 실천한다면 반드시 목적을 이룰 수 있을 것이다.

신비한 동양철학 76 | 역산 김찬동 편저 | 272면 | 10,000원 | 신국판

복을 부르는방법

나쁜 운을 좋은 운으로 바꾸는 비결

개운하는 방법은 여러 가지가 있으나, 이 책의 비법은 축원문을 독송하는 것이다. 독송이란 소리내 읽는다는 뜻이다. 사람의 말에는 기운이 있는데, 이 기운은 자신에게 돌아온다. 좋은 말을 하면 좋은 기운이 돌아오고, 나쁜 말을 하면 나쁜 기운이 돌아온다. 이 책은 누구나 어디서나 쉽게 비용을 들이지 않고 좋은 운을 부를 수 있는 방법을 실었다.

신비한 동양철학 69 | 역산 김찬동 편저 | 194면 | 11,000원 | 신국판

천직·사주팔자로 찾은 나의 직업

천직을 찾으면 역경없이 탄탄하게 성공할 수 있다

잘 되겠지 하는 막연한 생각으로 의욕만 갖고 도전하는 것과 나에게 맞는 직종은 무엇이고 때는 언제인가를 알고 도전하는 것은 근본적으로 다르고, 결과도 다르다. 만일 의욕만으로 팔자에도 없는 사업을 시작했다고 하자, 결과는 불을 보듯 뻔하다. 그러므로 이런 때일수록 침착과 냉정을 찾아 내 그릇부터 알고, 생활에 대처하는 지혜로움을 발휘해야 한다.

신비한 동양철학 34 | 백우 김봉준 저 | 376면 | 19,000원 | 신국판

운세십진법·本大路

운명을 알고 대처하는 것은 현대인의 지혜다

타고난 운명은 분명히 있다. 그러니 자신의 운명을 알고 대처한다면 비록 운명을 바꿀 수는 없지만 향상시킬 수 있다. 이것이 사주학을 알아야 하는 이유다. 이 책에서는 자신이 타고난 숙명과 앞으로 펼쳐질 운명행로를 찾을 수 있도록 운명의 기초를 초연하게 설명하고 있다.

신비한 동양철학 1 | 백우 김봉준 저 | 364면 | 16,000원 | 신국판

성명학 | 바로 이 이름

사주의 운기와 조화를 고려한 이름짓기

사람은 누구나 타고난 운명이 있다. 숙명인 사주팔자는 선천운이고, 성명은 후천운이 되는 것으로 이름을 지을 때는 타고난 운기와의 조화를 고려해야 한다. 따라서 역학에 대한 깊은 이해가 선행함은 지극히 당연하다. 부연하면 작명의 근본은 타고난 사주에 운기를 종합적으로 분석하여 부족한 점을 보강하고 결점을 개선한다는 큰 뜻이 있다고 할 수 있다.

신비한 동양철학 75 | 정담 선사 편저 | 488면 | 24,000원 | 신국판

작명 백과사전

36가지 이름짓는 방법과 선후천 역상법 수록

이름은 나를 대표하는 생명체이므로 몸은 세상을 떠날지라도 영원히 남는다. 성명운의 유도력은 후천적으로 가공 인수되는 후존적 수기로써 조성 운화되는 작용력이 있다. 선천수기의 운기력이 50%이면 후천수기도의 운기력도50%이다. 이와 같이 성명운의 작용은 운로에 불가결한조건일 뿐 아니라, 선천명운의 범위에서 기능을 충분히 할 수 있다.

신비한 동양철학 81 | 임삼업 편저 | 송충석 감수 | 730면 | 36,000원 | 사륙배판

작명해명

누구나 쉽게 활용할 수 있는 체계적인 작명법

일반적인 성명학으로는 알 수 없는 한자이름, 한글이름, 영문이름, 예명, 회사명, 상호, 상품명 등의 작명방법을 여러 사례를 들어 체계적으로 분석하여 누구나 쉽게 배워서 활용할 수 있도록 서술했다.

신비한 동양철학 26 | 도관 박흥식 저 | 518면 | 19,000원 | 신국판

역산성명학

이름은 제2의 자신이다

이름에는 각각 고유의 뜻과 기운이 있어 그 기운이 성격을 만들고 그 성격이 운명을 만든다. 나쁜 이름은 부르면 부를수록 불행을 부르고 좋은 이름은 부르면 부를수록 행복을 부른다. 만일 이름이 거지같다면 아무리 운세를 잘 만나도 밥을 좀더 많이 얻어 먹을 수 있을 뿐이다. 저자는 신학대학을 졸업하고 역학계에 입문한 특별한 이력으로 많은 화제가 된다.

신비한 동양철학 25 | 역산 김찬동 저 | 456면 | 19,000원 | 신국판

작명정론

이름으로 보는 역대 대통령이 나오는 이치

사주팔자가 네 기둥으로 세워진 집이라면 이름은 그 집을 대표하는 문패라고 할 수 있다. 따라서 이름을 지을 때는 사주의 격에 맞추어야 한다. 사주 그릇이 작은 사람이 원대한 뜻의 이름을 쓰면 감당하지 못할 시련을 자초하게 되고 오히려 이름값을 못할 수 있다. 즉 분수에 맞는 이름으로 작명해야 하기 때문에 사주의 올바른 분석이 필요하다.

신비한 동양철학 77 | 청월 박상의 편저 | 430면 | 19,000원 | 신국판

음파메세지(氣)성명학

새로운 시대에 맞는 새로운 성명학

지금까지의 모든 성명학은 모순의 극치를 이룬다. 그러나 이제 새 시대에 맞는 음파메세지(氣) 성명학이 나왔으니 복을 계속 부르는 이름을 지어 사랑하는 자녀가 행복하고 아름다운 삶을 살아갈 수 있도록 하는데 도움이 되었으면 한다.

신비한 동양철학 51 | 청암 박재현 저 | 626면 | 39,000원 | 신국판 양장

아호연구

여러 가지 작호법과 실제 예 모음

필자는 오래 전부터 작명을 연구했다. 그러나 시중에 나와 있는 책에는 대부분 아호에 관해서는 전혀 언급하지 않았다. 그래서 아호에 관심이 있어도 자료를 구하지 못하는 분들을 위해 이 책을 내게 되었다. 아호를 짓는 것은 그리 대단하거나 복잡하지 않으니 이 책을 처음부터 끝까지 착실히 공부한다면 누구나 좋은 아호를 지어 쓸 수 있을 것이라고 생각한다.

신비한 동양철학 87 | 임삼업 편저 | 308면 | 26,000원 | 신국판

한글이미지 성명학

이름감정서

이 책은 본인의 이름은 물론 사랑하는 가족 그리고 가까운 친척이나 친구들의 이름까지도 좋은지 나쁜지 알아볼 수 있도록 지금까지 나와 있는 모든 성명학을 토대로 하여 썼다. 감언이설이나 협박성 감명에 흔들리지 않고 확실한 이름풀이를 볼 수 있을 것이다. 그리고 아름답고 멋진 삶을 살아갈 수 있는 이름을 짓는 방법도 상세하게 제시하였다.

신비한 동양철학 93 | 청암 박재현 지음 | 287면 | 10,000원 | 신국판

비법 작명기술

복과 성공을 함께 하려면

이 책은 성명의 발음오행이나 이름의 획수를 근간으로 하는 실제 이용이 가장 많은 기본 작명법을 서술하고, 주역의 괘상으로 풀어 길흉을 판단하는 역상법 5가지와 그외 중요한 작명법 5가지를 합하여 「보배로운 10가지 이름 짓는 방법」을 실었다. 특히 작명비법인 선후천역상법은 성명의 원획에 의존하는 작명법과 달리 정획과 곡획을 사용해 주역 상수학을 대표하는 하락이수를 쓰고, 육효가 들어가 응험률을 높였다.

신비한 동양철학 96 | 임삼업 편저 | 370면 | 30,000원 | 사륙배판

올바른 작명법

소중한 이름, 알고 짓자!

세상 부모들에게 가장 소중한 것이 뭐냐고 물으면 자녀라고 할 것이다. 그런데 왜 평생을 좌우할 이름을 함부로 짓는가. 이름이 얼마나 소중한지, 이름의 오행작용이 일생을 어떻게 좌우하는지 모르기 때문이다.

신비한 동양철학 61 | 이정재 저 | 352면 | 19,000원 | 신국판

호(雅號)책

아호 짓는 방법과 역대 유명인사의 아호, 인명용 한자 수록

필자는 오래 전부터 작명연구에 열중했으나 대부분의 작명책에는 아호에 관해서는 전혀 언급하지 않고, 간혹 거론했어도 몇 줄 정도의 뜻풀이에 불과하거나 일반작명법에 준한다는 암시만 풍기며 끝을 맺었다. 따라서 필자가 참고한 문헌도 적었음을 인정한다. 아호에 관심이 있어도 자료를 구하지 못하는 현실에 착안하여 필자 나름대로 각고 끝에 본서를 펴냈다.

신비한 동양철학 97 | 임삼업 편저 | 390면 | 20,000원 | 신국판

관상오행

한국인의 특성에 맞는 관상법

좋은 관상인 것 같으나 실제로는 나쁘거나 좋은 관상이 아닌데도 잘 사는 사람이 왕왕있어 관상법 연구에 흥미를 잃는 경우가 있다. 이것은 중국의 관상법만을 익히고 우리의 독특한 환경적인 특징을 소홀히 다루었기 때문이다. 이에 우리 한국인에게 알맞는 관상법을 연구하여 누구나 관상을 쉽게 알아보고 해석할 수 있도록 자세하게 풀어놓았다.

신비한 동양철학 20 | 송파 정상기 저 | 284면 | 12,000원 | 신국판

정본 관상과 손금

바로 알고 사람을 사귑시다

이 책은 관상과 손금은 인생을 행복하게 만든다는 관점에서 다루었다. 그야말로 관상과 손금의 혁명이라고 할 수 있다. 여러분도 관상과 손금을 통한 예지력으로 인생의 참주인이 되기 바란다. 용기를 불어넣어 주고 행복을 찾게 하는 것이 참다운 관상과 손금술이다. 이 책이 일상사에 고민하는 분들에게 해결방법을 제시해 줄 것이다.

신비한 동양철학 42 | 지창룡 감수 | 332면 | 16,000원 | 신국판 양장

이런 사원이 좋습니다

사원선발 면접지침

사회가 다양해지면서 인력관리의 전문화와 인력수급이 기업주의 애로사항이 되었다. 필자는 그동안 많은 기업의 사원선발 면접시험에 참여했는데 기업주들이 모두 면접지침에 관한 책이 있으면 좋겠다는 것이다. 그래서 경험한 사례를 참작해 이 책을 내니 좋은 사원을 선발하는데 많은 도움이 될 것이라고 믿는다.

신비한 동양철학 90 | 정도명 지음 | 274면 | 19,000원 | 신국판

핵심 관상과 손금

사람을 볼 줄 아는 안목과 지혜를 알려주는 책

오늘과 내일을 예측할 수 없을만큼 복잡하게 펼쳐지는 현실에서 살아남기 위해서는 사람을 볼줄 아는 안목과 지혜가 필요하다. 시중에 관상학에 대한 책들이 많이 나와있지만 너무 형이상학적이라 전문가도 이해하기 어렵다. 이 책에서는 누구라도 쉽게 보고 이해할 수 있도록 핵심만을 파악해서 설명했다.

신비한 동양철학 54 | 백우 김봉준 저 | 188면 | 14,000원 | 사륙판 양장

완벽 사주와 관상

우리의 삶과 관계 있는 사실적 관계로만 설명한 책

이 책은 우리의 삶과 관계 있는 사실적 관계로만 역을 설명하고, 역에 대한 관심과 흥미를 갖게 하고자 관상학을 추록했다. 여기에 추록된 관상학은 시중에서 흔하게 볼 수 있는 상법이 아니라 생활상법, 즉 삶의 지식과 상식을 드리고자 했다.

신비한 동양철학 55 | 김봉준·유오준 공저 | 530면 | 36,000원 | 신국판 양장

사람을 보는 지혜

관상학의 초보에서 실용까지

현자는 하늘이 준 명을 알고 있기에 부귀에 연연하지 않는다. 사람은 마음을 다스리는 심명이 있다. 마음의 명은 자신만이 소통하는 유일한 우주의 무형의 에너지이기 때문에 잠시도 잊으면 안된다. 관상학은 사람의 상으로 이런 마음을 살피는 학문이니 잘 이해하여 보다 나은 삶을 영위할 수 있도록 노력해야 한다.

신비한 동양철학 73 | 이부길 편저 | 510면 | 20,000원 | 신국판

한눈에 보는 손금

논리정연하며 바로미터적인 지침서

이 책은 수상학의 연원을 초월해서 동서합일의 이론으로 집필했다. 그야말로 논리정연한 수상학을 정리하였다. 그래서 운명적, 철학적, 동양적, 심리학적인 면을 예증과 방편에 이르기까지 상세하게 기술했다. 이 책은 수상학이라기 보다 바로미터적인 지침서 역할을 해줄 것이다. 독자 여러분의 꾸준한 연구와 더불어 인생성공의 지침서가 될 수 있을 것이다.

신비한 동양철학 52 | 정도명 저 | 432면 | 24,000원 | 신국판 양장

이런 집에 살아야 잘 풀린다

운이 트이는 좋은 집 알아보는 비결

한마디로 운이 트이는 집을 갖고 싶은 것은 모두의 꿈일 것이다. 50평이니 60평이니 하며 평수에 구애받지 않고 가족이 평온하게 생활할 수 있고 나날이 발전할 수 있는 그런 집이 있다면 얼마나 좋을까? 그런 소망에 한 걸음이라도 가까워지려면 막연하게 운만 기대하고 있어서는 안 된다. 좋은 집을 가지려면 그만한 노력이 있어야 한다.

신비한 동양철학 64 | 강현술·박흥식 감수 | 270면 | 16,000원 | 신국판

점포, 이렇게 하면 부자됩니다

부자되는 점포, 보는 방법과 만드는 방법

사업의 성공과 실패는 어떤 사업장에서 어떤 품목으로 어떤 사람들과 거래하느냐에 따라 판가름난다. 그리고 사업을 성공시키려면 반드시 몇 가지 문제를 살펴야 하는데 무작정 사업을 시작하여 실패하는 사람들이 많다. 그래서 이 책에서는 이러한 문제와 방법들을 조목조목 기술하여 누구나 성공하도록 도움을 주는데 주력하였다.

신비한 동양철학 88 | 김도희 편저 | 177면 | 26,000원 | 신국판

쉽게 푼 풍수

현장에서 활용하는 풍수지리법

산도는 매우 광범위하고, 현장에서 알아보기 힘들다. 더구나 지금은 수목이 울창해 소조산 정상에 올라가도 나무에 가려 국세를 파악하는데 애를 먹는다. 따라서 사진을 첨부하니 많은 활용하기 바란다. 물론 결록에 있고 산도가 눈에 익은 것은 혈 사진과 함께 소개하였다. 이 책을 열심히 정독하면서 답산하면 혈을 알아보고 용산도 할 수 있을 것이다.

신비한 동양철학 60 | 전항수·주장관 편저 | 378면 | 26,000원 | 신국판

음택양택

현세의 운·내세의 운

이 책에서는 음양택명당의 조건이나 기타 여러 가지를 설명하여 산 자와 죽은 자의 행복한 집을 만들 수 있도록 했다. 특히 죽은 자의 집인 음택명당은 자리를 옳게 잡으면 꾸준히 생기를 발하여 홍하나, 그렇지 않으면 큰 피해를 당하니 돈보다도 행·불행의 근원인 음양택명당에 관심을 기울여야 한다.

신비한 동양철학 63 | 전항수·주장관 지음 | 392면 | 29,000원 | 신국판

용의 혈·풍수지리 실기 100선

실전에서 실감나게 적용하는 풍수의 길잡이

이 책은 풍수지리 문헌인 만두산법서, 명산론, 금랑경 등을 이해하기 쉽도록 주제별로 간추려 설명했으며, 풍수지리학을 쉽게 접근하여 공부하고, 실전에 활용하여 실감나게 적용할 수 있도록 하는데 역점을 두었다.

신비한 동양철학 30 | 호산 윤재우 저 | 534면 | 29,000원 | 신국판

현장 지리풍수

현장감을 살린 지리풍수법

풍수를 업으로 삼는 사람들이 진가를 분별할 줄 모르면서 많은 법을 알았다고 자부하며 뽐낸다. 그리고는 재물에 눈이 어두워 불길한 산을 길하다 하고, 선하지 못한 물)을 선하다 한다. 이는 분수 밖의 것을 바라기 때문이다. 마음가짐을 바로 하고 고대 원전에 공력을 바치면서 산간을 실사하며 적공을 쏟으면 정교롭고 세밀한 경지를 얻을 수 있을 것이다.

신비한 동양철학 48 | 전항수·주관장 편저 | 434면 | 36,000원 | 신국판 양장

찾기 쉬운 명당

실전에서 활용할 수 있는 책

가능하면 쉽게 풀어 실전에 도움이 되도록 했다. 특히 풍수지리에서 방향측정에 필수인 패철 사용과 나경 9층을 각 층별로 설명했다. 그리고 이 책에 수록된 도설, 즉 오성도, 명산도, 명당 형세도 내거수 명당도, 지각형세도, 용의 과협출맥도, 사대혈형 와겸유돌 형세도 등은 국립중앙도서관에 소장된 문헌자료인 만산도단, 만산영도, 이석당 은민산도의 원본을 참조했다.

신비한 동양철학 44 | 호산 윤재우 저 | 386면 | 19,000원 | 신국판 양장

해몽정본

꿈의 모든 것

시중에 꿈해몽에 관한 책은 많지만 막상 내가 꾼 꿈을 해몽을 하려고 하면 어디다 대입시켜야 할지 모르는 경우가 많았을 것이다. 그러나 최대한으로 많은 예를 들었고, 찾기 쉽고 명료하게 만들었기 때문에 해몽을 하는데 어려움이 없을 것이다. 한집에 한권씩 두고 보면서 나쁜 꿈은 예방하고 좋은 꿈을 좋은 일로 연결시킨다면 생활에 많은 도움이 될 것이다.

신비한 동양철학 36 | 청암 박재현 저 | 766면 | 19,000원 | 신국판

해몽·해몽법

해몽법을 알기 쉽게 설명한 책

인생은 꿈이 예지한 시간적 한계에서 점점 소멸되어 가는 현존물이기 때문에 반드시 꿈의 뜻을 따라야 한다. 이것은 꿈을 먹고 살아가는 인간 즉 태몽의 끝장면인 죽음을 향해 달려가고 있는 인간이기 때문이다. 꿈은 우리의 삶을 이끌어가는 이정표와도 같기에 똑바로 가도록 노력해야 한다.

신비한 동양철학 50 | 김종일 저 | 552면 | 26,000원 | 신국판 양장

명리용어와 시결음미

명리학의 어려운 용어와 숙어를 쉽게 풀이한 책

명리학을 연구하는 이들은 기초공부가 끝나면 자연스럽게 훌륭하다고 평가하는 고전의 이론을 접하게 된다. 그러나 시결과 용어와 숙어는 어려운 한자로만 되어 있어 대다수가 선뜻 탐독과 음미에 취미를 잃는다. 그래서 누구나 어려움 없이 쉽게 읽고 깊이 있게 음미할 수 있도록 원문에 한글로 발음을 달고 어려운 용어와 숙어에 해석을 달아 이 책을 내게 되었다.

신비한 동양철학 103 | 원각 김구현 편저 |300면 | 25,000원 | 신국판

완벽 만세력

착각하기 쉬운 서머타임 2도 인쇄

시중에 많은 종류의 만세력이 나와있지만 이 책은 단순한 만세력이 아니라 완벽한 만세경전으로 만세력 보는 법 등을 실었기 때문에 처음 대하는 사람이라도 쉽게 볼 수 있도록 편집되었다. 또한 부록편에는 사주명리학, 신살종합해설, 결혼과 이사택일 및 이사방향, 길흉보는 법, 우주천기와 한국의 역사 등을 수록했다.

신비한 동양철학 99 | 백우 김봉준 저 | 316면 | 20,000원 | 사륙배판

정본만세력

이 책은 완벽한 만세력으로 만세력 보는 방법을 자세하게 설명했다. 그리고 역학에 대한 기본적인 내용과 결혼하기 좋은 나이·좋은 날·좋은 시간, 아들·딸 태아감별법, 이사하기 좋은 날·좋은 방향 등을 부록으로 실었다.

신비한 동양철학 45 | 백우 김봉준 저 | 304면 | 사륙배판 26,000원, 신국판 16,000원, 사륙판 10,000원, 포켓판 9,000원

정본 | 완벽 만세력

착각하기 쉬운 서머타임 2도인쇄

시중에 많은 종류의 만세력이 있지만 이 책은 단순한 만세력이 아니라 완벽한 만세경전이다. 그리고 만세력 보는 법 등을 실었기 때문에 처음 대하는 사람이라도 쉽게 볼 수 있다. 또 부록편에는 사주명리학, 신살 종합해설, 결혼과 이사 택일, 이사 방향, 길흉보는 법, 우주의 천기와 우리나라 역사 등을 수록하였다.

신비한 동양철학 99 | 김봉준 편저 | 316면 | 20,000원 | 사륙배판

원심수기 통증예방 관리비법

쉽게 배워 적용할 수 있는 통증관리법

『원심수기 통증예방 관리비법』은 4차원의 건강관리법으로 질병이 악화되는 것을 예방하여 건강한 몸을 유지하는데 그 목적이 있다. 시중의 수기요법과 비슷하나 특장점은 힘이 들지 않아 어린아이부터 노인까지 누구나 시술할 수 있고, 배우고 적용하는 과정이 쉽고 간단하며, 시술 장소나 도구가 필요 없으니 언제 어디서나 시술할 수 있다.

신비한 동양철학 78 | 원공 선사 저 | 288면 | 16,000원 | 신국판

운명으로 본 나의 질병과 건강상태

타고난 건강상태와 질병에 대한 대비책

이 책은 국내 유일의 동양오술학자가 사주학과 정통명리학의 양대산맥을 이루는 자미두수 이론으로 임상실험을 거쳐 작성한 자료다. 따라서 명리학을 응용한 최초의 완벽한 의학서로 질병을 예방하고 치료하는데 활용하면 최고의 의사가 될 것이다. 또한 예방의학적인 차원에서 건강을 유지하는데 훌륭한 지침서로 현대의학의 새로운 장을 여는 계기가 될 것이다.

신비한 동양철학 9 | 오상익 저 | 474면 | 15,000원 | 신국판

서체자전

해서를 기본으로 전서, 예서, 행서, 초서를 연습할 수 있는 책

한자는 오랜 옛날부터 우리 생활과 뗄 수 없음에도 잘 몰라 불편을 겪는 사람들이 많아 이 책을 내게 되었다. 이 책에서는 해서를 기본으로 각 글자마다 전서, 예서, 행서, 초서 순으로 배열하여 독자가 필요한 것을 찾아 연습하기 쉽도록 하였다.

신비한 동양철학 98 | 편집부 편 | 273면 | 16,000원 | 사륙배판

택일민력(擇日民曆)

택일에 관한 모든 것

이 책은 택일에 대한 모든 것을 넣으려고 최선을 다하였다. 동양철학을 공부하여 상담하거나 종교인·무속인·일반인들이 원하는 부분을 쉽게 찾아 활용할 수 있도록 칠십이후, 절기에 따른 벼농사의 순서와 중요한 과정, 납음오행, 신살의 의미, 구성조견표, 결혼·이사·제사·장례·이장에 관한 사항 등을 폭넓게 수록하였다.

신비한 동양철학 100 | 최인영 편저 |80면 | 5,000원 | 사륙배판

모든 질병에서 해방을 1·2

건강실용서

우리나라는 아주 오랜 옛날부터 건강과 관련한 약재들이 산천에 널려 있었고, 우리 민족은 그 약재들을 슬기롭게 이용하며 나름대로 건강하게 살아왔다. 그러나 오늘날 현대의학에 밀려 외면당하며 사라지게 되었다. 이에 옛날부터 내려오는 의학서적인 『기사회생』과 『단방심편』을 바탕으로 민가에서 활용했던 민간요법들을 정리하고, 현대에 개발된 약재들이나 시술방법들을 정리했다.

신비한 동양철학 102 | 원공 선사 편저 |1권 448면·2권 416면 | 각 29,000원 | 신국판

명리용어와 시결음미

어려운 명리용어와 숙어를 쉽게 풀이한 책

명리학을 연구하는 이들은 기초공부가 끝나면 자연스럽게 훌륭하다고 평가하는 고전을 접하게 된다. 그러나 음양오행의 논리와 심오한 명리학의 진리에 큰 뜻을 갈무리하고 있는 것으로, 이 모두가 세상의 도리와 관련이 있는 시결(詩訣)과 용어와 숙어는 어려운 한자로만 되어 있어 대다수의 역학도는 선뜻 탐독과 음미에 취미를 잃을 수 있다. 그래서 누구나 어려움 없이 쉽게 읽고 깊이 있게 음미할 수 있도록 원문에 한글로 발음을 달고 어려운 용어와 숙어에 해석을 달아 이 책을 내게 되었다.

신비한 동양철학 103 | 원각 김구현 편저 | 300면 | 25,000원 | 신국판

참역학은 이렇게 쉬운 것이다② — 완결편

역학을 활용하는 방법을 정리한 책

『참역학은 이렇게 쉬운 것이다』에서 미처 쓰지 못한 사주를 활용하는 방법을 정리한다는 의미에서 다시 이 책을 내게 되었다. 전문가든 비전문가든 이 책이 사주라는 학문을 이해하는 데 도움이 되고, 사주에 있는 가장 좋은 길을 찾아 행복하게 살았으면 합니다. 특히 사주상담을 업으로 하는 분들도 참고해서 상담자들이 행복하게 살도록 도와주었으면 한다.

신비한 동양철학 104 | 청암 박재현 편저 | 330면 | 23,000원 | 신국판

인명용 한자사전

한권으로 작명까지 OK

이 책은 인명용 한자의 사전적 쓰임이 본분이지만 그것에 국한하지 않고 작명법들을 그것도 일반적으로 통용되는 기본적인 것 외에 주역을 통한 것 등 7가지를 간추려 놓아 여러 권의 작명책을 군살없이 대신했기에 이 한권의 사용만으로 작명에 관한 모든 것을 충족하고도 남을 것이다. 5,000자가 넘는 인명용 한자를 실었지만 음(音)으로 한 줄에 수십 자, 획수로도 여러 자를 넣어 가능한 부피를 줄이려고 노력하였다. 그리고 작명하는데 한자에 관해서는 다양하게 활용할 수 있도록 하였고, 일반적인 한자자전의 용도까지 충분히 겸비하도록 하였다.

신비한 동양철학 105 | 임삼업 편저 | 336면 | 24,000원 | 신국판